埼玉学園大学研究叢書——第6巻

一九三〇年代日本における家庭教育振興の思想

——「教育する母親」を問題化した人々

志村聡子
Shimura Akiko

三元社

はじめに

筆者は、保育者（幼稚園教諭・保育士）養成課程を擁する大学に勤務し、保育者養成に携わっている。学生には、保育者の職務として、子どもたちの保育のみならず保護者の支援がともにあることを伝えている。「保護者との信頼関係を築く」として、マナーも含め方法的に教授するものの、実のところ、話は簡単ではないと考えている。保育者と保護者の間には、子どもをめぐるさまざまな葛藤がある。その構造的な葛藤について、学生に十分伝えきれていないことを自覚している。

昨今、保護者支援・家庭支援・子育て支援・育児支援と、親が子どもを育てる営みをめぐって、「支援」と称して多様な関与が試みられている。支援者が一方的に支援の必要を認める場合はもちろん、親が自ら支援を求める場合でも、支援する者と支援される者との間には溝がある。支援が歓迎される場合もあれば、拒否される場合もある。親が支援者の力量や価値観を吟味し、多方面の資源から支援を選択しようとする場合もある。子どもをめぐるそれぞれの「よかれ」と思う方向性は、支援する側とされる側とで一致するとは限らない。

容易ではないとわかっていても、人々は親への支援・指導・関与をやめようとはしない。なぜなら、乳幼児期に限らず義務教育段階に至っても（それ以降も）、親は子どもにとって大きな意味をもつ存在であると信じられているからである。

親が子どもを育てる営みについて注視し、親を指導の対象とする試みが、我が国において長きにわたり取り組まれてきた。その際のキーワードは、「家庭教育」(家庭での教育、家庭で行われる教育)である。本書において、教育史研究の蓄積をふまえて、「家庭教育」にかかわる思想・原理を考察したい。

本書では、文部省が「家庭教育振興政策」に取り組むようになった一九三〇年代を中心に、当該政策内外で活動した人物たちを取り上げる。彼らは、親(特に母親)への教育に取り組む個人的な必然性をもって、課題を引き受けたと考えられる。彼らのまなざしの先にあったのは、我が子に強い関心をもつ教育熱心な母親たちの、ときに危うい姿であった。その母親たちは、自身が我が子にとって重要な教育者であることを理解し、その自覚のもと行動したと考えられる。本書では、そのイメージを「教育する母親」と表現したい。「教育する母親」を教育の対象としてとらえた人々に着目し、その「家庭教育」の思想を明らかにすることが、本書の目的である。

本書は、筆者の博士論文や関係する論稿に、修正を加えてまとめたものである。本書を通して、親が行う教育と親への教育、それらをともに掘り下げて考えることとしたい。

(なお、本書における引用部分については、旧字体の漢字は新字体に改め、ひらがなは歴史的かなづかいとする。)

本書のテーマに関係し、すでに発表されている筆者の論稿は以下の通り。

志村聡子「倉橋惣三における「家庭教育の脱学校化」論――都市部の「受験家族」への指導に着目して」『保育学研究』第三九巻第二号、二〇〇一年。

同「過去の保育者像を振り返る:倉橋惣三の問題意識と現在」小川博久・林信二郎編著『保育者論』樹村房、二

○○二年。

同「一九三〇年代における受験競争と「家庭教育相談」――母親たちに向けた青木誠四郎の啓蒙活動から」『学校教育学研究論集』第五号、東京学芸大学大学院連合学校教育学研究科、二〇〇二年。

同『家庭教育思想の社会的展開――一九二〇―三〇年代における「教育する母親」の問題化とその指導』(博士論文、東京学芸大学)二〇〇四年。

同「日本両親再教育協会における各地支部の組織化――新中間層にみる連携の事例として」『埼玉学園大学紀要人間学部篇』第五号、二〇〇五年。

同「福永津義における「両親再教育」――日本両親再教育協会との関わりから」『日本保育学会第五八回大会発表論文集』二〇〇五年。

伊藤めぐみ・志村聡子「大日本連合婦人会による家庭寮事業の展開――機関誌『家庭』の記事を中心に」『総合女性史研究』第二三号、二〇〇六年。

❖目次❖

一九三〇年代日本における家庭教育振興の思想――「教育する母親」を問題化した人々

序章　先行研究の整理と本書の研究動機

第一節　「家庭」「家庭教育」概念とは

親の関わりや家庭環境は子どもに大きな影響を与える、と言われるが、「家庭」を子どもにとっての重要な生活空間と考える認識自体が、歴史的に作り上げられてきたと考えられている。明治期、親子が寝食を共にする居住空間について、新たな認識が生まれた。牟田和恵は、明治期に「家庭」という単語がhomeの訳語として当てられ、西洋式の新たな意味を付与されて出版媒体において流通したことを明らかにしている[1]。つまり、「家庭」は、子どもたちにとって愛情に満ちた教育的空間として構想され、その実現を担う役割は母たる女性に求められた。近世の武家社会にあっては、子どもの教育の主導権は父親が握っていたのであったが[2]、「家庭」理念では主たる権限が母親に委譲された。山本敏子は、「家庭」理念において、血縁者の――特に夫婦とその子どもたちの――「団欒」が重視されたと述べた[3]。使用人などの非血縁者は「団欒」を妨げるとする心性が現れ、親子（夫婦と子どもたち）の一体感が求められるようになった。

ところで、「家庭」同様、「家庭教育」も、明治期に登場した概念であった。佐藤秀夫は、一八八二（明治一五）年に府県学務担当者を集めて行われた「学事諮問会」の席上、文部省の関係者によって「家庭教育」が次のように初めて公にされたと述べている。

学齢児童ヲ学校ニ入レス又巡回授業ニ依ラスシテ別ニ普通教育ヲ授クルモノヲ総称シテ家庭教育ト云フ是レ即チ学校教育ニ対スルノ称ニシテ必シモ一家団欒ノ間ニ行フ所ノ教育ヲ指スニ限ラサルナリ

ここでいう「家庭教育」について、佐藤は「公立学校に代わる普通教育を家庭で行うことをさしており、家庭での広義の人間形成を意味するものではなかった。」と説明した[4]。中内敏夫は、このように「家庭教育」が文部省の公用語として登場したことに着目し、「家庭教育」概念に、国家による「官製教育装置」としての意味付与を読み取ろうとした[5]。

山本敏子は、一八八七（明治二〇）年以降に出版され始める「家庭教育書」では、「学校と家庭の連絡」に関心を持つようになった学校教師の主導で「家庭教育」が論じられていると述べている。山本は、この時期に至って、「学校教育の代替」でなく、「学校教育の補助」としての「〈家庭教育〉意識」が登場したと見ている[6]。

小山静子は、明治三〇年代から四〇年代（一八九〇年代終わりごろから一九〇〇年代ごろ）に数多く出版された「家庭教育」を題目に冠する書物を分析して次のように述べる。

公教育体制の確立とは、単なる学校教育制度の成立を意味しているわけではなく、家庭教育の成立とも大きく関わっていた。そしてその家庭教育とは、学校教育制度の登場に促されながら意識化されたものであり、母が担い、学校教育を補完する役割を果たすものであった。すなわち公教育体制とは、このような家庭教育をも含みこんだ形での、子どもの社会化に関する教育体制の確立だったのである。[7]

小山はこのように論じて、学校教育制度の確立期に「家庭教育」が意識化されたとした。また、「家庭教育も母親もともに私的なものとして自立しえず、公教育体制の中に組み込まれ」たと評した[8]。

先行研究を整理すると、「家庭教育」は「学校教育と同じ内容を家庭の場で教授する」[9]学校教育の「代替」とされ、その後、その意味が変化し、学校教育の「補助」ないし「補完」と位置付けられたと言えようか。先行研究では、「家庭教育」は、学校制度の確立過程で意識化されたとの見解で一致している。その意味ですでに「家庭」は「学校」とは切り離せない、いわば「公的」な空間として認識されたことになる。つまり、母親たちは、「家庭」を教育空間として実現することにおいて、「公的」な使命を帯びた存在として見出されることとなった。その後、高等女学校において、いまだ母となっていない娘たちに向けて「家庭教育」のあり方が説かれるようになった[10]。

さて、「家庭」理念においてイメージされたのは、住居から離れた職場に通う夫たる父親と、住居にあって家事育児に取り組む妻たる母親という、性別役割分業であった。この性別役割分業を体現する人々が、第一次世界大戦後の都市部に実態化する。後述するように、この人々はいわゆる新中間層であり、我が子の教育に熱心であることが特徴的であった。しかし、その親たちことに母親たちの養育態度が、問題化されるようになる。統制の枠を超える「家庭」の様相をふまえ、母親たちを直接統制しようとする働きかけがなされたのが、一九三〇年代と言えるのではないか。

そうした課題意識から、本書では、新中間層の母親たちに指導を試みようとした人々の「家庭教育」に関する思想を明らかにする。一九三〇年から展開された「家庭教育振興政策」にちなみ、「家庭教育振興の思想」と呼んで考察したい。

では、次節で研究対象とする時代背景について論じるものとする。

第二節　新中間層の登場

日露戦争（一九〇四―一九〇五年）後の不況にあえいでいた日本は、第一次世界大戦（一九一四―一九一八年）による戦争景気によって、一気に不況からの脱却を果たした。海運業・造船業・鉱業は空前の好況となり、民間会社の設立が相次いだことから、労働者数は激増した。こうした産業構造の変化に伴って激増した労働者の内訳には、いわゆる肉体労働に従事する労働者だけでなく、事務労働に従事する労働者も含まれる。後者の人々は、支配層（資本家層）と被支配層（労働者層）の中間に位置する階層として、新中間層と呼ばれる[11]。ちなみに、旧中間層とは、小地主、自作農、自営業者等であり、旧中間層の減少と新中間層の増加は表裏一体にみられた現象であった[12]。

寺出浩司は、この新しい階層が、「俸給生活者」「サラリーマン」「知識階級」「中等階級」「中流階級」「新中間階級」などと呼ばれてきたと述べ、寺出自身はこの階層を「職員層」と呼んでその生活のありようを明らかにした[13]。寺出も依拠した東京府内務部社会課編『東京市及近接町村中等階級生計費調査』では、「旧中産階級の減少に伴ひて、日日に増加しつつある新中等階級」の具体的職業として、「官吏、公吏、警察官、小中学校教員、銀行会社員、電車従業員、職工、雑」の項目をあげている[14]。民間会社で事務労働に従事する人々や役所で事務労働に従事する人々、警察官や教員などが都市部に著しく増加したことから、当時においてもこうした現象に対しては注意が払われていた。本書では、新中間層を、一九一〇年代から二〇年代において都市部に増加した、事務労働、技術職に従事する人々と定義しておく。

さて、理念としての「家庭」が明治期に出版媒体に流通したことは先に述べた。この理念に見られた生活様式が、第一次世界大戦後に実態として都市部に現れたとの認識は、先行研究において共有されてきた[15]。あるいはまた、流通した「家庭」理念を、実現しようとした人々こそ、新中間層であったとも言えよう。新中間層の人々は、住居から離れた職場に勤務する夫と、住居にとどまって家事育児を担う妻という性別役割分業の生活様式を取っていたことで知られる。また、この人々は、受け継ぐべき家業や家産を持たないので、我が子が将来生きていく糧となる知力を得ることに強い関心を持った。家事育児を担う母たる女性は、とりわけ我が子の教育に熱心であった。新中間層の性別役割分業によって登場したこの母親たちを、「教育する母親」と呼びたい。この「教育する母親」たちの動向は、都市部に限ったものではあったが、我が子の学業成績を気にかけるその心性は、近代化がもたらす競争状況と無関係ではなかった。

沢山美果子は、こうした母親たちについて、社会史の視点から論じてきた。沢山によれば、新中間層の人々は、「他人よりも上にいくことを喜び」とし、「学ぶことによって人よりよい生活が保障される」と考える「生活哲学」をわがものとしていた[16]。この人々は、教育に階層移動の手段としての可能性を期待し、我が子の知力の相対的位置を気にかける心性を持っていた。我が子の利益を一義的に考え、地域で孤立することもいとわない新中間層の生活信条は、幼児期の我が子を周囲の感化から遮断する徹底した管理に向かわせもした。沢山は、これを「籠城主義」[17]ないし「隔離法」として論じ[18]、我が子を低い階層の子どもに接触させまいとし、母子ともども周囲から隔絶された環境に身を置こうとする態度があったことを明らかにした。

さらに沢山は、当時中等学校受験競争が問題化する中で、新中間層の母親たちが、自らの子育てを「成功」したととらえる者と、自らの子育てに「失敗」したととらえる者とに分化したと述べる。「学力競争のなかで必ずしも勝者になれないことを意識」し、また「学力熱が子どもに与える害を意識」する母親たちは、「「いたいけな子供」という童心主義的子ども観」を持つことで、我が子の「社会的成功」を願う欲望をいさめた、とされる[19]。この点について、竹内洋は、「教育意欲のクールダウン」として説明している[20]。真橋美智子や首藤美香子も、一九二〇―三〇年代の「家庭教育」に関わって、中等学校受験競争問題について言及してきた[21]。中等学校受験は、当時の新中間層を考えるとき、見落とせない問題である。

ところで、所澤潤と木村元は、東京市のある有名小学校における中等学校進学動向をまとめた論文において、一九二〇―三〇年代を「中等学校入学難の状況が広く全国的に社会問題化した時期」と位置づける一方、同校においては、それ以前に「父母の強い進学への要求を背景に」、「中等学校進学のための課外教授を導入」し、中等学校入試準備教育を行っていたと述べている。同校は、難関校とされる中等学校に男女を問わず合格者を輩出し、その「名声」によって「中等学校進学に高い関心を抱いていた父母」を引き付け、多くの越境入学児童を受け入れることとなった。所澤と木村は、この「進学有名校」を支えたのは、「誠之小の教育に期待し越境までさせて同校に入学させた父母の存在」であると述べている。一九二〇―三〇年代の同校の状況として、

この期においては、母親が学校を訪れ、教室を窺い歩く(〝廊下すずめ〟と呼ばれていた)ということは日常的におこなわれ、病欠の子供にかわって一日の授業を受けるということさえあった。学期始めには、誠之小のそばの教科書販売店の教師用の参考書が先に父母に購入されて不足するという事態をもたらした。

としている。教師たちはこうした「父母の期待」に「積極的に応え」、「運動会、校外教授、学芸会といった教科外

活動の規模ならびに回数」を「縮小」するなどして中等学校進学準備に対応した[22]。この時期、熱心に中等学校受験準備にいそしむ子どもたちの背景には、難関校に進学させることで、少しでも我が子の将来に保証を得たいと考える新中間層の親たちの存在があった。

ちなみに、一九二〇（大正九）年度の中等学校進学率を全国平均でおおまかにとらえてみると、男児で中学校に進学した者が約八・三％、女児で高等女学校（本科）に進学した者が約六・九％であった[23]。数字から、わずかな割合の子どもたちのみが、中等学校進学を果たしていたとわかる。しかし、都市部における競争状況は、その数値からはとらえがたいものがあった。森川輝紀は、第一次世界大戦後、「中・高等教育機関の拡充にもかかわらず受験競争は激しさを増して」いったと述べている。一九二〇（大正九）年の時点で、「尋常科六年修了から」いわゆる浪人状態を経ずに即「中学校進学」を果たす者が、「六〇％を超え、小学校卒業時での進学競争が激しさを増すこと」になったという。つまり、小学校を卒業してから受験準備を行うのでなく、小学校在学中から受験準備を行う傾向が顕著になった。森川によれば、「東京帝国大学への進学をめざして、高校間格差も歴然とし」、さらに「高等学校入学に有利な有名進学中学校をめざす小学校卒業時での競争」がもたらされた。結果、「中学校への受験競争は小学校教育に影響をあたえ、有名進学中学校への進学者の多い有名進学小学校を生み出し、公立小学校間にも格差が生じること」となった。森川もこの「受験競争に参加する家族」を都市新中間層として理解しており、「長期間にわたる受験競争を子どもに課すことになっていった。」と指摘した[24]。

ところで、森川は受験競争が激化した時期を第一次世界大戦後としていたが、大門正克も、先行研究に依拠しながら[25]、「大正・昭和初期」に初等教育の不就学がほぼ完全に消滅したとし、「小学校教育と民衆のかかわりにとって第一次世界大戦後が重要な画期となっていた」と述べている[26]。義務教育が定着したこの時期（一九二〇年代）は、先に言及した中等学校受験競争など、今日まで持ち越される種々の教育課題が登場した。ほとんどの子どもたちが学校に通うようになると、子どもたちの個人差が見出され、子どもたちの能力差や、発達遅滞が認められる子どもへの処遇なども問題化した。大門が述べるように、学校教育が新たな段階に入ったと見てよい。

ちなみに、大門は、農村部と都市部の地域格差に触れ、両者の「家族のあり方を分析すること」を研究課題とした。大門の認識にあるように、農村部と都市部の地域格差は大きかったと考えられ、都市の一部の母親たちの姿を、当時の一般的な母親の姿として理解することはできない。近年、農村部における親たちの子育てに関わって展開された諸策を明らかにする研究が蓄積されており、これについては評価したい[27]。しかし、都市部に急速に増加した、新しい心性を持った新中間層の動向に対して、政策側が特別に払った注意を見逃すことはできない。

先に言及した東京府内務部社会課編『東京市及近接町村中等階級生計費調査』は、新中間層（当該調査では「新中等階級」）の生活動向を明らかにしようとした調査であった。文中、その調査の目的についても言及している。冒頭の「総説」では、「現時資本主義の著しき発展により、社会は、顕著に資本と労働との対立を意識するに至」ったが、諸調査の対象は「労働者階級に偏し」ており、「中等階級に対して」の調査は、「殆ど未開拓の状態」であったと述べられている。一説には、「中間階級次第に絶滅し、極端なる上下の二階級となりて、激烈なる階級闘争を現出するは、自然の勢」とするものもあるが、「旧時代の中産階級」が「大規模企業の勃興により、漸次没落の傾向」にあるのは「事実」としても、「これに代るべき有識無産の精神的又は技術的労働者の夥しき現出」を見落とすことはできない、としている。さらに、

> 現時の中等階級の存在は、穏健なる社会発達のため重大なる意義を有す。而して、旧中産階級の減少に伴ひて、日日に増加しつつある新中等階級、即ち有識無産の精神的、技術的労働者、換言すれば俸給生活者階級、此等の階級の擁護は、現時特に緊急の問題なりとす。即ち中等階級を標準階級として、下層階級をして、該

階級にまで次第に向上せしめ、上下階級の融合を計らしむるを要す。（傍点引用者）

と述べ、「穏健なる社会発達のため」に新中間層（「新中等階級」）の「擁護」の必要性を掲げ、さらに新中間層を「下層階級」をその水準にまで向上させるべき「標準階級」として見出している。また、当該調査は、新中間層が「果して標準階級としての生活内容」を有しているかどうかを明らかにすることを目的としたともされた[28]。

社会秩序の安定のために新中間層を「擁護」しようとする認識は興味深い。ただ、「標準階級」として「下層階級」の見本となることが期待された反面、所与のまま「標準階級」たる内実を備えていたとは考えられていないことにも着目したい。当該調査はその後の具体的な政策的方向性を示してはいないが、「擁護」のための諸策が、新中間層を対象に展開されたものと考えられる。

次に、新中間層の教育意欲を問題視する文部省関係者の発言を取り上げる。

第三節　新中間層の母親たちを教育する必要性

一九二七（昭和二）年、文部省訓令「児童生徒ノ個性尊重及職業指導ニ関スル件」が発せられた。この訓令は、当時の産業構造の大きな変化と職業をめぐる諸問題、さらに職業や進学に見られる競争状況に鑑み、社会秩序の安定をその目的とした。訓令は「職業ノ選択等ニ関シ懇切周到ニ指導スルコトヲ要ス」とうたい、そのために「児童生徒ノ個性ノ調査ヲ行」うことを求めた。しかし、子どもの「個性」を的確に測り、的確な「職業指導」つまり人的配分を行う方法は確立しておらず、むしろ訓令はそうした方法を生み出すための研究を促進しようとする意図を持っていた。

訓令発令当時、文部省普通学務局は、「特に高学年に進むに従つて上級学校の入学試験準備に没頭し、之が為に或は心身の発達を害し、元気を銷磨せんとするの憂うべき弊害を助長しつつあることは争うべからざる事実である。」との事実認識を持っていた[29]。特に「入学試験準備」に見られる競争状況に危機意識を持っていたことがうかがえる。訓令は「父兄及保護者トノ連絡提携ヲ密接ニ」することを求めており、競争状況の背後にいる親たちへの接近に言及している。天野正輝は、この訓令に即して、「進路指導の対象は直接的には児童生徒であっても実質的には父母に向けられていた。」と述べ、訓令に「父母の切実な生活要求に根ざした進学熱をことさら抑制したとらえ方」を読み取った[30]。

さらに、一九三〇年代、中等学校受験準備と「左傾」との関連が指摘されるなど、思想対策に関わって家庭に監督責任の自覚を求める声が高くあがった。文部省に新設された学生部の部長である伊東延吉は、「思想問題と家庭教育」と題した寄稿において、「学生思想問題調査会」での調査結果をもとに、「学生左傾の原因」について述べている。伊東は、「家庭教育の責任に帰すべき」「条項」として、次の五項目をあげた。

一、情操、意志の陶冶の不充分即ち知識の教育のみならず全的実行的なる人格教育の不充分
二、家庭及び学校に於ける教育観の功利的傾向
三、家庭に於ける宗教及び道徳の形式化
四、家庭に於ける不遇
五、富裕にして不節制なる家庭生活

伊東は、「今日の此の思想問題に関しては、種々なる点に於て家庭教育は大いに注意を払はれ、また批判されなければならない。」とする。また、「最近に於ける家庭生活上の一つの欠陥は、功利主義的な傾向である。」とし、「これは近来の唯物主義的な思想と密接なる関係に於て、醸成せられたもの」と位置付けて、五項目の中の「教育観の功利的傾向」について取り上げて述べている。

伊東によれば、

即ち家庭生活に於て価値が物質的方面のみによつてはかられるといふこと、卑近な例を以つてすれば、経済上の貧富によつて人間の価値をはかつたり、俸給の高低によつて人の上下を定めたり、財産の多寡にのみ人間の幸、不幸をかゝらしめたり、常に物質上、金銭上の問題のみに価値判断の重心を置くといふやうなことは、多くの家庭に於て見ることである。

とのことで、「経済上の貧富」や「俸給の高低」を「価値判断」の基準に置く風潮を問題にする。こうした「考へ方の結果」として、「父兄が子弟を教育するに当つて学問や教育の本質を忘れ、子弟の真実の幸福も考慮に入れないものが生じて来る。」といい、次のように述べている。

近時の高等教育の誤つた偏重もその一つの現れであると思ふ。高等教育による特権や社会上の利得や地位や、又家庭の虚栄のみよりして、上級学校に進ましめる。甚だしきは教育を投資と考へるが如き極端なものすらも生ずるのである。

伊東はこのように述べて、「特権」や「利得」、「虚栄」のために我が子を「上級学校」に進学させる一部の傾向を批判した。受け継ぐべき家業や家産を持たない都市新中間層が、いわば「投資」として我が子の教育に尽力した傾向を指すものであり、この傾向が学生の「左傾」の原因の一つと考えられたことが興味深い。伊東は、「学生思想問題調査会」が示した「虚栄的、功利的動機より子弟を漫りに高等教育機関に入学せしむるの弊風を改めること」という指針を紹介した上で、「一国の運命は家庭教育によつて左右せられる。健全にして明朗なる社会の出現の為には正しき、よき家庭教育こそ大切である。」（句点を補った——引用者）と締めくくった[31]。

政策担当者であった伊東のこれらの発言からもわかるように、教育熱心な新中間層の行う教育は、いよいよ問題化されていた。その結果、新中間層の母親たちの指導を視野に入れた政策の展開や、民間の活動が促されたと考えられる。

さて、先行研究において、一九三〇年代に新中間層の女性たちに接近した政策をとりあげたものがある。次に、その課題を明らかにする。

第四節　新中間層の女性たちに接近した政策の理解をめぐる先行研究の検討

政策が新中間層の女性たちを射程にとらえていたことを示した先行研究として、まず千野陽一『近代日本婦人教育史——体制内婦人団体の形成過程を中心に』を取り上げたい。千野は、一九三〇年代に始まった女性たちに向けた文部省社会教育局の施策に言及し、「家庭教育の振興」をスローガンに掲げて展開された一連の政策について論じた[32]。千野に先んじてこの政策に言及したのは宮坂広作であったが[33]、千野は一九三〇（昭和五）年六月の「文部省主催家庭教育講習会」に始まり、同月の社会教育主事会議、同年一二月二三日の文部省訓令「家庭教育振興ニ関スル件」、同日午後同訓令を根拠とした大日本連合婦人会の発足、文部省主催「母の講座」の開催など、一連の政策について詳述した。大日本連合婦人会は、先に組織拡大の一途にあった愛国婦人会（内務省系）に挑む形で発足したが、のちに大日本国防婦人会（陸軍省系）が発足した。その一方、千野は、三つの官製婦人会が組織拡大のためにしのぎを削った様相を丁寧に描いた。千野は、文部省の当該政策が当初、都市新中間層を射程に置いていたとしているが、「思想対策」としての封じ込めという認識に終始している。

小林輝行も、当該政策について詳述している[34]。小林は、千野前掲書について「家庭教育振興政策を主として婦人教育史という視点から把えているため、この期の家庭教育振興政策の特質や意義が十分解明されていない。」と批判した。小林は、千野が訓令「家庭教育振興ニ関スル件」について、「「新たな婦人団体の創設」を目的としたもの」と位置付けたとし、それについて「家庭教育振興政策が教化総動員運動展開の一つの具体的形態・方法であることを見落としており、そのために家庭教育振興政策における家庭生活の改善・合理化の強調の意味の理解に苦しんでいる。」と断じている。そして、当該訓令について「国民精神の作興と経済生活の改善による国力の培養という二つのねらいをもっていた」と締めくくった[35]。単純化して解説すると、当該訓令は「家庭教育の振興」と「家庭生活の改善」とをともにスローガンとして掲げたが、千野が前者の路線を重視し、後者についてはさほどに取り上げなかったのに対して、小林は二つの路線を両者ともとらえるべきとしたわけである。

さて、千野の前掲書に批判を試みた研究に、小山静子『家庭の生成と女性の国民化』がある[36]。千野の動機はあくまでも戦争遂行を可能にした銃後支援体制の形成過程を明らかにすることにあり、いわば体制側が女性たちをからめとる過程を描くことにあった。だからこそ、一九三〇年代に「家庭教育の振興」を掲げて行われた一連の政策は、「思想問題対策、家父長的家族制度崩壊阻止対策」であったと位置付けられた[37]。これに対して小山は、「イデオロギー教化というよりは、むしろもっと具体的な育児・教育に対する知識・技術の伝達が行われていた。」と述べて、当該政策を「思想対策」として総括した千野に反論した[38]。

小山は、「家庭が求めている近代知を提供することを通して、国家が家庭に介入し、家庭や女性を国家に取り込んでいくというやり方は、生活改善運動以来とられてきたものであったが、そういうものとしてこの家庭教育の振興もとらえることができる」と述べる。小山は、都市新中間層の生活苦という社会史的な視点を盛り込んで、女性たちが自ら知識を求めた過程を見たわけで、女性たちのある種の主体性をとらえようとした。小山が「具体的な育児・教育に対する知識・技術の伝達」がなされたと指摘した点や[39]、これらの高度な情報を咀嚼する学力や意欲を持っていた女性たちを見出した点には賛同したい[40]。千野が弱者としての女性と国家との対抗関係を描いたのに比して、小山は、女性たちを弱者として描くのでなく、知力を伴ったその主体性が国家によって見出された点を指摘したものと考えられる。一九三〇年代の「家庭教育の振興」を掲げた政策をとらえる小山の視点は、あくまでも「生活改善運動」からの連続性にあった。つまり、小山にとっては、二つのスローガンのうち、「家庭生活の改善」の路線を強調することこそ重要であったように思われる。「家庭教育の振興」と「家庭生活の改善」の二つの路線の評価については、本書第一章で取り上げたい。

ところで、伊藤めぐみは、小山前掲書が「なぜ国家が当時はごく一部の層にすぎない新中間層の家庭に関心を持ち、生活改善運動の主たるターゲットとしたのか、また、新中間層を受け入れ基盤とする家庭の生成に力を注いだのか」について、十分に論じていないと指摘した。伊藤は、東京府内務部社会課編『東京市及近接町村中等階級生計費調査』の「総説」部分を引用して、失業と生活難等によって新中間層が経済的、思想的に動揺していたことから、「擁護」する必要があったことにも言及した。小山の千野批判を念頭に、「思想善導という側面をまったく切り離してみることはできないように思われる」とも述べた[41]。つまり、伊藤は、小山が新中間層を対象とした政策を「思想善導」ではないと断じた点について、疑問を呈したわけである。当該政策を「思想善導」と評価するか否か、この論点についても、本書第一章で触れることにする。

これまで述べたように、一九二〇―三〇年代に新中間層の女性たちへの接近が図られたことは明らかにされてきた。しかし、女性たちへの関与に際して「家庭教育」が掲げられていたにも関わらず、「家庭」での教育、つまり特に母親たる女性が「家庭」で我が子に対して果たす教育者としての役割については、十分言及されてこなかった。先述したように、新中間層は我が子の教育に極めて熱心であったが、その教育意欲や教育営為が問題化されたことを論じた研究はなく、そこに課題が残されていた。

ここで、関係する先行研究として、首藤美香子『近代的育児観への転換　啓蒙家　三田谷啓と一九二〇年代』を取り上げたい[42]。三田谷啓《さんだやひらく》（一八八一―一九六二）は、我が国初の公立児童相談所であった大阪市立児童相談所の設立（一九一九年）に尽力した人物として知られる。ほどなく行政職を離れ、三田谷治療院を設立、「日本母の会」を組織化するなど、母親への教育に強い関心を持っていた。首藤によって、新中間層の親を対象とした三田谷の活動が明らかになっており、興味深い。しかし、特定の人物に焦点化して分析を試みる方法については共感するものの、首藤の課題設定は、三田谷の分析を通して「子ども観の歴史」「育児史上の変革期の構造」を明らかにしようと試みたもので、本書の研究動機とは異なっている。確かに三田谷は重要な位置にあったと考えられるが、本書では、複数の人物の思想をそれぞれに掘り下げて検証し、当該政策の動向もふまえつつ、当時の家庭教育思想を広くとらえることにしたい。次節において、人物の選定の根拠について論じるものとする。

第五節　「教育する母親」への教育を試みた人物についての先行研究の検討

一九三〇（昭和五）年六月四日から一〇日まで、初の文部省主催家庭教育指導者講習会が開催された。この講習会は、東京市の帝国教育会館にて行われ、「道府県社会教育関係者、学務関係者、学校教職員、女子教育関係者、各種団体指導者」等の約三〇〇人が一堂に会した。ちなみに、第一日目から第四日目までと最終日（第七日目）は講演の聴講、第五日目は「見学」（何の見学かは不明）、第六日目の午前は「研究協議会」、午後は「学校劇実演並に教育映画鑑賞」という日程で行われた[43]。会期中の講師と講演題目は、以下の通りである[44]。

序言	文部省社会教育局長　関屋竜吉
社会教育と家庭教育	文部省社会教育局成人教育課長　小尾範治
東西に於ける家庭生活	法学博士・農学博士　新渡戸稲造
家庭教育総説	東京女子高等師範学校教授・文部省社会教育官　倉橋惣三
養護	医学博士　竹内薫兵
家庭に於ける青少年の生活指導	東京帝国大学助教授　青木誠四郎
絵本・読物に就て	東京市立日比谷図書館頭　今沢慈海
玩具	東洋大学教授　関寛之
童話に就て	浦和高等学校教授・文学博士　松村武雄

青少年の不良化に就て　武蔵野学院長　菊池俊諦

（傍点引用者）

さて、先に取り上げた千野陽一、小林輝行、小山静子の三者が、それぞれこの家庭教育指導者講習会に言及し、その講師や講演題目を列挙して紹介した。三者とも、予め講習会の持つ政策的な意味を慮った上で、講師らの役割を読み取っていた。この際、講師一人一人の思想にまで踏みこんで分析することなく、この講習会を評価していた。しかし、そこに集う講師一人一人の思想は、一枚岩であっただろうか。むしろ、それぞれが異なる背景や動機を持って、こうした催し、ひいては当該政策に関わっているのではないか。

本書では、上記の講習会で講師を務めた人物の中から、とりわけ母親たちに接する機会の多かったと考えられる人物を二人取り上げる。文部省社会教育局で社会教育官なる官職を兼任した倉橋惣三（東京女子高等師範学校教授）と、社会教育局嘱託を兼任し大日本連合婦人会で家庭教育相談所所長を務めた青木誠四郎（東京帝国大学農学部助教授）である。倉橋は、上記の講習会で社会教育官として「家庭教育総説」と題した講演を行った。一方、「家庭に於ける青少年の生活指導」と題して講演した青木は、日本両親再教育協会なる団体においても、母親たちに関わる機会を持っていた。

さらに、その日本両親再教育協会を立ち上げた上村哲弥《かみむらてつや》（南満洲鉄道株式会社社員）も取り上げ、文部省が展開した政策と別の文脈の活動を明らかにしたい。日本両親再教育協会は、文部省社会教育局が「家庭教育の振興」を掲げて政策を展開するより以前の一九二八（昭和三）年に発足した。同協会は、『子供研究講座』の発刊、機関雑誌『いとし児』（月刊）の発行、「研究団体」の組織化などを手がけた。同協会の動向をとらえることで、植民地での母親たちへの教育活動も射程に入れることができる。当時の日本社会における人々の連関の中には、当然ながら植民地も加わっていた。植民地も射程に置きながら、人物の思想分析を通して、日本社会における母親への教育を明らかにしたい。

一、社会教育官 倉橋惣三をめぐる先行研究から

一九二九（昭和四）年七月一日、文部省に社会教育局が新設された折、同時に社会教育官なる官職が設けられた。東京女子高等師範学校教授であった倉橋惣三は、同年一〇月五日付で社会教育官を兼任した[45]。以後、倉橋は、東京女子高等師範学校教授と社会教育官とを兼任するが、社会教育官の任にあったのは、社会教育局が編成されて教化局となるまでの一三年に渡った（その後は引き続き教学官となる）。こうして長きに渡り社会教育官としてあり続けたのは倉橋を置いて他におらず、安定してその役割を果たし続けたことがうかがえる（次頁表参照）。

先に述べたように、「家庭教育」に関わる政策は、社会教育局新設以後に具体的に進められた。例えば、文部省主催家庭教育指導者講習会の実施、文部省訓令「家庭教育振興ニ関スル件」の発令、大日本連合婦人会の発足、先述した文部省主催「母の講座」の開催などがある。倉橋は、家庭教育指導者講習会や「母の講座」でたびたび講師を務めた。その一方、東京女子高等師範学校教授を歴任し、同附属幼稚園主事もたびたび兼ねて、幼稚園教育において指導的役割を果たしたとされている[46]。

諏訪義英は、倉橋の「家庭教育」に関わる発言について注視して、成果を発表してきた。諏訪は、「倉橋は、幼稚園教育の根本問題を、制度と方法の二側面から究明しながら、家庭教育が就学前教育において中心的位置を占めること、さらに教育方法も家庭教育から導きだされることを示した。」と述べている。諏訪は、先行研究を整理して、次のように述べる。

歴代社会教育官一覧

年度	社会教育局局長	社会教育官
1930（昭和 5）年	関屋竜吉	**倉橋惣**三、小尾範治、水野常吉、綿貫哲雄、阿部重孝、中田俊造、金井浩、長野長広、宮本金七、千葉敬止
1931（昭和 6）年	関屋竜吉	**倉橋惣**三、小尾範治、水野常吉、綿貫哲雄、阿部重孝、中田俊造、金井浩、長野長広、宮本金七、千葉敬止
1932（昭和 7）年	関屋竜吉	**倉橋惣**三、小尾範治、水野常吉、綿貫哲雄、阿部重孝、中田俊造、宮本金七、千葉敬止
1933（昭和 8）年	関屋竜吉	**倉橋惣**三、小尾範治、水野常吉、綿貫哲雄、阿部重孝、中田俊造、宮本金七、千葉敬止、岩松五良
1934（昭和 9）年	河原春作	**倉橋惣**三、水野常吉、綿貫哲雄、阿部重孝、中田俊造、宮本金七、千葉敬止、森明麿
1935（昭和 10）年	山川 建	**倉橋惣**三、水野常吉、綿貫哲雄、阿部重孝、中田俊造、宮本金七、千葉敬止、不破祐俊、山口啓市
1936（昭和 11）年	山川 建	**倉橋惣**三、水野常吉、綿貫哲雄、中田俊造、宮本金七、千葉敬止、不破祐俊、森明麿、山口啓市
1937（昭和 12）年	田中重之	**倉橋惣**三、水野常吉、綿貫哲雄、中田俊造、宮本金七、長屋喜一、不破祐俊、松本良彦、山口啓市、原元助、伊東正勝
1938（昭和 13）年	田中重之	**倉橋惣**三、水野常吉、綿貫哲雄、宮本金七、長屋喜一、小山隆、不破祐俊、松本良彦、山口啓市、原元助、伊東正勝
1939（昭和 14）年	田中重之	**倉橋惣**三、宮本金七、長屋喜一、小山隆、不破祐俊、三橋逢吉、栗林信朗、山口啓市、原元助、伊東正勝、杉山栄一郎、松浦晋
1940（昭和 15）年	田中重之	**倉橋惣**三、宮本金七、桑木来吉、栗林信朗、松崎実次、長屋喜一、小山隆、不破祐俊、三橋逢吉、山口啓市、杉山栄一郎、伊東正勝、水川清一、松浦晋
1941（昭和 16）年	纐纈弥三	**倉橋惣**三、松崎実次、長屋喜一、小山隆、不破祐俊、松本良彦、三橋逢吉、栗林信朗、野尻丈七、杉山栄一郎、伊東正勝、松浦晋

参考

	教化局局長	教学官
1942（昭和 17）年	阿原謙蔵	**倉橋惣**三、松崎実次、不破祐俊、松本良彦、三橋逢吉、栗林信朗、杉山栄一郎、松浦晋

昭和 5 年度から昭和 17 年度の文部省職員録より作成。なお、各々が 10 月 1 日現在となっている。

倉橋の理論・思想の形成史をたどると、このように、誘導保育論は家庭教育論と密接な関連があるにもかかわらず、すでにのべたように、研究の主な動向は誘導保育論に偏っている。そして、誘導保育論の形成過程そのものを直接対象とする研究も、家庭教育論とのかかわりをほとんど視野の外におく。[47]

このように、諏訪は、「倉橋の理論・思想」においては、「家庭教育論」が重要な位置にあるとの立場であり、その分析が軽視されてきたことを問題視している。諏訪自身、次のように述べている。

前節でのべたように、倉橋は幼稚園教育の基礎に家庭教育をおいている。それは制度上、幼稚園を家庭教育の延長上に構想するという点においてだけでなく、保育方法上も家庭における純人間的交渉関係を誘導保育法の原型においたという点において現れている。[48]

このように、諏訪は、倉橋の「誘導保育論と家庭教育論との関係」[49]を射程に入れて研究を行ってきた。幼児教育関係者の多くが問題化しない、「家庭教育」に関わる倉橋の発言を分析してきた点を評価したい。

ところで、諏訪は、倉橋の思想について、次のように述べている。

倉橋の生きた明治民法の下では、日本の家庭一般は、家父長制家族制度のもとで良妻賢母主義的な人間関係、生活意識が支配的であった。したがって、倉橋がそのような日本の家族のあり方をぬきに、家庭生活の教育性とか、母親の役割、その母性を強調してみても、それは結果的に日本の家族主義や良妻賢母主義に陥るにすぎない。そのような弱点が、一方では個人主義思想をもちながら他方では日本の家族主義、国家主義へ癒着するという二面性をもたらしたのである。[50]

ここで諏訪は、「日本の家庭一般」に言及しているが、階級差の大きかったことを考えれば、実態を十分とらえていないことが懸念される。明治国家が先導した近代化は、社会にさまざまな変化をもたらした。こうした時代認識に関わる新たな研究成果を踏まえて、あらためて倉橋の発言をとらえ返すことが必要である。しかも、諏訪は、倉橋が社会教育官の任にあったことに全く触れていない[51]。このことは、倉橋が「家庭教育」に関して多くの発言を行った背景の一つを見落としていることになる。

本書では、新中間層の母親たちが我が子の教育に強い関心を持っていた点をふまえ、倉橋がそうした動向を危惧し、「家庭教育」に独自の理解を与えようと発言したことを明らかにしたい。

ところで、先述したように、「家庭教育の振興」を掲げる一九三〇年代の政策は、「家庭教育の振興、家庭生活の改善」をスローガンとして掲げていたが、千野は、「家庭教育の振興」の路線を主ととらえ、「家庭生活の改善」は副次的なものとする理解に立っていた。一方、小山は、後者の「家庭生活の改善」の路線を主ととらえ、その前段階の生活改善運動からの連続性を重視していた。この論点については、倉橋や関係者の発言を注視して分析することによって、新たな知見を提示したい。

二、家庭教育相談所の青木誠四郎をめぐる先行研究から

先述したように、一九三〇（昭和五）年一二月二三日、文部省訓令「家庭教育振興ニ関スル件」が発せられ、同日午後、同訓令を根拠として大日本連合婦人会が発足した。同会は、機関雑誌『家庭』の発行、講師の派遣、家庭

寮の開設[52]、家庭教育相談所の開設などを手がけ、女性たちの組織化を促した。当初、同会は組織拡大の射程を都市新中間層に置き、都市新中間層を意識した活動内容を発表する。その目玉の一つが家庭教育相談所であり、その所長が青木誠四郎であった。青木は、東京帝国大学農学部助教授として附属農業教員養成所で教鞭を取り、一九三七（昭和一二）年、同養成所が独立して東京農業教育専門学校となった際には同校教授となった人物である。

家庭教育相談所については、阿部恒久「大日本連合婦人会小史」において、「初期の事業」の一つとして数行の言及が見られる[53]。一方、日本における「児童相談」の歴史を回顧した安田生命社会事業団編『日本の児童相談——明治・大正から昭和へ』においても、初期の試みの一つとして家庭教育相談所に若干の言及がなされている[54]。しかし、いずれもその社会的意義にまで言い及んではいない。

「児童相談」「教育相談」などの「相談」なる営みは、「相談」に応じる回答者と、「相談」を寄せる相談者とが共にあって成り立つが、子どもに関わる「相談」の場合、それだけの経済的・時間的余裕のある親でなければ「相談」を寄せる動機は生まれなかったものと考えられる。その点から言っても、我が子の教育に強い関心を持つ新中間層の登場は、「相談」の誕生に関係がありそうだ。

ここで、先に言及した沢山美果子が、新中間層の母親たちと「身上相談」や「育児相談」の担当者との関わりに言及した点に注目したい。沢山は、一九一〇―二〇年代「多くの婦人雑誌が身上相談、育児相談の欄」を設けたと指摘し、そこに新中間層の母親たちの「子育てへの不安」を読み取った。さらに「一九二七年に開設された岡山児童相談所」で行われた「身体上及精神上の検査」について、母親たちにおいては「わが子の置かれた位置」を「客観的に確かめたい」とする欲求を読み取り、相談担当者については「人材配分を正当化する子ども評価」を「子育てに持ち込」んだと分析した[55]。新中間層と「相談」とを結びつけて論じたことは先駆的であるが、わずかな資料から結論づけているあたりに強引さが感じられ、この点に新たな研究の余地を残していた。

「相談」を担当したのは、医師もしくは心理学専攻者であり、子どもを数値化して理解する方法論を会得した者たちであった。本田和子は、「子ども研究の数値化は、わが国固有の傾向ではなく、一九世紀末から二〇世紀への転換期における世界的動向でもあった」と述べている。本田はわが国の「児童研究」の動向に触れ、「子ども研究者たちを啓蒙に向けて駆り立てたのは、「科学主義」という名の「方法的技術」であり、それへの信頼であった」とする。しかも「子ども研究」の前提となるのは心理学であったとし、「児童心理学者たちの大方は」、「育児や教育に役立つ「技術の提供者」として、その「技術者性」を遺憾なく発揮してきた」と述べた。本田は、その児童心理学者たちの代表として、青木誠四郎とその弟子山下俊郎の名を挙げたが、彼らの具体的活動については言及していない[56]。

前掲『日本の児童相談――明治・大正から昭和へ』によれば、雑誌『児童研究』を発行した日本児童学会が設置した児童教養相談所が、わが国における相談所の嚆矢だとされる[57]。こうして発足した相談機関が、当初「子ども研究」のための窓口であったか、あるいは「教育する母親」への教育という社会的役割を担う窓口であったかは議論の余地がある。ただ、本田の表現を借りれば、青木は母親たちの「相談」に応じながら母親たちに教育を試みる「技術者」であったということになる。

青木は、家庭教育相談所に関わる傍ら、読売新聞の家庭欄で「児童教育相談」の回答者を務めた。また、日本両親再教育協会に編輯顧問として参加、同協会が定期的に開催した「母の会」において、指導者として参加し、講演と母親たちからの質問に応じる活動を行ったりもした。しかし、このように青木が「家庭教育」に関わりを持ったことについては、弟子であった山下俊郎による言及を除いて、十分取り上げられてこなかった。青木が母親たちの教育に関与していたことに言及した先行研究は、山本敏子「解説 青木誠四郎著『新しい教育と家庭の教育』」のみであった[58]。山本は、青木が母親たちの教育に関わった経歴を簡潔にまとめているが、紙幅の制約もあってか、具体的な内容については記述していない。

本書で、青木が、教育相談を通して母親たちに求めた教育行為の詳細を明らかにしたい。

三、日本両親再教育協会と上村哲弥をめぐる先行研究から

先述したように、日本両親再教育協会とは、南満洲鉄道株式会社社員であった上村哲弥が発足させた団体である。日本両親再教育協会の活動や上村哲弥を取り上げた先行研究には、木村元「日本両親再教育協会」を嚆矢として[59]、金子省子「日本両親再教育協会について――日本の親教育の系譜に関する研究」[60]、小林恵子「両親再教育運動と上村哲弥」[61]、柳井郁子「昭和戦前期における両親再教育運動と家族のおこなう教育――日本両親再教育協会機関誌『いとし児』を中心に」などがある[62]。日本両親再教育協会が教育の対象としたのは、新中間層の親たちであり、この点の理解では先行研究でも共通している。日本両親再教育協会においては、「母の会」と称した「研究団体」の組織化を志向していた。金子はこの「母の会」について若干の言及を行っているが、その「具体的検討は今後の課題」としていた[63]。

上村は戦後、日本女子大学教授・同附属児童研究所所長を務める一方、両親教育協会を設立、雑誌『いとし児』を復刊させた。また、文部省社会教育局においてＰＴＡの推進に努める「教師と父母の会委員会」委員長に着任した[64]。その傍ら、協会では、「研究団体」としての「研究協議会」を復活させる。そして、自身が一九二八年に始めた「両親再教育」の目的・方法が戦後でも十分通用すると述べている。ちなみに、戦後文部省の行政官としてＰＴＡの振興に従事した二宮徳馬は、戦後日本にＰＴＡが根付いた理由の一つとして、戦前からあった学校附設の諸協力団体（「父兄会」や「母の会」）の存在をあげている[65]。玉井一美も、戦前戦中期、各小学校（国民学校）に存在し

た「母の会」や「父兄会」と、戦後のＰＴＡとの連続性について示唆している[66]。

さて、上村の活動においては、「研究団体」と称した親たちの組織づくりがその大きな特色の一つであったと考えられる。上村は、満鉄社員として欧米留学に赴いた際、米国において母親たちの組織化について学んだと述べている。本書においては、この「研究団体」の組織化に関わる理念を明らかにしたい。加えて、日本両親再教育協会の活動の動向についてもとらえるものとする。先行研究においては、上村が満鉄の社員であったにもかかわらず、この団体の満洲における動向については、何ら言及されてこなかった。これらの課題についても、明らかにしたい[67]。

ところで、先行研究では、機関雑誌『いとし児』創刊号から数年の記事を引用するにとどまっており、現存するすべての号を細かく読んで検討することをしていない。筆者は、創刊号から現存する最終号まで（一九二九年八月〜一九四三年一二月）の同誌を丹念に読むことで、日本両親再教育協会の「研究団体」組織化の動向をとらえることができた[68]。組織化をめぐる具体的な活動も明らかにしたい。

以上に示したように、本書では、三人の人物の思想をとらえることを大きな課題とし、加えて、人物が関わった組織の動向を明らかにする。我が子に対して母親が行う教育と、母親に対して試みられる教育とを合わせてとらえつつ、それらの社会的背景を重ねて描くものとしたい。

注

1 牟田和恵『戦略としての家族──近代日本の国民国家形成と女性』新曜社、一九九六年。

2 太田素子『江戸の親子──父親が子どもを育てた時代』中央公論社（中公新書）、一九九四年。太田素子『近世の「家」と家族　子育てをめぐる社会史』角川学芸出版、二〇一一年。小山静子『子どもたちの近代　学校教育と家庭教育』吉川弘文館（歴史文化ライブラリー）、二〇〇二年。

3 山本敏子「日本における〈近代家族〉の誕生──明治期ジャーナリズムにおける「一家團欒」像の形成を手掛りに」『日本の教育史学 教育史学会紀要』第三四集、教育史学会、一九九一年。

4 佐藤秀夫「家庭教育」佐藤秀夫『学校ことはじめ事典』小学館、一九八七年、一三〇─一三一頁。

5 中内敏夫「家族と家族のおこなう教育──日本・十七世紀〜二〇世紀」一橋大学一橋学会編『一橋論叢』第九七巻第四号、日本評論社、一九八七年四月、五五頁。なお、中内論文について、小山静子は、「「家族の教育」と「家庭教育」という両概念の混乱」がみられるなどと批判した（小山静子『良妻賢母という規範』勁草書房、一九九一年、八八頁）。

6 山本敏子「明治期における〈家庭教育〉意識の展開」『日本教育史研究』第一一号、日本教育史研究会、一九九二年。山本敏子「〈家庭教育〉創出のシナリオ」寺﨑昌男・編集委員会共編『近代日本における知の配分と国民統合』第一法規、一九九三年。

7 小山前掲『良妻賢母という規範』、八五─八六頁。

8 小山前掲『良妻賢母という規範』八五頁。

9 佐藤前掲書。

10 小山前掲『良妻賢母という規範』。伊藤めぐみ「賢母教育の一斑──高等女学校学科目教育科の歴史に関する一考察」佐々木享編『技術教育・職業教育の諸相』大空社、一九九六年。

11 中村牧子は、「一九一六─四五年ごろには、ホワイトカラーの雇用労働者（雇用ホワイト）の比率が二割を超え、さらに増える兆しをみせている。」と述べている。また、「大企業や官公庁勤務者は、妻の無職率が他の階層に際立って高い。」とし、「これは大企業・官公庁勤務者が、他に際立って、専業主婦つまり家事や子育てに専念する女性としての妻をもつ人びとであったことを示している。」と述べた。中村牧子「新中間層の誕生」原純輔編『日本の階層システム一　近代化と社会階層』東京大学出版会、二〇〇〇年、四九―五一頁。

12 大橋隆憲編著『日本の階級構成』岩波書店（岩波新書）、一九七一年、四五頁。

13 寺出浩司「大正期における職員層生活の展開」日本生活学会編『生活学　第七冊』ドメス出版、一九八二年。

14 東京府内務部社会課編『東京市及近接町村中等階級生計費調査（大正十一年十一月施行）』（奥付なし。「凡例」の期日は「大正十四年三月」となっているので、発行日はこの期日に従って、一九二五年三月とする）一頁、三三頁。

15 石田雄「「家」および家庭の政治的機能――「政治的社会化」の視点からみた連続性と変化」福島正夫編『家族　政策と法一　総論』東京大学出版会、一九七五年。井上えり子「「家庭」概念の歴史的検討――戦前家庭百科事典および百科事典における「家庭」概念」佐々木享編『技術教育・職業教育の諸相』大空社、一九九六年。

16 沢山美果子「教育家族の成立」編集委員会編『叢書〈産む・育てる・教える――匿名の教育史〉一〈教育〉――誕生と終焉』藤原書店、一九九〇年（引用部分は、一一〇頁）。沢山美果子「〈童心〉主義子ども観の展開――都市新中間層における教育家族の誕生」『保育幼児教育体系　第五巻　⑩保育の思想　日本』労働旬報社、一九八七年。そのほか、当時の新中間層の教育意欲に言及した先行研究として、中村前掲書。小林嘉宏「大正期「新中間階級」の家庭生活における「子供の教育」」『福井県立大学論集』第七号、福井県立大学、一九九五年。竹内洋『立身出世主義――近代日本のロマンと欲望』日本放送出版協会、一九九七年。広田照幸『日本人のしつけは衰退したか――「教育する家族」のゆくえ』講談社（講談社現代新書）、一九九九年、など。

17 沢山前掲「教育家族の成立」、一一九頁。

18 沢山前掲「〈童心〉主義子ども観の展開――都市新中間層における教育家族の誕生」、七六頁。

19 沢山前掲「教育家族の成立」、一二四―一二五頁。

20 竹内前掲書。

21 真橋美智子『「子育て」の教育論――日本の家庭における女性役割の変化を問う』ドメス出版、二〇〇二年、一五一―一五二頁。同「一九三〇年代前半期の家庭教育論――『家庭』『婦女新聞』にみる」『日本女子大学紀要 人間社会学部』第六号、一

九九六年。首藤美香子『近代的育児観への転換　啓蒙家　三田谷啓と一九二〇年代』勁草書房、二〇〇四年、九七頁。

22 所澤潤・木村元「日本の近代小学校と中等学校進学――東京市公立進学有名小学校の変化の事例に即して」『東京大学教育学部紀要』第二七巻、一九八七年、三四三―三四六頁。

23 『日本帝国文部省第四十九年報（自大正十年四月至大正十一年三月）上巻』（文部大臣官房文書課、一九二五年）によれば、一九一九（大正八）年度に小学校を卒業した男児は五六万八六〇七人、女児は五〇万三四三九人であった（六四頁）。翌一九二〇（大正九）年度に中学校に入学した男児は、東京高等師範学校附属中学校と広島高等師範学校附属中学校に入学した者が一六四人（一一三頁）、公立私立中学校に進学した者が四万七二二二人（一一七頁）で、合計して四万七三七六人であった。同様に、一九二〇年度に高等女学校に入学した女児は、東京女子高等師範学校附属高等女学校と奈良女子高等師範学校附属高等女学校（ともに本科）に入学した者が合わせて一八六人（一二一―一二二頁）、公立私立高等女学校（本科）に入学した者が三万四六八八人（一二七頁）で、合計して三万四八七四人であった。本文の進学率は、一九一九年度の卒業者を母数として、翌一九二〇年度の入学者を割り出したが、すべての子どもが小学校卒業の次年度に中等学校進学を果たしているわけではないので、あくまでも目安に過ぎない。

24 森川輝紀「立身出世主義と近代教育」辻本雅史・沖田行司編『新 体系日本史一六 教育社会史』山川出版社、二〇〇二年、三一九―三二二頁。

25 土方苑子『近代日本の学校と地域社会』東京大学出版会、一九九四年。清川郁子「『壮丁教育調査』にみる義務制就学の普及――近代日本におけるリテラシーと公教育制度の成立」日本教育社会学会編『教育社会学研究』第五一集、東洋館、一九九二年。

26 大門正克『民衆の教育経験――農村と都市の子ども』青木書店、二〇〇〇年、二一頁。

27 たとえば、吉長真子「昭和戦前期における出産の変容と「母性の教化」――恩賜財団母子愛育会による愛育村事業を中心に」『東京大学大学院教育学研究科紀要』第三七巻、一九九七年。吉長真子「一九一〇―一九二〇年代の児童保護事業における母親教育――岡山県鳥取上村小児保護協会の事例から」『日本の教育史学　教育史学会紀要』第四二集、教育史学会、一九九九年。

28 東京府内務部社会課前掲書、一―二頁。ちなみに、鈴木智道は、都市貧困層に向けて行われた社会事業政策が、新中間層の子育てを標準としていたと述べた。鈴木智道「戦間期日本における家族秩序の問題化と「家庭」の論理―下層社会に対する社会事業の認識と実践に着目して」『教育社会学研究』第六〇集、一九九七年。

29 「児童生徒の個性尊重及職業指導に関する訓令及通牒要旨略説」文部省構内実業補習教育研究会編『児童生徒の個性尊重及び職業指導』一九二七年、四頁。

30 天野正輝「一九二〇年代における中等学校入試選抜法の改革」『京都大学教育学部紀要』第四一号、一九九五年、六七頁。一方、森川輝紀は、この訓令の効果はなかったとしている（森川前掲書）。

31 伊東延吉「思想問題と家庭教育」『社会教育』第二一号、一九三二年五月二〇日、一頁、六頁。

32 千野陽一『近代日本婦人教育史―体制内婦人団体の形成過程を中心に』ドメス出版、一九七九年。

33 宮坂広作『近代日本社会教育政策史』国土社、一九六六年。

34 小林輝行「昭和初期家庭教育政策に関する一考察（Ⅰ）―家庭教育振興訓令を中心として」『信州大学教育学部紀要』第四九号、一九八三年一一月。同「昭和初期家庭教育政策に関する一考察（Ⅱ）―家庭教育振興政策の展開を中心として」『信州大学教育学部紀要』第五〇号、一九八四年三月、など。

35 小林前掲「昭和初期家庭教育政策に関する一考察（Ⅰ）―家庭教育振興訓令を中心として」三五頁、四一頁。

36 小山静子『家庭の生成と女性の国民化』勁草書房、一九九九年。

37 千野前掲書、二五九頁。

38 小山前掲『家庭の生成と女性の国民化』二三二頁。千野への反論は、二五六頁（注記部分）。

39 同右書、二三二頁。

40 木村涼子は、大正期から昭和初期にかけて大衆化した商業婦人雑誌について分析し、「婦人雑誌の大衆化を支えた背景としては、まず第一に、学校教育の普及によって活字メディアを読みこなすことのできるリテラシーを持つ女性が増大したことが挙げられよう。」と述べた。木村涼子「婦人雑誌の情報空間と女性大衆読者層の成立―近代日本における主婦役割の形成との関連で」『思想』第八一二号、岩波書店、一九九二年二月、二三四頁。

41 伊藤めぐみ「小山静子『家庭の生成と女性の国民化』を読んで」『日本教育史往来』第一二六号、日本教育史研究会、二〇〇〇年六月、八―九頁。
42 首藤前掲書。
43 「家庭教育講習会が予期以上の収穫 家庭教育振興方案をも議して 文部省大ほくほく」『教育週報』第二六五号、教育週報社、一九三〇年六月一四日発行、七頁（復刻版、大空社、一九八六年）。なお、『文部省第五十八年報』では、参加人数を三八〇人、講習終了証書授与人員を三二〇人と報告している（一七頁）。
44 「家庭教育に関する講習会並研究協議会」『幼児の教育』第三〇巻六号、一九三〇年六月、七六―七七頁。文部省社会教育局編『現代家庭教育の要諦』宝文館、一九三一年（石川松太郎監修、山本敏子・藤枝充子編集協力『「子どもと家庭」文献叢書 第八巻 現代家庭教育の要諦』クレス出版、一九九七年）。
45 『文部時報』第三三六号、一九二九年一〇月二一日発行、二頁。
46 宍戸健夫「大正期幼児教育理論の構造―倉橋惣三の保育理論の検討」（『愛知県立女子大学・愛知県立女子大学紀要』第一三輯、一九六三年。宍戸健夫『日本の幼児保育―昭和保育思想史 上』青木書店、一九八八年。森上史朗『児童中心主義の保育―保育内容・方法改革の歩み』教育出版、一九八四年（七章 児童中心主義保育の確立―倉橋惣三の保育論を中心に）。森上史朗『子どもに生きた人・倉橋惣三―その生涯・思想・教育・保育』フレーベル館、一九九三年。
47 諏訪義英『日本の幼児教育思想と倉橋惣三』新読書社、一九九二年（「補講 倉橋惣三研究の方法―研究の動向から」）二五六頁。
48 同右書（「倉橋惣三の幼児教育思想」）、一五五―一五六頁。
49 同右書（「補講 倉橋惣三研究の方法―研究の動向から」）、二五七頁。
50 同右書（「倉橋惣三の幼児教育思想」）、一七〇頁。
51 諏訪義英「昭和の戦争期における家庭教育振興政策と倉橋惣三」『大東文化大学紀要 社会科学』第三二号、一九九四年。倉橋に関わる先行研究については、本書第一章においてさらに述べるものとしたい。
52 家庭寮については、伊藤めぐみ・志村聡子「大日本連合婦人会による家庭寮事業の展開―機関誌『家庭』の記事を中心に」(『総合女性史研究』第二三号、二〇〇六年)を参照されたい。
53 阿部恒久「大日本連合婦人会小史」民衆史研究会編『民衆運動と差別・女性』雄山閣、一九八五年、一八四—一八五頁。
54 安田生命社会事業団編『日本の児童相談—明治・大正から昭和へ』川島書店、一九六九年、一四九—一五〇頁。
55 沢山前掲「教育家族の成立」、一二一—一二四頁。
56 本田和子『子ども一〇〇年のエポック「児童の世紀」から「子どもの権利条約」まで』フレーベル館、二〇〇〇年、四一—四六頁。
57 安田生命社会事業団前掲『日本の児童相談—明治・大正から昭和へ』、七二頁。
58 山本敏子「解説 青木誠四郎著『新しい教育と家庭の教育』」石川松太郎・山本敏子監修『戦後家庭教育文献叢書 第二巻』クレス出版、一九九六年、解説一—七頁。
59 木村元「日本両親再教育協会」編集委員会編『叢書〈産む・育てる・教える—匿名の教育史〉一〈教育〉—誕生と終焉』藤原書店、一九九〇年。
60 金子省子「日本両親再教育協会について—日本の親教育の系譜に関する研究」『愛媛大学教育学部紀要 第Ⅰ部 教育科学』第三八巻第二号、愛媛大学教育学部、一九九二年。
61 小林恵子「両親再教育運動と上村哲弥」『研究紀要』第二七集、国立音楽大学、一九九三年。上村哲弥と親交のあった小林恵子氏に、上村の印象などをうかがう機会を得た。また、貴重な諸資料のご提供、ご貸与をいただいた。ここに記して感謝申し上げる。
62 柳井郁子「昭和戦前期における両親再教育運動と家族のおこなう教育—日本両親再教育協会機関誌『いとし児』を中心に」『教育学研究室紀要—〈教育とジェンダー〉研究』第五号、女子栄養大学栄養学部教育学研究室、二〇〇三年。そのほか、村田恵子「雑誌『いとし児』における「読者」像の分析」『教育学研究紀要』第四一巻、第一部、中国四国教育学会、一九九五年。草野明子「上村哲弥の子ども観と家庭論—『子供研究講座』を中心に」『α(あるふぁ):児童文化・児童文学研究誌』第八号、日本女子大学児童文学研究室、一九九九年、など。なお、雑誌『いとし児』を読み始めるにあたり、柳井郁子氏に購読者像などに関してご教示を得た。ここに記して感謝申し上げる。

63 金子前掲書、二三〇頁。

64 「上村哲弥略歴」上村哲弥『生命を育むもの――しつけのいろは歌』(上村哲弥『しつけのいろは歌』の漢字やかなづかいを改めて発行したもの)一九七八年、両親教育協会、一六四―一六六頁。(なお、この本を所有していた小林恵子氏には、本の貸与等の便宜を図っていただいた。)ただ、この略歴は遺族によるものであり、「教師と父母の会委員会」の委員長であったとする点については、調査中。

65 二宮徳馬『日本PTA史話』学事出版(PTA文庫)、一九七八年。

66 玉井一美「昭和戦前・戦中期の「母の会」の実践――PTA発足前における親の教育参加」お茶の水女子大学文教育学部人間社会科学科教育科学講座内 人間発達研究会編『人間発達研究』第二二号、一九九九年。

67 なお、「満洲」「満洲国」は、現在の中国東北部を指すが、当時の植民地政策を反省する立場から、かっこをつけて表記する例がある。筆者は、植民地政策について何ら正当化する理由はないものと考えるが、本論文中、かっこをはずして表記するものとする。

68 『いとし児』の閲覧については、日本女子大学附属図書館、東京家政大学附属図書館、文教大学附属越谷図書館、札幌大谷短期大学附属図書館(現・札幌大谷大学附属図書館)、頌栄短期大学附属図書館にそれぞれお世話になった。ここに記して感謝申し上げる。

第一章

倉橋惣三における「家庭教育」の思想

――社会教育官として

本章では、倉橋の「家庭教育」に関わる論稿から、彼が理想とした「母親の行う教育」を明らかにする。倉橋が「家庭教育」に「二つの意味」を見出して論じたことを取り上げ、それによって母親が主体的に行う教育行為を牽制しようとしたことを明らかにしたい。さらに、倉橋の発言に着目することで、「家庭教育の振興」政策における「家庭教育の振興」と「家庭生活の改善」との二つの路線に関わって、当時関係者に自覚されていた問題を明らかにする。

ところで、倉橋の思想は、東京女子高等師範学校附属幼稚園主事を兼任したことなどから、幼稚園教育の関係者に広く取り上げられ検討されてきた[1]。倉橋研究には多くの積み重ねがあるが、本書のテーマに関わるものに限って取り上げて、残されてきた課題をとらえることにしたい。

第一節　先行研究の動向――倉橋の「家庭教育」思想に関わって

本書序章において、諏訪義英による研究に触れ、諏訪が、倉橋が社会教育官の任にあったことに全く触れていないと述べた。一方、吉沢千恵子は、社会教育官としての倉橋が、「家庭教育振興運動に協力」したとして、その思想を論じている。この中で、吉沢は、倉橋の母親像が「都市的形体の家庭の母親という一部の階層に限られている。」と述べ、新中間層の家庭を念頭に置いていた点を指摘した点は興味深い。吉沢は、倉橋の発言をとりあげながら、結論としては、「文部省の家庭教育振興の運動を支持する立場をとり、家族制度の再編成を目的とする体制の運動を擁護することになった。」とした[2]。このように、倉橋を「家庭教育の振興」を掲げる運動を「擁護」したと理解する点に異論はないが、女性たちを善、倉橋を国家の手先として塗り分ける論調には疑問が残る。

森上史朗は、倉橋が社会教育官として全国を講演して歩いた「行脚」について、「母親たちへの深いいたわりの精神に満ちている。」と述べる。さらに、諏訪や宍戸健夫の倉橋に対する批判に言及し、「その拡大解釈にもとづくものがありはしないだろうか。」とする。当時について「絶対主義的天皇制は家父長的家族主義と一体化して、忠孝なる日本精神をその基本に据えてい」たとし、倉橋が「そうしたイデオロギーに部分的には与する役割を果たしたことは否定できない。」とも述べている。さらに、森上は次のように述べた。

しかし、その評価は現在の視点のみから行うべきではなく、その当時の歴史的、社会的な枠の中で、どれほど先駆的な役割を果たせたかどうかであろう。それと同時に、その人の理論の本質的部分と非本質的部分の区別が必要であろう。

この発言に加えて、森上は、「今日におけるわが国の家庭教育の問題は、彼から学ぶべきものが今なおあまりに多いことを実感する」とした[3]。

倉橋が問題をとらえた親たちの姿には、今日問題とされる親たちの姿と重なるものがあることは間違いない。例えば、教育熱心な母親たちがそれであり、子どもを通して自己実現を図ろうとする母親たちの姿もまたそうである。ただ、その解決策として倉橋が提示した方法のすべてが、当時有効であったかも疑問であるし、今日において有効であるとも断定できない。できるだけ倉橋なりの善意あるいは正義を慮りながら思想分析を行いたいと考えるが、あくまでも先行研究の論点の中に位置付けることで、客観的な視点を担保したい[4]。

ところで、山本敏子は、論文「明治期における〈家庭教育〉意識の展開」の冒頭、「現代日本において〈家庭教育〉という言葉によって表象されているある観念なり漠然とした考え方なりといったものは、いかなる歴史的社会的文脈の中でどのようなものとして創られ、人々に共有されるに至ったのだろうか。」と問うている。この課題を設定した経緯を説明する中で、山本は、倉橋が「家庭教育」に二つの意味を見出したことに言及した。山本は、以下のように述べている。

　このような課題を設定するのは、一九三二（昭和七）年に倉橋惣三が提起した〈家庭教育〉という言葉をめぐる問題状況に基づいている。即ち、「家庭教育といふものを考へてゆく」には、「家庭教育」という言葉に、第一に「家庭生活それ自体の裡に自然に存する教育」と、第二に「家庭に於て特に施行せらるゝ方法によつて行はるゝ教育」との二つの意味を区別させておく必要があるが、それは「世俗一般の傾向として、家庭教育を此の第二の意味に於てのみ偏し考へる風が多く、その為に、家庭教育重んじられて却て家庭教育失はるゝといつたやうな結果をさへ生じたりする弊」に陥っているからなのだという指摘がそれである。[5]

山本は、「家庭教育」をめぐる問題が既に一九三二年当時の倉橋によって指摘されたことをとらえ、倉橋が「家庭教育」に「二つの意味」を見出したことに言及した。その上で、さかのぼって「家庭教育」意識の萌芽を明治期のジャーナリズムに見出そうとしたのであるが、倉橋の言説の分析を当該論文の主題としたわけではなかった。

この山本論文の課題設定については、小山静子が「論評」において、

そもそも、なにゆえ倉橋惣三が一九三二年の段階で提起した問題状況に基づいて、課題を設定しなければならないのだろうか。倉橋が提出している家庭教育という言葉の二つの意味が、明治期の〈家庭教育〉意識を分析する上で、有効な枠組みたりうるのだろうか。

と指摘したように、やや困難があった。小山は、「倉橋自身の把握がどのようなものであるのか不明確であるため、この萌芽が『女学雑誌』にみられるといっても、釈然としない。」とも述べている[6]。山本は、倉橋の提起した内容を十分に論じないまま、明治期の「〈家庭教育〉意識」を明らかにする本題の作業へと進んだため、読み手を混乱させることとなってしまった。とはいえ、山本が、倉橋のいう「家庭教育」の「二つの意味」を取り上げた点は興味深い。なぜなら、そこに倉橋の「家庭教育」思想の特徴の一つが表れていると考えられるからだ。山本が十分論じなかった倉橋の問題提起について、引き受けて論じることとしたい。本論文では、倉橋が「家庭教育」に「二つの意味」を見出して論じた理由は、母親が主体的に行う教育行為を牽制するためであったとの仮説を立て、検証する。

第二節　倉橋による講演活動の概要

倉橋は、社会教育官着任後、文部省主催成人教育講座ならびに「母の講座」において、たびたび講師を務めた。さかのぼれば社会教育局開設以前にも、文部省主催成人教育講座において、講師を務めていた。次表は、諸資料から倉橋の講演題目をまとめたものである。

文部省主催成人教育講座・「母の講座」における倉橋の講演題目

年度	題目	会場
一九二六（大正一五）[7]	「家庭教育」	東京女子高等師範学校
一九二七（昭和二）[8]	「小供の生活」	東京女子高等師範学校（婦人講座）
一九二九（昭和四）[9]	「家庭生活」	東京女子高等師範学校
一九三〇（昭和五）[10]	「子供の教養」	東京女子高等師範学校（「母の講座」）
一九三一（昭和六）[11]	「家庭教育講座」	神奈川県戸塚小学校
	「我が子の思想教育」	東京女子高等師範学校（「母の講座」）
一九三二（昭和七）[12]	「子供の躾方」	神奈川県平塚第一小学校
	「我子の青年期」	東京女子高等師範学校（「母の講座」）
一九三三（昭和八）[13]	「我子の教育」	神奈川県国府津小学校
	「我が子の性格 家庭教育に関する質疑応答」	東京女子高等師範学校（「母の講座」）
	「家庭教育上に於ける母の任務」	横浜女子専修学校（「母の講座」）

一九三四（昭和九）[14]	「家庭教育の要諦」	埼玉県浦和高等女学校
	「婦性の充実・拡大・向上」	東京科学博物館（文部省実施婦人講座）
	「家庭教育総説」	東京女子高等師範学校（「母の講座」）
	「家庭教育上の問題」	横浜市立女子専修学校（「母の講座」）
一九三五（昭和一〇）[15]	「青年期の心理」	東京女子高等師範学校（「母の講座」）
	「我が子の躾け方」	横浜市立女子専修学校（「母の講座」）
一九三六（昭和一一）[16]	「我が子の家庭教育の基本的諸問題」	東京女子高等師範学校（「母の講座」）
	「家庭教育と娯楽」	横浜市立女子高等専修学校（「母の講座」）
一九三九（昭和一四）[17]	「家庭教育の本質」	神奈川県女子師範学校

さらに、本書序章で文部省主催家庭教育指導者講習会に言及した際示したように、家庭教育指導者講習会において倉橋はたびたび講演している。以下の表は、同講習会における講演題目の一覧である。

文部省主催家庭教育指導者講習会における倉橋の講演題目

年度	講義題目	会場
一九三〇（昭和五）[18]	家庭教育総説	東京 帝国教育会館
一九三五（昭和一〇）[19]	家庭教育の本質と指導の要諦	文部省大会議室
一九三六（昭和一一）[20]	家庭教育指導の真諦	石川県金沢市公会堂
	家庭教育の本質と指導の要諦	栃木県宇都宮市県教育会
	家庭教育の本質と指導の要諦	神奈川県横浜市神奈川会館
一九三九（昭和一四）[21]	日本精神と家庭教育	京都市伏見区醍醐寺三宝院

一九三〇（昭和五）年六月に行われた初の文部省主催家庭教育指導者講習会では、同講習会でのすべての講師による講演が筆記記録として出版された（文部省社会教育局編『現代家庭教育の要諦』宝文館、一九三一年）ことから、倉橋の講演内容（「家庭教育総説」）についても知ることができる。一九三五（昭和一〇）年度（実際の期日は一九三六年二月一八日から二二日）に文部省大会議室において行われた講演についても、その筆記記録が『家庭教育の本質と指導の要諦（家庭教育叢書 第一輯）』（一九三六年）として出版された[22]。なお、一九三九（昭和一四）年、京都市伏見区醍醐寺三宝院において行われた家庭教育指導者講習会での講演は、「男子の部」においてであった。

倉橋は、後年、社会教育官として全国を講演したことを「家庭教育行脚」と呼んで述懐した[23]。その足取りは、都市部はもとより、農村、漁村、さらに植民地であった満洲にも及んだとされ、精力的な活動ぶりであったことがうかがえる。

第三節　倉橋における「家庭教育」の思想――「家庭教育の二つの意味」

先述したように、山本敏子は倉橋の「家庭教育の二つの意味」について指摘した。山本が指摘したように、倉橋は、論文「家庭と家庭教育」において、「家庭教育といふことには二つの意味が考へられる。」と述べ、次のように述べている。

一つは、家庭に於て我子のために計画的に実行する教育であつて、訓戒とか、予習復習の指導とかいふ類のことがこれに当る。一般に、家庭教育に力をつくすといふ時の意味がこれである。その必要なことはいふまでもない。しかし、家庭教育の意味には、もつと別のことがある。それは、家庭生活そのものゝ有する教育性である。特に計画的に施行するといふよりも、おのづからに、家庭生活から与へられてゆく教育効果である。而して、これこそ、我子のためにもつとも意味深いことなのである。[24]（傍点――引用者）

このように、「家庭教育」に見出す二つの意味の一方は、「計画的に実行」される「訓戒」や「予習復習の指導」で、もう一方は、「家庭生活そのものゝ有する教育性」であるという。後者については、「おのづから」「与えられてゆく教育効果」だと説明される。

論文「家庭教育」においても、その冒頭において「家庭教育といふ言葉が二つの意味に用ゐられる。」とした上で、次のように述べている。

第一は、家庭生活それ自体の裡に自然に存する教育、第二は、家庭に於て特に施行せらるゝ方法によつて行はるゝ教育である。但、実際にあつては、此の二つが必ずしも画然と区分せらるゝと限らない。生活の凝るところ方法化し、方法の溶くるところ生活化し、その境の判然し難いことが常であるが、家庭教育といふものを考へてゆくには、先づ此の二つを区別させて置く必要がある。殊に、世俗一般の傾向として、家庭教育を此の第二の意味に於てのみ偏し考へる風が多く、その為に、家庭教育重んぜられて却て家庭教育失はるゝといつた結果をさへ生じたりする弊に対し、此の区分を明かにして置く必要が一層大きくなる。[25]

（傍点――引用者）

ここでも、その「区分」が「画然」とするとは限らないとしながらも、「家庭教育」の意味に「家庭生活それ自体の裡に自然に存する教育」と「家庭に於て特に施行せらるゝ方法によつて行はるゝ教育」との二つを見出し、一般に後者の意味が強調されることを問題とした。

幼稚園教育関係者や母親に向けて出された『育ての心』に、「家庭教育問答」なる文章が掲載されたが、ここでも倉橋は「家庭教育」に二つの意味をとらえて述べている。これは、女性である「客」と「主」(以下、「主人」)との会話という形式で、客が「今日は家庭教育のことに就て、お伺ひに出ました。」と問うことから始まっている。「どうしたらよろしいのか、分らなくなつて仕舞ふので御座います。」と言う「客」に「主人」は、「今なすつてらつしやることをお話して下さい。」と言う。「客」は、「ふた月程前から、子どもの時間割といふものをこしらへまして。」とか、「学校から帰つて参りますと、其の日の復習と明日の予習をいたしてやります。」、「隔日に一度づゝ、訓話をいたしてやることにしましたのです。」などと話す。この「客」に対して、「主人」は「失礼ですがね。奥さんは、家庭がする教育と、家庭の中でする教育と混じてゐらつしやいませんか。」(傍点引用者)と告げる。さらに、「主人」は次のように続ける。

> 家庭教育といふことは、私の考へでは、家庭生活が子どもに与へる教育をいふので、理屈つぽく申しますと、家庭生活そのものが持つて居る自然の教育効果を実現するといふことではありますまいか。つまり、此頃の言葉でいへば、生活教育の本場といつていゝものではないのでせうか。奥さんのは、奥さんばかりじやありませんがね。家庭の中で、学校の教場式な教育を繰りかへしてゐらつしやるのではありますまいか。[26](傍点——引用者)

倉橋は「主人」の言葉を借りて、「家庭がする教育と、家庭の中でする教育」とに言及した上で、「家庭教育」を「家庭生活が子どもに与へる教育」として理解すべきであることを告げている。

さて、三つの例を引用したが、言いまわしに若干の違いはあるとはいえ、「家庭教育」に見出す二つの意味の内容や、二つの意味を見出す理由はほぼ共通であった。倉橋によれば、「家庭教育」に一般的に当てられる意味としては、親たちが「計画」していわば方法的な自覚のもとで行う我が子への教育営為であり、具体的には「訓戒」や「予習復習」の指導であるという。ただ、倉橋は「家庭教育」に別の意味を見出すべきと考えており、そのことから、「家庭生活そのもの丶有する教育性」や「家庭生活それ自体の裡に自然に存する教育」あるいは「家庭生活が子どもに与へる教育」なる表現を持ち出したと言える。

倉橋によれば、「現代に於て、親は我子の教育に就て深く考へるやうになつた。」とされ、「我子の教育者としての自己の責任に就て細く意識するやうになつた。」という。また、「学校教育は益々組織的」になり、「家庭に於て工夫もし、補つてやらなければならぬことも多くな」って、「親も教育方法に忙しくならざるを得ない」という[27]。階層格差の大きかった当時の時代状況を考えると、すべての親たちが「我子の教育」を「深く考へ」、我が子の「教育方法に忙し」かったとは考えにくい。ここで倉橋が念頭に置いているのは、まさに都市部に多くみられるようになった新中間層の教育熱心な親たちの姿であったと考えられる。ちなみに、「家庭教育問答」に登場する「客」は、我が子に「人に親切にすること」を話してやっても、「女中などに対して、ちつとも実行いたしませんので困ります。」などと話しており、倉橋は女中を雇うだけの一定の経済力がある階層の話として描いてみせている[28]。

都市部の教育熱心な母親たちについて本書序章で述べたが、倉橋はこうした母親たちの問題を危惧していた。「時によると非常に熱心な家庭では、お子さんが萎びてをることがあります。」とか[29]、「子供の教育に熱心で日夜其のことばかり考へてゐる母親に対しては其の心の尊さと、其の美しさとには感心するが其のお母さんの言動のすべてが教育といふことばかり考へてゐて子供の顔さへ見れば絶間なく教育々々と云いつゞけてゐるには賛成出来ません。」などと発言している[30]。倉橋が「家庭教育重んぜられて却て家庭教育失はるゝといつた結果をさへ生じたりする弊」と言うとき、そこで「重ん」じられる「家庭教育」の意味としては、教育熱心な親たちが行う方法自覚的な教育営為を指したと考えられる。

　こうした親たちの教育営為について、倉橋は、学校教育との関わりを重ねて論じる。倉橋は、「現代に於ける学校教育法の進歩は、教育といへば即教場を想はせる傾向が強く、家庭でも、教場の方法を採り入れなければならぬやうに考へられたりする風も起る。」と述べる[31]。また、「教育といふ概念が学校教育の概念に於て多く思惟せられてゐる」とし、「家庭教育といふ言葉に於ける教育をも、学校教育の概念に於て行はるゝ方法教育と思ひ偏ることになる。」とした上で、次のように述べている。

> 更に、概念的にのみでなく、現代に於ては、学校教育が児童の教育の中軸を占めてゐる事実がある。そのために、元来我子の教育の基体《ママ》なる家庭も、之れに従属せしめらるゝが如き逆倒的情勢を生じ、甚しきは、学校教育によつて家庭が占領せられたりさへするに至る。此のとき、家庭教育が其の本義に即し、其の本義を発揮するよりも、学校教育の僕として方法之れ努め、之れ専らなるに至るの余儀なさに置かれる。[32]（傍点——引用者）

倉橋は、「教育」というと一般に「学校教育」の形式を思い浮かべ、「教育といへば即教場を想はせる傾向」があることから、「家庭教育」というとき、その「教育」概念も、「学校教育」の形式で理解されがちであると分析する。また、義務教育が普及し、ほとんどの子どもが初等教育を受けるに至った当時、「学校教育が児童の教育の中軸を占めてゐる事実」があるとし、「学校教育によつて家庭が占領せられたりさへする」とまで表現する。

倉橋が学校教育の基礎をなす教育方法として理解しているのは、教育主体が意図をもって教育客体に関わるという様式であり、その様式が家庭にも広く浸透する状況を危惧した。倉橋は、いわばその家庭の学校化傾向について問題提起した。そして、倉橋が目指したのは、学校化した家庭の脱学校化であった[33]。その目的のために、「家庭教育」が一般に想起させる教育内容を否定し、第二の意味として「家庭生活そのもの丶有する教育性」や「家庭生活それ自体の裡に自然に存する教育」あるいは「家庭生活が子どもに与へる教育」を当て、これを強調した。

教育熱心な都市新中間層の親たちを念頭に置いた発言と言及したが、倉橋は社会教育官着任後、政策が「家庭教育の振興」を掲げて展開されることによって、教育熱心な親の問題が他の階層に拡大することを危惧するようにもなる。「家庭教育」なる言葉が政策によって広く流通することで、都市新中間層の親たちの「家庭教育」観が浸透する状況を恐れ、「家庭教育」の定義にこだわったのではないか。

倉橋は、初の家庭教育指導者講習会で行った「家庭教育総説」と題した講演の中で、次のように述べている。

> 此頃私共が接しまするお母さん達の中にはいろいろ斯う云ふやうにする斯うと云ふやうに張合的にやつて居らつしやる方もあります。教育せざる可らずと意識して御子さんを教育なさる、お前は家庭教育を受けるやうな緊張状態になつて居なければならなら《ママ》ない。もう少ししつかりなさいと云つて、詰り鉢巻襷掛けで家庭教育をなさる方が随分ある。私は之は悪いとは申しませぬ、結構な御努力である、敬服すべき御自覚であると思ひまするし、それから生ずる効果も相当偉大なものがあらうと承認致すのであります。之が家庭教育の総てゞ、之を除いたら家庭教育はなくなると云ふ考へ方は実際家庭教育と云ふ事実を考へて行く上に於ては余り偏し過ぎて居やしないかと思ふ。我々同胞の多数はそんな生活意識に於て生活をどんどんやつて行くと

云ふのでありませぬ。忙しく働いて居る人々は我子のことなどは思つて居られないと口では言ひますが、之は思はなくても宜いほど始終思つて居ります。[34]（傍点――引用者）

このように述べて、「此頃」接する母親たちで「鉢巻襷掛けで」熱心に「家庭教育をなさる方」がいる一方、「我々同胞の多数」の「生活意識」は様相を異にするという。そして、次のようにも述べている。

私が実際経験しました所では立派な家庭生活をしてそこから滲み出る家庭教育法を子供に与へて居ながら、どうも私は家庭教育を我子に致して居りませぬ、しないでも宜いでせうかといつて心配をして居る人が随分あるやうな気が致します。そんな人に私は安心を与へたいと思ひます。そうして何それで宜いのです。何もそう心配しなくてもどうでも宜いのですと云ふ話でなくて、そこにこそ家庭教育の本質があるのですよと云ふことの安定を与へたい。[35]

つまり、既に「立派な家庭生活」をしている人々が、「家庭教育の振興」と聞いて我が子に教育を試みようとすることで、「家庭」の様相があらぬ方向に向いてしまう、そんな状況を危惧していた。倉橋は、「家庭教育の振興」なるスローガンの流通で、新中間層の教育熱心な心性がともに伝播される――まさに寝た子を起す状況となることを恐れ、「家庭教育」の定義にこだわったとも理解できる。

「家庭教育の振興」を掲げる運動がもたらす負の影響について危惧したことは、以下の発言からも読み取れる。

家庭教育に就いて自覚したといふ親が、折角の我が家の家庭生活を如何に水臭い、機械的な、冷い《ママ》ものにして居たりするかといふことは、私共家庭教育を振興しようと努めてゐる者にとりましてまことに辛い問題であります。家庭教育が盛んになりまして家庭生活が冷いものになり、親が親でなくなつたりしては、こんなに悲しいことはありません。どうも此の頃うちのお母さんが家庭教育に熱心になつて来た。どうも少し変だ。今迄は実に親らしい顔をして居つたが、此の間中から――殊に文部省から帰つてからといふわけでもないが、どうも何だか、いやに窮屈な教育面が多くなつて来た――こんなことになつては実にたまらないことであります。[36]

「家庭教育を振興しよう」としてかえって「家庭生活が冷いもの」になること、「文部省」主催の講演から帰った母親に、「窮屈な教育面が多く」なるということ、こんな皮肉な影響までも見越して、倉橋は周到に「家庭教育」に新たな意味を付与しようとしたと言えよう。

第四節 「家庭生活の教育性」――無意図的な教育現象

先述したように、倉橋は「家庭教育」の意味について、一般に想起させる教育内容を否定した上、新たな意味として「家庭生活そのものゝ有する教育性」や「家庭生活それ自体の裡に自然に存する教育」あるいは「家庭生活が子どもに与へる教育」を当て、これを強調した。この第二の意味では、とりわけ「家庭生活」それ自体に意義が見出され、生活する親にも子にも、教育営為が意識されていないことが強調されていた。

本節では、この「第二の意味」としての「家庭生活の教育性」の内容について、詳しくとらえるものとする。倉橋の講演記録「家庭教育総説」では、「教育の目的」が「ちゃんとあ」る「学校教育」に比して、「家庭教育」は「大体に於て自然的と云ふ言葉で現はし得るもの」とされ、「家庭教育」は「学校教育」に対置されている。この「自然的」については、「此の自然的であると云ふことは更に他の言葉で書現はしますならば特に教育をすると云ふ意志さへもなくして起つて居ります所の非意識的の教育存在であると考へる。」のだという。この意味はわかりづらいが、「教育の主境」として、「教へて居るものも教へて居ることを忘れ、学ぶものも学んで居るといふことを忘れて行はれて居ると云ふが教育の本当の姿」だと述べることから、「家庭教育」においては、親は教育している自覚を持たず、子どもは教育されているとは自覚をしない、そのような「非意識的」な状況にあることを指したと理解できる[37]。

倉橋は、このように「家庭教育」に新たな意味付与を試みる際、「家庭生活の教育性」なる概念をとりわけ好んで用いていた。分析した資料のうち、「家庭と家庭教育」、「従野静子氏ノート」[38]、「家庭教育総説」、「子どもと家庭教育」、「家庭教育」、『家庭教育の本質と指導の要諦』においてそれへの言及を確認できた。さらに、その際、決まっていくつかの要素を掲げて「家庭生活の教育性」を説明した。次頁の表を参照されたい。

まず、「人間交渉」「人間的交渉」「純人間交渉」あるいは「人間性」などと、「人間」に言及する要素が掲げられていた。さらに、「生活の現実性」「現実生活」「現実性」「生活現実」など、「生活」と「現実」とを組み合わせた説明概念が見られた。そして、三番目は、必ずしも一貫した単語ではなく、「我家といふ感じ」「家庭意識」「家庭生活の限定性」「恒常性」というように、その都度異なる呼び方が認められたが、その説明の中ではほぼ同様に「家風」に言及されていた。「家庭生活の教育性」についてとらえるため、特に三つの項目に整理してそれらを以下に分析する。

倉橋が「家庭生活の教育性」の説明に用いた三つの概念と出典

人間交渉（人間性）	生活の現実性	理想性	「家庭と家庭教育」
人間交渉	現実生活	家庭意識	「従野静子氏ノート」
人間交渉	現実性	家庭意識	「家庭教育総説」
人間的交渉	生活現実	我家といふ感じ	「子どもと家庭教育」
純人間交渉	家庭生活の現実性	家庭生活の限定性	「家庭教育」
人間性	現実性	恒常性	『家庭教育の本質と指導の要諦』

一、「人間交渉」

倉橋は「人間交渉」について、「人間を人間に育てゝゆくに何よりも欠くことの出来ない作用」だと位置づける。そして、「哺育の面倒から、繁瑣な日常の衣食の世話は、実務的に注がるゝ親の愛として、肉と共に魂を養つてゐるものである。」とし、生活必要上の世話に伴って、「こまやかな人間交渉が受けとられてゐる」という。あるいは、「母の手づから料理して与へる食物は、身体を肥えさせるとともに、我が子の心を肥えさせ、母が夜なべに縫ふて着せる衣服は、身体を温めるとともに、我子の心を温める。」とも述べる[39]。親はこうした日常の世話を焼きながらそれ以上について自覚はしていないが、倉橋は、その親子の間に教育的作用を見出した。

倉橋が教育力として認識するのは、その母親の意識ではなく、「世話」をする母親がそこにいるということであり、加えて、その母親が用意する「食物」や「衣服」である。言い換えれば、「世話」をする母親という存在、あるいは存在とモノとの総体に、子どもの変容を支える原動力を見出した。

倉橋は、「人間交渉」を説明する際、「着物とか食事とか」の「物的方面の世話」以外に、親が子どもの遊び相手になることにも触れている。この場合、「遊び仲間になることに依って教育の効果がそこに生ずると考えて立案的に自己の職務として相手をして居るのではありませぬ。」と、ここでも自覚的で計画的な関わりについては退ける。ある家庭で親と子どもとがよく遊んでいるとし、その様子は「側で見て居ると其形式が下だ《ママ》らないばかりでもなく、あの親は少し馬鹿だねと云ふことにならぬとも限らぬ」遊びぶりだと表現する。また、「遊戯を通して教育すべし」とする「教育学理」から遊ぶのでなく、「唯一緒になって夢中でなって遊ぶ、自分は親だと云う意識もなく子供と遊び始める、そこが本当に親が子供を相手に遊びをして居る極致であります。」と述べている[40]。親が親であることを忘れ、無意識の境地で子どもと遊ぶところに、逆説的ではあるが、それが子どもに教育的意義をもたらすと伝えようとした。

ところで、「人間交渉」に言及のない文脈ではあるが、倉橋は「家庭教育の方法の根本義」を「親と子とがくつゝくといふこと」「親と子との真実なる接触といふこと」とも述べている[41]。これについても、倉橋が「人間交渉」なる言葉をあてて説明した何らかの「作用」に通じている。必要があって親と子とが生活をともにするという当たり前の営みにおいて、存在と存在とがともにある、このこと自体に意義を見出す発言である。

二、「現実性」

次に、「現実性」について分析する。倉橋は、「経済要件と社会関係とを離れて存在することの出来ないのは、家庭の本質である。」とし、「生計の資となるべき収入、収入のための勤労、生産」そして「消費」などの大人の営みについてとらえ、これに「家庭生活の現実性」を見出した。

倉橋は、「親の職業によつて我子を仕込んでゆく」「原始的な時代」の職業技術の伝達について、「子どもゝ、常に親の仕事なりあきなひなりを見て居り、手伝もして、自然にその業を覚えてゆくのみならず、親も家業を伝へるといふ心から、熱心にそれを教へるのである。」(傍点原文のママ）と描写する。「親のもてる知識」は「不整理」であり、「内容的には極く不秩序」、「方法に於ても不経済極まるもの」でありながらも、「そこには、今日の学校的方法からは多分与へられることの出来ない大切なものが与へられる。」という。それは、「生活としての実感」だとされる。

さて、「家庭生活と職業との関係」が「甚しく形式をかへ」た時代状況にあっては、「今日の状態に於て昔のまゝがつゞけられる筈はない。」とされる。しかし、「親の職業によつて、その同じ職業への教育はしないとしても、家庭生活の主要素たる職業から、生活現実の教育を受くるといふ法則に変りはない。」として、次のように述べる。

> たとへば、通勤による職業の場合としても、親がその為に時を定め、仕事を定めて勤務すること、それからの収入が生活費となること、そこに、公人及び私人としての社会現実が行はれてゐることは、我子への生活現実の大きい教育ならざるを得ない。

このように、住まいと職場とが分離した職業の場合も、そこに「生活現実の大きい教育」をとらえる。さらには、家事を行う母親の姿についても次のように言及する。

> 家事に忙しい母の姿はそれが単なる道徳としての勤労の美ではなくして、一々現実の生活実感として、我子の心を教育してゆくものである。[42]

こうした父や母の暮らし振りに「現実性」なるものを見出す記述には、次のようなものもある。

第一父は職業を持つて居ります、其職業に於て、父は現実の生活に馴れて居ります、お父さんは今何をして居る、稼いで居る、店で仕事をして居る、そこに現実があります。お母さんは何をして居る、今御飯の支度をして居る、そこに現実があります、今あすこへ来て居る人は誰だ遊びに来る人もありますが、用に来た御客もあります、そこに現実があります、お母さんは何処へ行つた。詰らない買物でありませうが、買物に行つた、そこに現実があります、此現実と云ふものが私は家庭生活の中に存在する大きな要素であつて、其現実と云ふものが子供に与へる効果の上に一層大きな教育性を持つ、斯く考へたいのであります。

このように倉橋が言い表す「現実性」は、「人生に一番必要なものは生活方法でなくして生活現実味でありますが、其現実味を学校では教へ悪い《ママ》のであります。」とされ、ここでも学校教育に比して見出された[43]。「現実性」は、各世帯個別に営まれる経済活動の緊張感と無関係でなかった。倉橋が「現実性」の見出される階層を具体的に述べている点を指摘したい。倉橋は、「大人と同じやうな現実を強ひることは、子どもらしい幸福を奪ふこと」だとして、「幼にして、余りに早く、余りに厳しい現実を嘗めさせられた」「極貧家庭の子どもや、子どもを子どもとして置かない家の子どもなど」が「いぢけたり、ひねくれたりする」ことがあると指摘する。そして、次のように述べている。

この意味に於て親が何等の現実的勤労に従事することのない、所謂有閑階級や、奴婢に囲まれてゐる貴婦人の家庭よりも、生活現実味のあらはれてゐる中産階級の家庭の方が、家庭教育として充実した効果をもつものなのである。[44]

このように、「生活現実味のあらはれてゐる中産階級の家庭」を模範として断定する。「貴婦人」に言及があることから、「生活現実味」とは、「貴婦人」の生活に対置される、忙しく家事労働する女性がかもし出す効果を指すのであろうか。別の論稿でも、

　随つて現実性の多い家庭だけが家庭教育が本当に出来ます、余り貧乏で現実性を満すことが出来ないやうな家庭では家庭教育は出来ませぬ。余りに有福《ママ》で現実味の存在しませぬやうな家庭では本当に家庭教育と云ふものは一も出来ませぬのであります、[45]（以下略――引用者）

と述べて、「貧乏」な「家庭」や「有福」な「家庭」を対象外とする。また、「家庭生活の現実性を我子の教育のために呪詛するといふやうな考へ方はゆるされない。」とし、「生活現実味の多い家庭では我子の教育が充分行はれ難いといふやうな心もちがもたれたりする」ことを「とんでもなき謬想」という。「その生活に於て人生現実から切り離されてゐるやうな、所謂有閑家庭こそ我子の家庭教育に於て大きな欠陥をもち勝ちなのである。」と述べて、[46]有閑家庭への憧憬をさえぎるかのようである。

　さて、「家庭生活の教育性」を説明する要素の一つとしての「現実性」は、家庭生活が経済活動と切り離せないことから生れる、忙しさや緊張感に見出されていたとわかる。そこに学校教育にない「教育性」があるとして価値を見出していたが、各家庭の生活の質が収入によって左右される現実を問題化したくない、倉橋の意図も見えてくる。当時、都市新中間層の下層世帯の経済状態は逼迫していると認識されていた。[47]こうした背景も、「中産階級」に「家庭教育」の「充実した効果」をとらえて模範とした理由の一つであると考えられる。

　女性たちが家事に追われる多忙な生活を送ることについて、倉橋は我が子への教育効果という点から、あえて改

善する必要はないと考えていた。これについては、後述する。

三、「家風」

倉橋が「家庭生活の教育性」の内容としてあげた三番目の要素としては、その解説において「家風」に言及する周辺箇所を取り出して分析したい。このことから、この要素を「家風」と題して論じることにする。

倉橋は、「家庭と家庭教育」(第一巻)で、「家庭生活に、更に充実を与へる」「大切な要件」の一つとして、「家風」をあげ、次のように述べている。

> 一つの家庭は其の趣味、好尚、慣習、ものゝ考へ方に於て、それぞれの特有性をもつものである。それが、甚だしく著しい場合と、然らざる場合との差はあるが、仔細に吟味すれば、各人の個性のある如く、各家庭に個性がある。之れを家風といふのである。

このように、「家風」を「一つの家庭」の「趣味、好尚、慣習、ものゝ考へ方」における「特有性」を指すとした。さらに、

> 而して、此の家風なるものゝ発生は、一定の人間が常に共にゐることから生ずる社会的事実であるが、それが一種特有の力の如きものを以て各人に影響して来る所以は、社会的継続が力をもつ、一般の法則によるものである。

と述べて、「一定の人間が常に共にゐることから生ずる」こと、「それが一種特有の力の如きものを以て各人に影響」すると説明した。つまり、今日でいうところの隠れたカリキュラムの考え方に近い。

続いて、「家庭生活に、更に充実を与へる」「大切な要件」として、「祖先の尊崇」と「宗教」が示された。まず、「祖先の尊崇」について、次のように述べている。

> 家風は其の家の歴史の総合意識であり、歴史をもつことを当然性とする家庭生活の充実に、家風の存在が機微の意義を有するものとすれば、更に、その歴史の構成人格としての祖先代々に対する尊崇が家庭生活を充実せしむる要件であることは否定できない。それのみならず、之れは一種自然の人情に属することである。祖先に尊崇を感じる以上、之れが祭祀を行ふのも自然である。48

さて、家庭を構成する「各人」がかつてともに暮らした人々が、亡くなって「祖先」なる立場になることはありえよう。その意味において、各家庭に「一種特有の力の如きものを以て各人に影響」する「家風」なるものがあることと、「祖先」とは全く関係がないとはいえない。ただ、「家風」と「祖先代々に対する尊崇」や「祭祀」とはやや次元の異なることがらであろう。これらを続けて論じるあたりに、倉橋の特徴がある。

社会教育官として講演した「家庭教育総説」でも、「家風」に言及する。まず、「家庭に於ける教育力」を構成するものの一つとして「家庭意識」をあげ、これについては、「社会学の方で使ひます社会意識と云ふ言葉から借りて来」たとし、「一個の家庭には其家庭と云ふ一のものが持つて居る意識がある」と考えるのだという。そして、「此家庭の空気、家庭の気風気分と云ふやうなものが少し形を発揮して来ますると所謂家風と云ふものになります。」とする。この「家風」について、続けて次のように述べる。

あすこには斯う云ふ家風があると云ふやうなことが始まる、之は個人を離れて家庭なるものが持つて居る意識状態である。斯う考へて宜しいと思ひます。此所謂一軒の家に家風がある、家の空気気分があると云ふことは之はいろいろ近来問題になつて来る点でありますが、私は暫く其家風の内容の善悪は別としまして、又之を論ずると切りのないことでありますが、総括して言へば此気風の存在しますことが家庭教育の教育力になる、斯う云ふことを認めて置きたいのであります。（傍点――引用者）

このように述べ、「家風」を「個人を離れて家庭なるものが持つて居る意識状態」と位置づけて、「家庭教育の教育力」の一つとした。さらに、「家風」を「斯う云ふことは善いこと、斯う云ふことは悪いことと云ふ風に判断する基準」と説明し、「理由など俟たざる或る精神生活傾向といつたやうな基礎」をつくることに「家風」が力を持つとした。「家風」に言及することで、価値観や立ち居振る舞いの伝承を意味したものと考えられる。

次に言い及ぶのが、「祖先」についてである。倉橋は「私は必らずしも祖先崇拝と云ふやうな言葉を左ながらに其侭無条件に家庭教育の力の中へ持つて来やうとは思ひませぬ。」としながら、次のように述べる。

併ながら祖先其者が其家庭生活の意識の上に影響を与へて居ると云ふ心理上の事実に付ては私はしつかり之を認めて置きたいと思ふのであります。詣り崇拝するか、拝むか、それは宗教的の意味になりますかどうか分りませぬが、祖先と云ふものは唯今直ぐ茲に其家庭が生れて来た、生み出したものではない、祖先から或る連続的に茲に家庭意識が確立する上に大きな力がある。斯う云ふことを認めたいと思います。（傍点――引用者）

ここでの言明もまたわかりづらいが、ある家庭が核家族であれ、拡大家族であれ、「祖先」となった世代が次世代にもたらした何らかの影響について、「認めたい」つまり認知できるという主旨であろう。そして、「家庭の家風を古きが故に直に拝むと云ふ意味ではない。」としながらも、

> 家庭教育は十分の効果所謂家庭教育力を発揮します為めに祖先の問題に付いて慎重な厳粛な態度を執つて行くと云ふことは此意味に於て非常に必要と思ひます。[49]（傍点――引用者）

と述べて、「祖先」に「慎重な厳粛な態度」をとることが「非常に必要」と位置付けた。慎重に「祖先」に言及を試みたと言えるが、「祖先の尊崇」を肯定した発言であったことは間違いない。

さて、倉橋が「家庭教育」について、「さう云ふやうになつて居るものではないかと云ふことを一緒に眺めたい」として、「眺め」るという表現を使ったことに象徴されるように、「家庭生活の教育性」は、彼の観察眼によって見出された現象の数々に言及されることで説明されている。彼自身が「社会学」に言及したように、「家庭生活」を観察することで、そこに独自の構造を見出そうとする社会学的（第三者的）な視点は確かにあった。第三者として当事者である母親たちの意識を超えた次元に解釈を与え、その視点を母親たちに還元しようとした、とも言える。

倉橋が現象として見出した、母親の意識を超えた「家庭教育」とは、家事育児にともなって見出される「人間交渉」なる親子の関わり、各家庭の緊張感を伴う経済活動と密接な関わりを持つ「現実性」、さらに世代間で伝えられる文化としての「家風」であった。母親が子どもにあらゆる方法を駆使して関わり、子どもの変容を認めなけれ

ば別の方法を行ってみるというような、教育主体の自覚を前提に教育営為を構想する発想とは対極にある「家庭教育」をとらえてみせたと言えるであろう。

ただ、「家風」については、倉橋は、ただ眺めるだけでなく、「家風」を「強化」する方法的提示として、「祖先の尊崇」に言及した。社会学的な視点で解釈することで終えず、唯一具体的に提示された方法であった。このことから、倉橋の「家庭教育」思想の特徴は、「家庭教育」を社会学的（第三者的）に観察して、当事者の意図が及ばない教育的現象を取り出して明らかにすることに加え、そこに「家風」への言及を媒介として、祖先崇拝が接合される点であると言える。

第五節　倉橋の「家庭教育」思想における近代化批判
——「生活改善」批判の発言から

倉橋は、「人間交渉」や「現実性」に言及する中で、家事それ自体の積極的な教育効果を強調していた。本節では、特に「現実性」なる価値の伝達に関わって、倉橋は、家事を合理化ないし簡素化しようとする「生活改善」運動を牽制したことを明らかにする。

倉橋が社会教育官として関わった「家庭教育振興政策」は、「家庭教育の振興」と「家庭生活の改善」との二つをスローガンとしたが、後者は一九二〇年代の生活改善運動の流れを汲むものであることは先に述べた。小山静子も明らかにしているように、生活改善運動は、生活を科学的根拠によって合理化しようとする思想に基づくもので、その対象は都市新中間層の女性であった[50]。
ところで、序章で述べたように、千野陽一は「家庭教育の振興」の路線を主ととらえ、「家庭生活の改善」は副次的なものとする理解に立っていた。一方、小山は、後者の「家庭生活の改善」の路線を主ととらえ、その前段階の生活改善運動からの連続性を重視していた。ここで、倉橋の発言を分析した上、小山の千野批判について言及したい。

倉橋は一貫してその「生活改善」運動の主旨について苦言を呈した。倉橋は、「家庭と家庭教育」(第一巻)において、「人間の子どもは、家庭に於てのみ本当に育てられる」とし、次のように述べる。

近来の、家庭生活の簡単化といふことが、育児のことまで煩として避けさせようとする傾向になることがある。従来の家庭生活が、生活方法として無反省であり、無智であり、簡単化を必要とすることの多いのは、異論のないことであるけれども、育児に関する家庭の任務に就ては、決して之れを省略することは出来ない。寧ろ、生活の簡単化は即ち育児の充実を意味するものでなければならない。生活簡単化の名のもとに、子どもの養育に一点でも欠くることがあつてはならない。況んや、簡単生活の美名を以て、事務能率の増進と壇まゝな享楽を実現するに止まり、わが子の養育を犠牲にするやうのことは、宥すことの出来ない家庭破壊である。[51](傍点——引用者)

ここでいう「近来の、家庭生活の簡単化」とは、いわゆる「生活改善運動」が掲げるスローガンを指すものと考えられる。そして、「家庭生活の簡単化」が「育児」の「簡単化」をも推進することがあってはならないとし、「わが子の養育を犠牲にする」ことがあっては、「宥すことの出来ない家庭破壊である」とまで発言した。

また、倉橋は論文「子どもと家庭教育」において、「家庭生活」が「現代的影響をうけて来てゐること」を「重大な問題」だとし、「家庭の移動、職業の自由なる変動、小家族制の奔放なる発展」、さらに「一切の伝統的勢力の軽視的傾向」が「家庭をして、昔のやうな家風的特定性を、段々弱めてゆく傾がある。」と指摘する。その上で、次のように述べている。

> 第二に、生活の簡易化、特に社会化といつた風の、所謂生活改善の或る結果は、それが極端にまで進められるとき、家庭内の生活現実に、少くも種々の変化を与へ、家の朝夕を、或は余り機械化させたり、或は極度に享楽化させたりする。それは、生活事務の上に便利であり、生活の文化的余裕の為に有利であるけれども、家庭生活そのものゝ忙しい中に味はるゝ現実味は薄くなる。[52]（傍点——引用者）

このように、「生活の簡易化」「社会化」を掲げる「所謂生活改善」に言及し、それによって「家庭生活」の「現実味」が「薄くなる」と警告する。

さらに、論文「家庭教育」でも、「現代家庭生活が、一日一日と機械力と社会便宜とによつて、その内部の生活様式をかへてゆくことは著しい。」と述べて、めざましく近代化される日常を描写し、「文化性に満ちて現実性に乏しくなるといふことが考へられる。」と指摘する。そして、次のように述べる。

> 現時の所謂家庭生活革新論者の中には、旧き家庭生活の時代おくれを攻撃する余り、家庭生活の一切の現実性そのものを、たゞ無駄、徒労、煩瑣の一言に言ひ棄てて、現実性そのものの中に含む人生の意義と其の家庭教育的効果を無視せしむるが如きことが無いでもないやうであるが、生活改善と家庭教育とが離れない密

接な関係にあるだけに、その点に細心の注意を払ふ必要がある。生活の実問題と離れた家庭教育論が空虚である通りに、教育の機微を忘れた家庭生活論も粗慢である。[53]（傍点――引用者）

このように、「所謂家庭生活革新論者」が持つ「旧き家庭生活の時代おくれを攻撃する」考え方が、「家庭教育的効果」を損なうとの理解を示し、「教育の機微を忘れた家庭生活論も粗慢」と痛烈な批判をした。

以上の考察から、倉橋が「生活改善運動」に対して、一貫して鋭い批判を行っていたことが明らかとなった。このことは、「家庭教育振興政策」が共に掲げた二つのスローガン（「家庭教育の振興」と「家庭生活の改善」）に象徴されるように、当該政策が内包した二つの政策的方向性が、緊張関係をはらんでいたことを示唆している。

文部省社会教育局長である関屋竜吉は、大日本連合婦人会の発会式（一九三一年三月六日）の「挨拶」の中で、次のように述べている。

抑も我国に於て生活改善の声は、家庭教育振興の叫に先立つて出で、即ち世界大戦の刺激を受けて、生活改善の必要が高く唱導されたもので、大正九年に生活改善同盟会が生れ之に伴ひ各地方にも家庭生活改善を主眼とする主婦会、婦人会等が組織さるゝに至つた。続いて思想問題が漸く世間に喧しくなり、又た学校教育の行詰り問題などから、益す婦人の覚醒となり、家庭教育振興の必要が我国の婦人間に唱道せらるゝやうになり、母の会、母婦会等が各地方に生れた。殊に一昨年秋から昨年の夏にかけて行はれた教化総動員の経過は、一層此方面に刺激を与へ、為めに昨年の四月家庭生活の改善、家庭教育の振興を主旨とする団体が全国に五千余、会員二百万を算するに至つた。[54]（傍点――引用者）

挨拶の中で、関屋は、「生活改善の声は、家庭教育振興の叫に先立つて」あったとし、「生活改善同盟会」に言及している。ここでは「生活改善」の運動が「家庭教育振興」を期す運動よりも先にあったことに触れ、両者を区別している。しかし、「全国に五千余」の団体に至っては、「家庭生活の改善、家庭教育の振興を主旨とする」とされ、二つのスローガンを並列した運動であると解説した。

「生活改善同盟会」とは、礒野さとみによれば、「大正から昭和初期にかけて衣、食、住、社交儀礼と生活全般に亘る改善活動を推進した文部省の外郭団体」である。普通学務局に第四課が設置された際事務官であった乗杉嘉寿と、第四課管掌下にあった東京教育博物館館長の棚橋源太郎とが中心となって会の発足が進められ、一九二〇（大正九）年一月二五日、発会式が行われた。会長には、伊藤博邦（公爵）が着任し（一九三三年一〇月まで）、一九二二（大正一一）年八月には、財団法人の認可を受けた。講演会や展覧会の実施、機関雑誌『生活改善』や単行本の発行などにより、「生活改善」を掲げる運動を展開した[54]。

もともと大日本連合婦人会の組織化の目的は、「家庭教育の振興」だったはずであるが、実際に全くの無から婦人団体を組織化するよりも、「生活改善」を掲げる諸団体を吸収した方が好都合であったに違いなく、結局、「生活改善」をも旗印として掲げることになったのではないか。当事者たる関屋においても、「家庭教育の振興」と「家庭生活の改善」との間には、思想的に相区別されるものが見出されていたが、実際は「生活改善」運動を組織基盤の一つとして、大日本連合婦人会は出発することとなったと理解できよう。結果的に、二つのスローガンをともに掲げるものになったと考えられる。

さらに、関屋は大日本連合婦人会の機関雑誌『家庭』の創刊号に寄せた「教育を学校だけの仕事と思ふな」の中で、「家庭教育」に言及してから、次のように述べている。

更に一面吾々は家庭生活の改善といふ重大な問題を有つて居ります。衣食住の方面からまた風俗習慣の方面から、日本の家庭生活には種々改善を施すべき事柄が多うございます。家庭生活改善の基礎をなすものは、何と申しましても、学問の常識化でありまして、その基礎の上になほ進んで研究なり、調査なりをいたし、之を実行にうつすについては、よく人々の心にも即し、我が国の淳風美俗を侵すが如きことなきよう、最善の注意をはらひ、以て家庭生活の合理化を実現してゆく必要があります。[56]（傍点——引用者）

関屋は、この中で、「家庭生活の改善」が「衣食住」と「風俗習慣」に関わる「改善」であると述べている。さらに、その「基礎」に「学問の常識化」があるとする一方、「実行にうつすについては」「我が国の淳風美俗を侵す如きことなきよう、最善の注意」を払うべきとしている。ここでは、関屋が「家庭生活の改善」の運動が持つ思想に一定の不安をとらえていることがわかる。

このように、「家庭教育の振興、家庭生活の改善」をともにスローガンとして掲げる社会教育局の「家庭教育の振興」政策は、当初から矛盾をはらんでいた。さらに、倉橋がこの政策に関与する中で、政策の二つの方向性のうちの一方を危惧し、これを牽制していたという興味深い事実も見えてきた。

小山静子によれば、「生活改善運動」が網羅した内容は、食生活の見直しや家計における無駄の点検にはじまり、子どもの衛生問題に至るまで、その内容は多岐に及んでおり[57]、倉橋が「生活改善運動」のどの部分に違和感を持っていたかを具体的に検証することはできない。ただ少なくとも、倉橋は、家事の「簡単化」を志向する女性たちと、それを実現するための情報を提供しようとする「生活改善運動」の大きなうねりを認知し、これを批判したと理解できる。しかも、「家庭生活の改善」と言うとき、そこには非合理的な生活を「改善」しようとする主体たる女性の意欲が想定されており、家事に忙殺されて無自覚に生活する母の姿を前提とした倉橋の「家庭生活」論とは根本的にその女性像が異なる。いずれにしても、倉橋は、「生活改善」を掲げる運動が根底に持つ「近代化」礼讃思想を見出して、これを批判することに強い関心を持っていたと言えよう。そして象徴的に登場するのが、祖先崇拝である。倉橋は、その響きが「近代化」に逆行することを承知しながら、繰り返しその意義を強調した。

さて、倉橋の「家庭教育」に関わる論稿の内容をとらえる中で、その特徴の一つとして祖先崇拝への言及を明らかにしてきたが、そもそも、倉橋の背景には、祖先崇拝を強調しなければならない政策的要請があった。

森川輝紀は、教育勅語の成立に尽力した元田永孚《もとだながざね》、「国民道徳論のイデオローグ」として井上哲次郎、吉田熊次らを取り上げ、三者の「国民道徳」論を明らかにした。森川は、「産業革命の進行する」日露戦争後の日本社会において、「個の競争、利欲、自由の拡大は不可避であり、新たな抑制装置としての古代宗教が国教として明確な位置を与えられ」たとし、「神道は非宗教＝祖先祭祀という名目の下で名実ともに国家神道とな」ったと述べている。さらに、「こうした国家神道化と歩調を合わせ、一九一〇年代、祖先崇拝を核とする家族国家観にもとづく国民道徳論が井上哲次郎、穂積八束《ほづみやつか》、吉田熊次等によって高唱され」たとしている[58]。

山本信良と今野敏彦も、「日本人の伝統的慣習のなかにある敬神崇祖を皇室尊崇と結びつけて、教育の場において積極的に国体観念の涵養に利用しだしたのは明治末期のこと」と述べている。その理由として、「教育勅語体制によって確立した教学体制が、時代の転換に対応して再編成される必要にせまられていた」とする。そして、「大正・昭和期において、教育方針や学校経営の目標に「敬神崇祖」が掲げられ、その路線に沿って学校に宗教的行事が導入された。」としている[59]。

このように、日本社会における近代化の過程で、個人をつなぎとめる規範の一つとして祖先崇拝が唱えられるようになった。一方、明治国家が推し進めた近代化は、日本社会にそれまで経験したことのない諸状況をもたらした。寺﨑昌男・戦時下教育研究会によれば、「総力戦の要請」によって登場した「錬成」概念は、「明治以来の教育近代化過程で蓄積された諸矛盾の総決算という側面を含んでい」た[60]。近代化批判思想は、戦時体制下において広く共感を得たとされる。本書が対象とする一九三〇年代は、戦争遂行のために総力戦体制が構築される時代でもあり、人々がその持てる力を十二分に発揮するための方策が考え尽くされた。近代化の過程で強調された「敬神崇祖」は、その後の近代化批判の文脈でもまた、強調されることとなった。近代化それ自体を突き放して考える倉橋の近代化批判思想は、こうした文脈で生まれたとも言える。

近代化によって生じた競争状況は、子どもたちの居住空間にももたらされた。倉橋は、家庭における無意図的な教育に関わって、そこに家風をとらえ、さらに祖先崇拝を接続して唱えていた。学校でも家庭でも祖先崇拝がうたわれるとなれば、家庭は学校の規範体系を共有することになる。倉橋によって家庭は脱学校化を推奨されるものの、伝えられるべき価値からとらえると、必ずしも脱学校化とはいえない。ただ、学校教育では避けられない競争・序列の論理を、家庭には持ち込みたくないとの思いがあったとも考えられる。「学校」をその意味に限定するならば、倉橋は家庭を脱学校化して、家庭を侵食した競争・序列の論理を家庭から排除したいと考えたとも言えるだろう。

ここで、本書序章で言及した先行研究における論点に触れたい。一九三〇年代の「家庭教育の振興」を掲げた政策が「家庭教育の振興、家庭生活の改善」を掲げた点についてであるが、倉橋の発言を点検する限り、いずれが主であるかはわからない。ただ、倉橋と関屋の発言から、二つの路線は対立することが関係者に認識されていたことがわかった。単純化して述べれば、「家庭教育の振興」路線は復古主義的な様相を帯び、「家庭生活の改善」路線は、近代化礼讃思想を擁していた。社会教育局長の関屋はいずれの路線に立とうともしていないが、倉橋については、明らかに「家庭教育の振興」を掲げる路線に立っていた。倉橋が祖先崇拝を提唱したことを合わせて考えれば、その立場は理解しやすい。

さらに、本書序章で言及した小山静子の千野陽一への批判に即して述べておきたい。千野における「思想善導」の理解は、体制側による共産主義思想の排除という単純な構図を前提としていた。ただ、伊藤めぐみが指摘したように、当時の試みが「思想善導」ではなかったとするのもまた早計である。例えば、我が子の学業成績に強い関心を持つ母親たちに対しては、その立場を個人主義とみなして、発想の転換を迫るような発言がなされたことは先述した通りであり、それを「思想善導」ではないと断じることはむずかしい。同様に、実際に母親たちに接した倉橋は、末端の「思想善導」を先導する立場にあったと言えるのではないか。小山が論じた、「家庭」における女性の管理能力を高めるべく試みられた政策について、広い意味での「思想善導」であると理解したい。

最後に、倉橋が母親たちに求めた教育行為についてまとめたい。倉橋は、母親たちが自覚して教育を行うことを退けた。それは、新中間層の母親たちが行う教育行為を牽制するためであった。日常の世話を行うことで母子がともにいること、そこに子どもが成長する糧を見出し、そのことを母親たちに伝えようとした。つまり、自覚して教育しなくても、教育は成立していると繰り返し説いたわけである。この点においては、母親が在宅であるという新中間層の母親たちの生活様式を前提にしていた。我が子とともにいて我が子の養育に責任を負うが、我が子を教育の対象として積極的に関わることは制するという、いわばむずかしい教育認識を提示したと言える。

参考　倉橋惣三（一八八二―一九五五）の経歴

倉橋惣三は、一八八二（明治一五）年一二月二八日、父政直、母とくの長男として、静岡市に生れた。父方は幕臣の家系で、明治維新で体制が大きく転換する中、政直は職を転々とした。政直が岡山市で裁判所に勤務した関係から、惣三は、一八八九（明治二二）年、岡山市内山下《うちさんげ》尋常小学校に入学した。惣三は小学校四年生になる一八九二（明治二五）年、東京府下の浅草尋常小学校に転校する。これは、ひとり子であった惣三に東京で教育を受けさせようとする父の意図からで、惣三と母とは父と離れて東京に移り住んだ。以後、惣三は父と生活を共にすることはなかった。

その後、惣三（以下、倉橋）は、東京府尋常中学校（後の東京府立第一中学校）に入学、一九〇〇（明治三三）年には第一高等学校に入学した。倉橋は、第一高等学校在学中から、女子高等師範学校（のちの東京女子高等師範学校、現お茶の水女子大学）附属幼稚園に通い、子どもたちと親しく遊んだ。一方、倉橋は、高等学校在学中、「無教会主義」なる独自のキリスト教を唱えた内村鑑三の門下生となり、内村に学んだ。

一九〇三（明治三六）年、倉橋は第一高等学校予科文科を卒業し、東京帝国大学文科大学哲学科に入学した。大学では、心理学を専攻し、主任教授であった元良勇次郎に師事した。大学生になっても、引き続き女子高等師範学校附属幼稚園に出かけ、今度は心理学専攻者として幼児らを相手に実験などを試みた。一九〇六（明治三九）年七月、倉橋は東京帝国大学文科大学哲学科を卒業、同年一二月、東京帝国大学大学院に入学する。その一方、静岡歩兵第三四連隊に一年志願兵として入隊、翌一九〇七（明治四〇）年一二月には、予備役に編入した。

一九一〇（明治四三）年五月、東京女子高等師範学校講師（嘱託）に着任、同年九月、青山学院高等女学部ならびに青山学院手芸部の教師に着任した。一九一七（大正六）年一一月、東京女子高等師範学校教授に着任、附属幼稚園主事も兼任した。一九一九（大正八）年一二月から一九二二（大正一一）年三月まで、文部省の命で欧米に留学した（この間、幼稚園主事の任を離れる）。帰国後、附属幼稚園主事に復帰した。一九二四（大正一三）年三月、東京女子高等師範学校附属高等女学校主事に着任（一九二七年三月まで）、同年一二月に附属幼稚園主事を退任するものの、一九三〇（昭和五）年一一月には同職に復帰した[61]。

一九二九（昭和四）年一〇月五日、倉橋は文部省社会教育官を兼任した[62]。先述したように、この兼任は、社会教育局が教化局に編成されるまで（一九四一年まで）続いた。教化局では、引き続き教学官を兼任した（その後、教化局は教学局に吸収されるが、その後の兼任については確認中）。一方、一九三四（昭和九）年三月一三日に恩賜財団愛育会が文部省・内務省から設立認可されたが、同年四月二三日、倉橋は恩賜財団愛育会の理事に着任した。さらに同年五月三一日、愛育調査会の「心理学関係」の一委員にもなっている[63]。

戦後となる一九四六（昭和二一）年八月、倉橋は教育刷新委員会委員に着任、以後、戦後教育改革の一翼を担った。一九四九年四月、国立学校設置法によって国立大学が発足、東京女子高等師範学校はお茶の水女子大学として新たに発足した。それに伴い、同年六月に倉橋はお茶の水女子大学教授となったが、同年一二月、依願退職した。一九五二（昭和二七）年三月、お茶の水女子大学名誉教授・東京女子高等師範学校名誉教授となった。そして、一九五五（昭和三〇）年四月二一日、脳血栓のため、七二歳の生涯を閉じた。

注

1 序章の注記部分で取り上げた宍戸健夫、森上史朗らによる研究。そのほか、倉橋に関わる先行研究として、下山田裕彦「日本の幼児教育とその思想」金沢勝夫・下山田裕彦『幼児教育の思想―ギリシアからボルノウまで』川島書店、一九七四年。湯川嘉津美「倉橋惣三における国民幼稚園論の展開」『上智大学教育学論集』第三二号、一九九八年。湯川嘉津美「倉橋惣三のフレーベル理解―フレーベル研究から国民幼稚園論へ」『人間教育の探求（日本ペスタロッチー・フレーベル学会紀要）』第九号、一九九六年。山本信良『倉橋惣三を考える―教育・社会の視点から』圭文社、二〇〇〇年、など。

2 吉沢千恵子「家庭教育―倉橋惣三を中心に」日本女子大学女子教育研究所編『昭和前期の女子教育』国土社、一九八四年、一〇一―一〇五頁。

3 森上前掲『子どもに生きた人・倉橋惣三―その生涯・思想・教育・保育』（「倉橋惣三と家庭教育」）、三三〇頁、三五八頁、三五九頁。

4 ここで言う「先行研究の論点」とは、小山静子が千野陽一を批判したくだりを指す（本書序章参照）。そのほか、一九二〇年代から三〇年代を認識する諸研究成果を踏まえた議論をしたい。

5 山本敏子「明治期における〈家庭教育〉意識の展開」『日本教育史研究』第一一号、日本教育史研究会、一九九二年、一頁。

6 山本論文が掲載された『日本教育史研究』（日本教育史研究会編集）では、掲載論文に並んで、その掲載論文に対する論評を同号に収録する形式を常としている。小山静子「論評」『日本教育史研究』第一一号、日本教育史研究会、一九九二年、三四―三六頁。

7 文部省普通学務局編『大正十五年度 成人教育講座実施概要』一九二七年、一頁。

8 文部省普通学務局編『昭和二年度 本省主催成人教育講座実施概要（第二輯）』一九二八年、九頁。演題では、「小供の生活」とされていたが、講演内容を箇条書きにした資料では、題名をはじめ、すべて「子供」と記されていた（一五―一六頁）。誤植かとも思うが、「小供の生活」とした。

9 文部省社会教育局編『昭和四年度 成人教育 労務者教育 実施概要』一九三〇年、二八頁。

10 文部省社会教育局編『昭和五年度 成人教育 母の講座 労務者教育 実施概要』一九三一年、一三三頁。

11 文部省社会教育局編『昭和六年度 成人教育 母の講座 労務者教育 実施概要』一九三二年、六五頁、一四四頁。
12 文部省社会教育局編『昭和七年度 成人教育 母の講座 家庭教育 実施概要』一九三三年、七四頁、一五二頁。
13 文部省社会教育局編『昭和八年度 成人教育講座 母の講座 家庭教育振興施設 実施概要』一九三四年、四四頁、八五頁、九〇頁。
14 文部省社会教育局編『昭和九年度 成人教育講座 母の講座 家庭教育振興施設 実施概要』一九三五年、九四頁、一六一頁、一八二頁、一八四頁。
15 文部省社会教育局編『昭和十年度 成人教育関係講座 母の講座 家庭教育振興施設 実施概要』一九三七年、二五四頁、二七一頁。
16 文部省社会教育局編『昭和十一年度 成人教育関係講座実施概要』一九三八年、二四五頁、二七二頁。
17 文部省社会教育局編『昭和十四年度 家庭教育施設実施概況』発行年不明、三三頁。なお、一九二八（昭和三）年度については、倉橋の講義は行われていない。一九三七（昭和一二）年、一九三八（昭和一三）年、さらに一九四〇（昭和一五）年以降については、該当する資料の発行の有無を含め、確認できていない。
18 文部省社会教育局編『現代家庭教育の要諦』宝文館、一九三一年（石川松太郎監修『「子どもと家庭」文献叢書 第八巻 現代家庭教育の要諦』クレス出版、一九九七年）。
19 文部省社会教育局前掲『昭和十年度 成人教育関係講座 母の講座 家庭教育振興施設 実施概要』二八六頁。
20 文部省社会教育局前掲『昭和十一年度 成人教育関係講座実施概要』二八〇―二八一頁。
21 文部省社会教育局前掲『昭和十四年度 家庭教育施設実施概況』七頁。
22 倉橋惣三『家庭教育の本質と指導の要諦（家庭教育叢書 第一輯）』文部省社会教育局、一九三六年。この本は、国立教育政策研究所教育図書館に所蔵されている。このことについて、河合隆一氏にご教示いただくなどお世話になった。ここに記して感謝申し上げる。参考：河合隆一『増補・改訂 倉橋惣三著作年譜』私家版、一九九八年。
23『倉橋惣三選集 第一巻』フレーベル館、一九六五年、二五〇―二六一頁（「子供讃歌」所収）。
24 倉橋惣三「家庭と家庭教育」日本両親再教育協会編『子供研究講座第二巻』先進社、一九二八年、三七―三八頁。なお、

25 同会編『子供研究講座第一巻』(先進社、一九二八年)所収の同題論文(「家庭と家庭教育」は、当該論文の前編。よって、この後「家庭と家庭教育」(第一巻)、「家庭と家庭教育」(第二巻)と区別して示すものとする。
26 倉橋惣三「家庭教育」岩波茂雄編『岩波講座 教育科学 第十冊』岩波書店、一九三二年、三頁。
27 倉橋惣三「家庭教育問答」倉橋惣三『育ての心』刀江書院、一九三六年、九一―一〇一頁。
28 倉橋前掲「家庭と家庭教育」(第二巻)三八頁。
29 倉橋前掲「家庭教育問答」九二―九四頁。
30 倉橋惣三「我が子の育て方(上)」『子供の教養』一九二九年六月、二三頁。
倉橋惣三「講演 わが子の家庭教育」『千駄ヶ谷第二小学校』第二〇号、一九二九年七月、三頁。森上史朗氏所有の資料(複写)を、複写させていただいた。森上氏には、貴重な資料をご貸与いただくなどお世話になった。ここに記して感謝申し上げる。
31 倉橋前掲「家庭と家庭教育」(第二巻)三八頁。
32 倉橋前掲「家庭教育」四頁。
33 筆者は、拙稿(「倉橋惣三における「家庭教育の脱学校化」論―都市部の「受験家族」への指導に着目して」『保育学研究』第三九巻第二号、日本保育学会、二〇〇一年)において、「家庭教育の脱学校化」論と表現した。これに対して、米田俊彦氏から、「家庭の脱学校化」と表現すべきではないか、とのご教示をいただいた。ご指摘は説得的であり、ここに感謝申し上げる。
34 倉橋惣三「家庭教育総説」文部省社会教育局編『現代家庭教育の要諦』宝文館、一九三二年(石川松太郎監修『「子どもと家庭」文献叢書 第八巻 現代家庭教育の要諦』クレス出版、一九九七年)、三〇六―三〇七頁。
35 同右書、三一三頁。
36 倉橋前掲『家庭教育の本質と指導の要諦(家庭教育叢書 第一輯)』七―八頁。
37 倉橋前掲「家庭教育総説」三〇三―三〇五頁。
38 元岡山県女子師範学校付属幼稚園教諭 従野静子による記録ノート。その複写資料を、森上史朗氏に複写させていただいた。

39 参考：森上前掲『子どもに生きた人・倉橋惣三――その生涯・思想・教育・保育』三八二頁。
40 倉橋前掲「家庭と家庭教育」(第二巻) 四三―四六頁。
41 倉橋前掲「家庭教育総説」三一九頁。
42 倉橋惣三「家庭教育の根本義 (承前)」『児童研究』第三六巻二号、日本児童学会、一九三三年五月、三五頁。
43 倉橋前掲「家庭と家庭教育」(第二巻) 四八―五二頁。
44 倉橋前掲「家庭教育総説」三二二、三二四頁。
45 倉橋前掲「家庭と家庭教育」(第二巻) 四九、五二頁。
46 倉橋前掲「家庭教育総説」三二四頁。
47 倉橋前掲「家庭教育」一一頁。
48 小山前掲『家庭の生成と女性の国民化』六八頁。
49 倉橋前掲「家庭と家庭教育」(第一巻) 四八―五四頁。
50 倉橋前掲「家庭教育総説」三二八―三三五頁。
51 小山前掲『家庭の生成と女性の国民化』。
52 倉橋前掲「家庭と家庭教育」(第一巻) 四三―四四頁。
53 倉橋惣三「子どもと家庭教育」『婦人公論大学 育児篇』中央公論社、一九三一年、一五―一六頁。
54 倉橋前掲「家庭教育」一六―一七頁。
55 「関屋理事の挨拶」『社会教育』第七号、一九三一年三月二〇日、二頁。
56 礒野さとみ「生活改善同盟会の事業概要」『学苑』第七〇四号、昭和女子大学近代文化研究所、一九九八年、一一一頁。そのほか、「生活改善運動」に関わる先行研究は、礒野さとみ「生活改善同盟会に関する一考察――設立と活動内容に関する研究」『学苑』第六二一号、昭和女子大学近代文化研究所、一九九一年。
57 関屋竜吉「教育を学校だけの仕事と思ふな」『家庭』第一巻第一号、大日本連合婦人会、一九三一年六月、六―八頁。
58 小山前掲『家庭の生成と女性の国民化』。

58 森川輝紀『国民道徳論の道――「伝統」と「近代化」の相克』三元社、二〇〇三年、一〇四頁。
59 山本信良・今野敏彦『大正・昭和教育の天皇制イデオロギー（Ⅰ）』新泉社、一九七六年、四五六頁。
60 寺﨑昌男・戦時下教育研究会編『総力戦と教育――皇国民「錬成」の理念と実践』東京大学出版会、一九八七年、四頁。
61 倉橋の略歴については、森上史朗による「年譜」によった（森上史朗『子どもに生きた人 倉橋惣三――その生涯・思想・保育・教育』フレーベル館、一九九三年）。別途、確認作業中。
62 『文部時報』第三二六号、一九二九年一〇月二一日発行、二頁。倉橋の社会教育官兼任について、当時の社会教育局長下村寿一は、後年、「社会教育官の新官制の出来たときに、私は無理にお願して兼任社会教育官になっていただき、新しい社会教育の建設に対して色々と御骨折を願ったが、該博な識見と豊かな経験に基いて、何時も建策し示唆を与えて呉れられた。」と記している。下村寿一「倉橋さんを憶う」『幼児の教育』特集倉橋惣三先生追悼 第五四巻第七号、二五頁。森上前掲『子どもに生きた人 倉橋惣三――その生涯・思想・保育・教育』七八頁。
63 恩賜財団母子愛育会五十年史編纂委員会編『母子愛育会五十年史』社会福祉法人母子愛育会、一九八八年。愛育会の設立経緯については、吉長真子「恩賜財団愛育会設立の経緯をめぐって」『研究室紀要』第二八号、東京大学大学院教育学研究科教育学研究室、二〇〇二年。

第二章

青木誠四郎の教育相談
――心理学者における「家庭教育」の思想

本章では、大日本連合婦人会附属家庭教育相談所の中心的人物であった青木誠四郎が、教育相談に関わって行った発言・著述を分析する。青木は、前章で検討した倉橋と同様、文部省の展開する政策の内部にあって活動した。両者とも新中間層の「教育する母親」の姿に問題を見ていたと考えられる。

青木は、過重な期待を我が子にかけないよう、知能検査の知見を掲げて母親たちに訴えた。また、問題行動の要因を家庭環境に帰し、在宅の母親による根気強い関わりを指導した。本章で、これらについて明らかにしたい。

さて、家庭教育相談所が大日本連合婦人会によって設置された経緯は、文部省が「家庭教育の振興」を掲げる政策を展開した文脈に見出すことができるが、家庭教育相談所が成立する以前の相談事業それ自体の歴史もまた、別の文脈でたどることができる。まず、わが国における相談事業の歴史について、先行研究を踏まえて述べておきたい。

第一節　相談事業の歴史――大日本連合婦人会家庭教育相談所が設置されるまで

一、先行研究の検討から

相談事業に関する先行研究として知られているものに、安田生命社会事業団編『日本の児童相談――明治・大正から昭和へ』(川島書店、一九六九年)がある。回顧録の域を出ていない感はあるものの、わが国における初期の相談事業について網羅した貴重な研究である。この中で、「わが国の児童相談はいつから始まったか。」との問いを立て、以下の三つの答えをあげている。

① 学問的意味での児童相談は、すくなくとも知能検査の発達以後、すなわち大正以後に始まるとする考え
② 明治時代に興った社会福祉事業の中に、児童相談の芽ばえを見いだそうとするもの
③ 相談活動という点に主眼をおいて、明治以前からあった職業紹介業にまでさかのぼって、そのなかに児童相談の要素を認めようとするもの (引用者による要約)

ちなみに、この後「どの説を採るかは、読者の自由な選択にゆだねたい」として、明確に答えを示すことはしていない[1]。

青木とともに家庭教育相談所に関わった山下俊郎は、戦後、「わが国の児童相談所は、大正末期から各地に設けられるようになつたのであるが、これには児童研究の発達、ことにテストの隆盛が有力な条件となつている。」と

述べ、「テスト」つまり知能検査の開発が児童相談所設置の前提になったとの見方を示した。そして、「昭和年代に入つてからは、職業指導運動の興隆により職業相談を中心とする相談所が設けられるようになつた。」とし、「昭和九年以後」(この時期区分の根拠は不明）の相談所について以下の四つの類型に分けられるとしている。

① 進学及び選職の相談施設
② 不良少年の鑑別施設
③ 教育施設すなわち大学等に附設されたもの
④ 乳幼児を主とするもの、虚弱児、異常児を対象とするもの、精神分析的立場に立つもの

山下は、「太平洋戦争によつてこれらの相談所は殆んど壊滅した」と述べた[2]。

ところで、「児童相談」同様、「教育相談」なる用語もまた存在する。田中熊次郎は「わが国の教育相談は、最初社会事業における児童相談として出発し、学校教育関係では職業指導といわれた。本格的な発展は戦後であり、それは米国からの影響による。」と述べている[3]。戦後の教育相談事業について論じることは、筆者の力を超えている。ただ、田中が「教育相談」と社会事業ないし職業指導との関わりに言及したように、戦前戦中に相談事業は既に担われていたのであり、そこからの連続性を見落とすことはできまい。

先行研究を整理すると、「児童相談」ないし「教育相談」は、当初、社会事業や職業相談と未分化な形で営まれていたとする理解を読み取ることができる。しかし、階層格差が大きかった時代であるにも関わらず、相談事業が対象とした階層への言及がなかった。対象とする階層と事業内容に配慮しながら、以下に相談事業の歴史をたどることにする。

二、相談事業の歴史──「健康相談」と「教育相談」の分化

わが国において、はじめて相談所の看板を掲げたのは、日本児童学会の設置した児童教養相談所であり、一九一五（大正四）年のことであった。そこでの相談主任は、三田谷啓《さんだやひらく》であったとされる。しかし、相談料が高額だったため、来所者がほとんどいなかったという[4]。

はじめて固有の建物を所有し、実態を伴って運営された相談所は、東京目黒にあった、児童教養研究所に付設した児童相談所であった。開所は一九一七（大正六）年で、児童相談所の中心となったのは、久保良英であった。久保が東京帝国大学の講師をしていたことから、学生が出入りし、その中には本章で詳述する青木誠四郎がいた。身体的な相談は、日本児童学会の児童教養相談所主任と兼任していた三田谷が対応し、心理的な相談を久保が担当した。相談事項は、「身体ニ関スル事項」「精神ニ関スル事項」「修学ニ関スル事項」「服飾ニ関スル事項」「食物ニ関スル事項」「居室用具ニ関スル事項」とされ、書面による相談や親だけの来所相談、子どもを伴っての来所相談などに対応していた。開所の翌年に三田谷が大阪市に招聘されて去り、その後、久保夫妻が経営を切り盛りしたが、久保も広島文理科大学に赴任が決まり、一九一九（大正八）年に閉所の運びとなった[5]。

一方、大阪市に赴いた三田谷の働きかけで、一九一九（大正八）年に公立の児童相談所としては最初の、大阪市立児童相談所が開設された。三田谷は、相談を受けに来る人が少ないことから、宣伝も共に行わなくてはならないことに苦労したという[6]。その開設後、全国に児童相談所設立の気運が高まっていった。一九二〇（大正九）年には静岡こども相談所、九州帝国大学医学部小児科小児健康相談所、淳心園児童相談所（長崎市）が設立され、翌一九二一（大正一〇）年には、愛国婦人会の児童相談所が九箇所（愛国婦人会東京本部児童相談所、同京都支部児童相談所、同香川支部児童相談所、同長野支部児童相談所、同宮崎支部児童相談所、同福島支部児童相談所、同岡山支部児童相談所、同鳥

取支部児童相談所、同愛知支部児童相談所）、広島社会事業協会児童相談所、神戸市立児童相談所、東京児童保護協会児童相談所、横浜市児童相談所がそれぞれ新設された[7]。大阪市立児童相談所は、一九二四（大正一三）年に閉鎖されるが、相談事業の発達をとらえる中で、その開設が大きな契機となっていたことは間違いない。

ところで、大阪市児童相談所の対応した相談事項は、「健康相談」と「教育相談」とに分けて報告された。それぞれに相談事項が示されているので、以下に引用したい。

健康相談
　妊婦の摂生及産前後の衛生に関する事項
　初生児及乳児の取扱に関する事項
　授乳の方法及人工営《ママ》養品の用法に関する事項
　児童の発育状況に関する事項
　児童の健康状態に関する事項
　其の他児童の衛生に関する事項
　応急処置の実施
教育相談
　普通児童の教育に関する事項
　特殊児童の教養に関する事項
　児童の職業選択に関する事項
　児童の職業紹介及指導に関する事項

児童の運動遊戯に関する事項
児童の余暇利用に関する事項
其の他児童の生活に関する事項[8]

「健康相談」には、「妊婦の摂生及産前後の衛生に関する事項」「初生児及乳児の取扱に関する事項」など、医学・衛生的な項目が含まれている。一方、「教育相談」としては、「普通児童の教育に関する事項」「特殊児童の教養に関する事項」「児童の職業選択に関する事項」など、医学的な項目をのぞく、教育に関わる項目があげられている。一九二〇（大正九）年に設立された静岡こども相談所の相談事項においても、「医学的相談」と「教育的相談」とに分けて統計を公表している。それぞれに分けられた「相談種目」は以下の通りである。

医学的相談
　正常発育
　不良性矯正
　疾病
　栄養
教育的相談
　智能の発達に関する相談
　特殊児童に関する相談
　運動遊戯に関する相談

職業の選択に関する相談[9]

ここでも、「医学的相談」と「教育的相談」とを相対的に区別しようとする理解を見出すことができる。

その後、相談施設は全国に開設されていく。一九二二(大正一一)年には全国に一五箇所、一九二三(大正一二)年には全国に二三箇所の児童相談関連施設が新設されたが、一九二三年に新設された施設には、浅草児童健康相談所、小樽児童健康相談所、秋田児童健康相談所など、「健康相談」を強調した名前が目立って多くなっている[10]。特に「健康相談」を掲げる施設が増加したことは、「教育相談」と「健康相談」とが共に含意された「児童相談」から進んだ形で、目的を明確化する意図を読み取ることができる。以後、「健康相談」を行う施設は拡大の一途をたどり、一九三一(昭和六)年には全国一〇〇か所以上を数えた[11]。これらについては、人口学的な視点から、重点的に母子衛生問題に接近しようとする社会事業の一環と理解したい。

さて、恩賜財団愛育会が一九三七(昭和一二)年一月に発刊した『本邦児童相談所概況』は、全国一〇七か所の児童相談所について報告している。そこでは、日本女子大学校附属児童研究所、瀧之川学園児童研究所、浅草寺児童相談所東京府(代用)児童研究所(かっこはママ)、横浜市児童研究所、兵庫県立児童研究所、神戸市立児童相談所、尼ケ崎市立児童健康相談所、静岡こども相談所、静岡ホーム児童健康相談所、広島県社会事業協会福島町児童相談所、広島県社会事業協会誓願寺児童相談所の計一三か所について、「教養相談」も行うと別記しており、「児童相談」と「教養相談」とを概念的に区別している[12]。ここでも、医学、衛生的問題に関わる「健康相談」を主眼とする広義の「児童相談」と区別された、狭義の「教養相談」という領域が、相対的に見出されていたことがあらためて確認できる。

一九三九年四月の『心理学研究』誌上、「教育相談と心理学」という特集記事が組まれたが、そこでは、各施設の教育相談担当者が事業の概要を述べており、恩賜財団愛育会児童（教養）相談所（かっこはママ）や東京文理科大学教育相談部をはじめ、本郷区市立学校児童教育健康相談所、財団法人大日本職業指導協会附属青少年相談所、麹町区児童教育相談所、京橋区児童教育相談所、浅草寺児童教育相談所、東京府児童研究所、横浜市児童研究所、群馬県師範学校・群馬県女子師範学校教育研究部、京都市児童院、大阪教育研究所、神戸市立児童相談所、兵庫県立児童研究所、広島県社会事業協会児童相談所の、合計一五施設が紹介されている[13]。一九三〇年代に「教育相談」ないし「教養相談」を行う施設は全国に一〇数か所あったと見られるが、関係者の間ではそれが「隆盛に赴きつゝある」と認識されていた[14]。

以上の分析から、広義の「児童相談」の中に、狭義の「教育相談」ないし「教養相談」(以下、「教育相談」に統一）とが見出されていたことがわかる。子どもの成長過程を考えるとき、その生命の維持が先決であり、健康問題に余裕があってこそ、子どもの教育に目が行き届くものである。その点から、特に狭義の「教育相談」は、都市新中間層にしか接近しえない施設であったと言えるのではないか。上記の分析だけでは、狭義の「教育相談」が都市新中間層を対象とした事業であったと結論づけることはできない。大日本連合婦人会が東京に家庭教育相談所を設置したのも、都市貧困層の衛生問題への接近ではなく、まさに我が子の教育に関心の高い新中間層への接近が目的として見えてくると考えられるが、詳細を分析することで、その点を明らかにしたい。

ところで、「わが国の児童相談はいつから始まったか。」との問いについて先述したが、その答えの一つは、「知能検査の発達以後」にその始まりをとらえるものであった。佐藤達哉は、このころの児童相談所の「発展」に触れ、「児童相談所が心理学専攻生の就職先となっていたことも見逃せない。」と述べ、心理学専攻者が知能検査の技術を期待された事情に言及している[15]。おそらく、ここでの「児童相談」は、狭義の「健康相談」よりも、狭義の「教育相談」を意味すると理解できよう。

知能検査は、フランスのビネー（Binet）とシモン（Simon）とによって、発達遅滞の子どもを発見する方法として一九〇五年に発表された。これは各国に紹介され、日本には一九〇八（明治四一）年に、三宅鉱一が論文「智力測定法」によって紹介した。[16]日本において、ビネーが改訂を重ねてのち発表した一九一一年式に習って、日本の事情に適した日本版知能検査を開発したのは、久保良英であり、発表は一九一九（大正八）年であった。さらに一九二〇―三〇年代に、鈴木治太郎が、大規模な標準化作業を経て鈴木ビネー式知能検査を発表した。田中寛一も、東京文理科大学教育相談部の関係者らとともに、田中びねー式知能検査を五年がかりで開発し、一九四三（昭和一八）年から同相談部で活用した。[17]このように、一九〇〇年代に知能検査が紹介されてから、順次日本版知能検査の開発が試みられたことが知られている。

相談事業において知能検査が果たした役割や、そこに求められた機能について、明らかにする必要がある。この点についても、課題としていきたい。では、次に大日本連合婦人会が設置した家庭教育相談所の概要について、述べるものとする。

第二節　大日本連合婦人会家庭教育相談所の設置

一九三〇（昭和五）年一二月二三日、文部省訓令第一八号「家庭教育振興ニ関スル件」が発せられ、同日午後、大日本連合婦人会（以下、連婦）が発足したことは既に述べた。この後、家庭教育相談所は全国六大都市に設置の計画がなされ、まず一九三一（昭和六）年二月に東京市の日本橋三越三階において開設された。[18]のちに相談所は、東京お茶の水にあった連婦事務所に移った。

家庭教育相談所を担当したのは青木誠四郎、清水健太郎（東京帝国大学精神病研究室、医学士）、山下俊郎（東京帝国大学心理学研究室、文学士）、大場栄作（文部省社会教育局家庭教育係）、西内（女性）、友成（女性）、さらに「其他助手」を加えた面々であった。当初、顧問として三宅鉱一の名があったが[19]、活動の実態については不明である。青木は、「相談所主任」[20]、のちに「所長」[21]とされ、この相談所の中心的人物であった。

家庭教育相談所はその役割を、

> 世のいづれの親御さんにも、その愛児の家庭教育について、何等かの心配や苦慮は必ず有るに相違ないと思はれます。その心配や苦慮に対して、深い理解と正しい文化科学と自然科学の力を以て、良き相談相手にならうといふのが、この家庭教育相談所の使命であります。

とした。「相談の事項」には、

> （一）幼児及小学児童こころ、躾、学業の成績、智能、習癖（悪いくせ）、学校選択。
> （二）その他家庭で困つてゐる教育上の問題は何でもよろしい。（傍点、かっこ等原文のママ）

とあげられている。方法としては、「教育、心理及医務に関し夫々専門の担任者を置き、これにより精神診査、精神病理的検診及智能検査等をなし、その個性の因つて起つた原因とその今後の改善及処置方法を合議の上指示」するとされた。相談期日は毎週土曜日午後一時から四時までで、事前に連婦事務所に申し込むことが求められた[22]。

この家庭教育相談所が行った事業として、毎週土曜日の相談業務のほか、「誌上家庭教育相談所」の『家庭』への掲載、さらに「家庭教育相談懇話会」「中等学校入学準備相談会」等の懇談会の開催があった。事業の具体的内容については、後述するものとする。

家庭教育相談所は、当初六大都市にその設置を予定されていたのにもかかわらず、実現せず、東京に設置されたこの施設も、一九三五（昭和一〇）年三月二三日に閉鎖されるに至った[23]。その決定は連婦の理事会によるもので、青木は、家庭教育相談所の「必要を痛感せしめなくてはならぬのは、一般の人々よりこの会の幹部のお偉き人々にあつたことを知らなかつた私の愚をなげかないではゐられない」と嘆いた[24]。来所相談の件数は、開所から閉鎖までの約四年間で、四五三件であった[25]。

ちなみに青木は、連婦の家庭教育相談所に関わったことをきっかけに、一九三三（昭和八）年二月から、『読売新聞』「婦人」欄の「児童の教育相談」を担当した[26]。新聞紙上では、一九三三年二月一四日から、ほぼ一週間に一度、「婦人」のページに青木の「児童の教育相談」（一回につき一事例）が掲載された[27]。「児童の教育相談」に掲載された記事は『子供の教育相談』と題した本にまとめられ、そこでは四七事例が紹介された[28]。

青木が中心的な役割を担った家庭教育相談所は、短命に終わったが、青木の配下でともに相談を担当した山下俊郎は、のちに恩賜財団母子愛育会の教養相談部において、教養相談を担当し、家庭教育相談所での経験を生かすこととなった。一方、東京文理科大学には、一九三六（昭和一一）年、東京文理科大学教授田中寛一を部長とする教育相談部が発足する[29]。つまり、教育相談は、家庭教育相談所が閉鎖されても別の場において継続されたわけで、家庭教育相談所は、文部省系の当該事業としては先駆的であったとも言えよう。

青木が母親たちに向けて行った指導内容をとらえる前に、青木の思想について、先行研究を整理しながら述べることにする。

第三節　青木誠四郎の思想――先行研究における論点から

青木の「家庭教育」に関わる先行研究は、本書序章に述べたように、山本敏子による「解題」のみである。そこで、青木の思想全般に関わる先行研究の動向をとらえたい。

青木の思想や人物像について詳述したのは、青木の弟子の立場にあった山下俊郎が最初であり、青木の没後記された。[30]ここでは特に、山下が『日本の心理学』刊行委員会編『日本の心理学』に寄せた論稿を取り上げる。山下は、青木が師範学校卒業後、一時小学校教員を務めた経験が、青木にとって「のちの教育心理学者、児童心理学者、青年心理学者としての彼の研究業績の基底を支える大きな支柱として重要な役割」を持ったと見ている。山下は、青木の心理学研究の立場を次のように述べている。

心理学の研究を児童・青年指導の上に応用するという古いいわゆる応用心理学の一面としての教育心理学、児童心理学、青年心理学を研究するのではなくて、児童・青年を教育指導するという立場から問題提起をされた心理学的研究が実践科学としての心理学の役割であるという立場を常に堅持していたのが、彼の教育心理学、児童心理学、青年心理学の研究であったと私は考えるのであるが、このような立場の基底を作ったものは小学校教師としての彼の教育経験であったと思う。

つまり、青木の教育心理学は、心理学がその研究対象を広げる過程で体系化されたものというよりは、教育実践の場の必要性から出発したと言えようか。

さて、山下は、「青木の実践的活動」として「教育相談の開拓（大日本連合婦人会家庭教育相談所、昭和六年～一〇年頃）」、「川越少年刑務所における非行少年の研究と実際指導」（かっこは原文のママ）を紹介した。さらに、「昭和初期の東京府立第七中学校（現在の墨田川高等学校）における能力別編成学級（知能テストと学業成績との関係によって類別する）」（かっこは原文のママ）の「提唱実施」と、「その高学年生徒」への「個人的進学指導」の実施などもあげている。山下は、「研究と実践とが常に緊密に直結していたところに青木誠四郎の心理学者としての特質がある」と締めくくった[31]。

山下は、これまで述べてきているように、大日本連合婦人会家庭教育相談所で、青木の下で相談を担当した人物である。ちなみに、山下の喜寿祝いの折、波多野完治が次のような文章を寄せている。

いまから五十年まえ、学習心理学はソーンダイクの努力により、やっと市民権を得たころであった。教育心理学の位置は日本では大へんひくく、教育心理学者は一人まえの学者としてあつかわれてはいなかった。青木誠四郎は、そのころから、この研究方向の重要性に気づき、かずかずの実験を公表し、その実績もあって、東大農学部に助教授として、農科学生のために心理学を講ずるまでになっていた。山下君は、この青木誠四郎の私設助手として、この方面の勉強を基礎からはじめたのである。[32]

ここで言及された、青木が「農科学生のために心理学を講」じたというのは事実誤認だとしても（厳密には「農業教員養成所の学生」）、青木が日本において教育心理学に対する評価が低かった頃に、その分野に取り組んでいたとする理解は興味深い。

木村元は、青木の心理学について、「その心理学の性格は教育の現場に即し、かつ教育の実践の基礎を支えようとする学的な志向性を強くもっていた。」と位置づけている。木村もまた、「訓導や高女教諭の経験をもった心理学研究者」として、その経歴に着目している。木村は、青木が長野県師範学校附属尋常小学校での「成績考査研究」に関わったことに言及しているが、こうした青木の教育現場への関与もまた、「教育現場に即し」た心理学の立場を物語るものだと言える[33]。

ところで、青木の人物研究に関わって、論点を見出してみたい。村山祐一は、青木が田中寛一らの教育測定論への批判を試みたことに言及し、評価した[34]。これに対して、玉村公二彦は、「一面の妥当性は認めるものの、総体として青木の評価論をみた場合、その評価にはかならずしも筆者は同意し得ない。」と述べている。

玉村は、岡部弥太郎や田中寛一ら心理学者が「従来の教師の恣意的・主観的な評価法」を批判、「正規分布曲線に基づく成績考査の客観的信頼度を高める測定法」を主張したことをあげ、青木も「従来の成績考査法について」批判したことでは彼らと一致したとする。ただ、「正規分布曲線を前提とする田中らと青木は一線を画」したとして、青木がその著『学業成績の研究』(先進社、一九二九年)において、田中が『教育測定学』の中で主張した「正規分布曲線に基づく成績考査」を批判したことを評価する。

しかし、玉村は、「学業成績と知能との関係」において、青木が「その相対的区別を仮説して研究を出発させた」にもかかわらず、「その仮説は、団体知能検査と学業成績の関連の結果、裏切られてしまっている。」と述べ、青木の著書『学業成績の研究』から、以下の発言を引用する。

> 学業成績は智能の如何と密接な関係があり、後者は前者を左右するものと見ることができる。然るに智能は、従来の種々なる研究の示すやうに、遺伝によつて支配される事の著しいものである。然らば、学業成績の如

何も亦、先天的に遺伝によつて支配され、生徒の環境の如何、経験の如何によつては、これを動かすことのできないものがあると云はなくてはならない。（『学業成績の研究』一〇六―一〇七頁）

この青木の発言を受けて、玉村は、次のように述べる。

ここに到って、学業成績の教育的意味から、注目すべき見解を示してきた青木は、学業成績の知能還元論・遺伝決定論に落ちこんでしまっている。そうであれば、青木もまた、学業成績に正規分布曲線を導入し客観性を保持させようとする測定論者を批判しきれず、逆に、自家撞着してしまうことになる。それればかりか、実践的には能力別学力編成の提唱、知能検査の利用の定着化を図ることに青木は以後尽力している。（傍点―引用者）

このように、玉村は、青木の見解を「学業成績の知能還元論・遺伝決定論」と評した。さらに玉村は、青木について、「当時の心理学の方法の無条件的な導入、遺伝と環境といった心理学的枠組みという点で歴史的制約を免れるものではなかった。」とし、「結果として、注目すべき理念と方法上の貧困との矛盾を評価論の内に孕まざるを得なかった」と結論づけた[35]。

ところで、青木が「特殊教育」に関与したことから、その障害児教育観に関わる研究が多く蓄積されてきている。平田勝政による論稿もその一つである。平田は、以下のような青木の発言を引用する。

従来の教育は、恰も各個人が一様な身心の状態にあるかの様に個体個体には顧みることなく一様な目的に向って進ませようとして来たと云っても過言ではあるまい。最も著しくは智能の極めて低いものが、その学業に於て劣るの所以を以ってあらゆる学校生活に虐遇されているが如き、或は智能優れたものにして尚他の普通児と同様な学習を継続しなければならぬ如き……各個人は、各その固有の姿に於て、価値実現をしなければならぬことを理解していない様に思われるのである。

平田は、上記の青木の発言（出典等後述）をふまえて、青木について次のように述べる。

こうしてみると大正デモクラシー期における劣等児・低能児教育振興との一貫した関わりは、自らが理想とする個性教育の理念を実現するという課題意識と強い動機に裏打ちされていたということができよう。

このように述べ、平田は、青木において「自らが理想とする個性教育の理念を実現するという課題意識」を見出した。

さらに、平田は、当時のわが国の心理学研究が「「連合心理学」から「形態心理学」(＝ゲシュタルト心理学）への移行・転換していく時代にあった」(かっこは原文のママ）と述べている。そして「一九二五年の「形態心理学の導入」」つまり、ゲシュタルト心理学の導入によって、青木自身がその立場の転換を宣言したことをあげている。こうした流れの中で、平田は、青木が「智能テスト批判とそれにかわる智能テストを含めたより総合的な個性把握の方法の提起」を行ったとしている。[36]

ここで、平田が当該論文において言及した、青木の論文「最近の心理学と児童研究」に触れておきたい。青木のこの論稿は、本書第三章で取り上げる日本両親再教育協会が発行した『子供研究講座』(一九二九年）に収められている。青木は「部分部分と云ふべき子供の心の動き」をとらえる「古い心理学」から、「子供の心」を「一つの全体的な働きとして見てゆかう」とする「形態心理学」に移ってきたと述べている。そして、そのことで、「児童研究のために大きい貢献」をしてきた「精神検査」について、「その見方があまり一面的であり、要素的であり、そしてまた分量的であつたことは、如上の立場からどうしてもその態度の変化を求められるものがある」とする。さらに青木は、次のように述べている。

智能検査と云ふものが、まづこの洗礼をうけつゝある様に見える。すでに云つたプロフイルを作ると云ふことが、もうそれなのであるが、努力して智能検査の結果を示してゐる学者が、今や、その同じ程度の智能は決して、同じ質の智能ではないと告白する様になつて来てゐる。さうすればこの智能の段階として示されたものはそも何を意味してゐるか、高々ごく大体の智能の傾きを示すと云ふ位の意味しかない。そこにはすでに、量的に見ると云ふことの一つの破綻があるのである。

青木はこのように述べ、検査によって示された「智能」(知能指数―引用者)は、「ごく大体の智能の傾きを示すと云ふ位の意味しかない」として、知能検査を限定的にとらえている。そして、知能指数の差異について、「心の性質上の違ひで、心の分量上の差」ではないのであって、「優劣の差ではない。」とした。そして、次のように述べる。

かやうな性質的な見方は、従来個人的な差異を段階的にのみ考へ、優劣としか考へなかつた見方に対して著しい変化をもたらすものである。子供はこゝにはじめて、自分の生活の特異性が認められ、そしてそれに相応した将来の幸福が認められる様になつて来た。こゝでこそほんとうの個性が認められる事になつて来たのである。それは全く新らしく開けて来た心理学の考へ方の基礎の上にたてられた子供研究の考へ方なのである。[37]

このように、知能検査を限定的にとらえる一方で、子ども一人一人の「特異性」と、「それに相応した将来の幸福」、さらに「ほんとうの個性」に言及した。

高橋智は、一九二〇年代のわが国において、「知能測定尺度の標準化が進展し」、「知能検査法を用いた「精神薄弱」者の心理的特性の抽出や概念規定（分類・定義）の検討」(かっこは原文のママ）が進んだとして、その「代表的研究者の一人」として青木をあげている。高橋は、青木の『低能児及劣等児の心理と其教育』(中文館書店、一九二二年）を分析して、その「議論」を「知能測定心理学による「精神薄弱」の概念規定の典型」と位置づけ、その特徴として次のように述べている。

すなわちその特徴は、①知能指数という人工的・人為的な基準と「精神薄弱」という知的発達障害の強引ともいえるほどの結合であり、②知能の正規分布曲線との関係で「正常」と「低能（異常）」の連続性や同質性（知能の量的な差異）の主張にみられる「精神薄弱」の問題の固有性（知能発達の遅滞や適応障害による様々の特別なニーズ）の軽視であり、③また「知能の分配線の偏つた端を形作」るという表現に示されるような、「精神薄弱」児の固定的・限定的な発達観であった。(かっこは原文のママ）

高橋は、以上のように青木を位置付けた上で、「前記の青木誠四郎の議論に対して、真っ向から異議を唱えたのが、青木の友人でもあった城戸幡太郎である。」として、城戸が「「智能の優劣」を量的な発達の差異とみる知能測定心理学を批判」したと述べている[38]。

さて、青木の発言が一九二二年になされ、城戸による批判は一九二六年に行われている。平田によれば、一九二五年に形態心理学が紹介されたとのことであるから、青木も城戸も、その後認識に変換を見たということがあったかも知れない。いずれにしても、ここでその点を指摘することが本意ではなく、青木の「精神薄弱」概念について論じることは、筆者の力量を超えている。ただ、青木が「知能測定心理学」の代表的研究者と位置付けられたことに着目しておきたい。

こうして見ると、青木については、子どもの「個性」を把握する方法としての知能検査に関わって、青木自身の立場が論じられることが多いように思われる。つまり、青木が「知能」に付与した意味や、知能検査を絶対視していたか、その限界も知った上で活用しようとしていたかなど、「知能」や知能検査に関わる青木の認識が、議論されてきた例が多かった。

ちなみに、青木は行政官として戦後教育改革の一翼を担うが、「学習指導要領（試案）」の解説において、「(附)予備調査及び知能検査」と題して次のように述べている。

なお、学習の行われる根抵の働きとなる智能を調べることは、学習の指導法や内容を、これに応じて適切にして行くために、欠くことのできないところである。知能検査の方法として、今日わが国で最も確かだと思われるのは、ビネー法やスタンフォード改訂法その他を基礎として、わが国児童の多数についての実験の結果で作られた、鈴木治太郎氏の個別式知能検査法である[39]。

上記は、戦後教育改革期、行政官として知能検査（個別式）の意義を説いた発言であるが、ここでも、青木をして、知能検査活用論者と呼べるような内容となっている。

さて、これまで、教育心理学、教育評価、障害児教育などの課題に関わる青木への評価をとらえてきた。本論文では、先行研究がそれぞれ拠り所とした分野の課題を必ずしも共有することはできないが、青木の「知能」観ないし知能検査観のようなものが、青木研究の課題として浮かび上がってきた。本章では、青木による母親たちへの教育活動の分析という角度から、青木の「知能」観、知能検査観に接近することも課題としていきたい。

では、青木が大日本連合婦人会家庭教育相談所における教育相談を通して行った、親たちへの教育の内容をとらえるものとする。

第四節　青木誠四郎による教育相談と家庭教育相談所の事業(その一)
——懇談会活動

本節では、大日本連合婦人会が設置した家庭教育相談所の事業の中に、青木の教育相談の詳細を見出していく。懇談会活動と、来所相談・誌上相談活動のうち、まず懇談会活動の詳細をとらえるものとする。青木が、過重な期待を我が子にかけないよう、知能検査に関する知見を掲げて母親たちに訴えたことを明らかにしたい。

一、懇談会における啓蒙活動の概要

懇談会・講演会の企画としては、一九三二（昭和七）年一二月三日午後、日本橋白木屋六階会議室において開催された「家庭教育相談懇話会」[40]、一九三三（昭和八）年二月四日に青山の青年会館で行われた「中等学校入学準備相談会」[41]、一九三四（昭和九）年一月二〇日に東京御茶の水家庭寮で開催された「中等学校入学に関する懇談会」[42]、そして一九三五（昭和一〇）年一月二六日に東京御茶の水家庭寮で行われた「入学準備の座談会」[43]をそれぞれあげることができる。では、順次それらの内容を見ていくものとする。

（一）一九三二年の「家庭教育相談懇話会」

初回の「家庭教育相談懇話会」での講演内容は、「運命をきめる智能指数　家庭教育相談懇話会の講演」と題して『家庭』誌上で報告された。山下俊郎は、「一昨年二月この相談所開設以来、今日まで扱つた件数は百十二件で、アメリカあたりの同じやうな相談所に比べて決して少ない数ではない。」と述べ、一九三二年一二月現在の家庭教育相談所における実績を評価する。さらに山下は、知能指数についての説明を以下のように行っている。

> 普通子供の智能は年齢に応じて発育するものであるから、調査によつて表れたその子の持つてゐる智能の分量を（智能年齢といふ）その子の年齢（生活年齢）で割つたものへ百をかけて出た答（智能指数といふ）が百といふ子ならば知能《ママ》は並といへ、それ以上は優良児、以下のものは低能又は劣等である。（かっこは原文のママ）

このように、米国のターマン（Terman）によって開発された知能指数の考え方を解説している。さらに、家庭教育相談所に来所する子どもが「優良児よりも、下の子の方が多い」と述べた上で、これは一応尤もであるが、一般に親としては智能が普通である子供に対して放つておきすぎるやうに思える。普通児にも適した職業とか学校選びとか相談することがあるではないか。

とし、職業選択や学校選択などの進路に関わっての相談を歓迎する。その一方で、「入学だ、どうやらこの子は劣つてゐる等と慌て出す親が相当あるらしく思はれるが、乳児時代から注意深く見つめてゐて、常に相談所を利用されるべきだと思ふ。」とも述べており、就学時に慌てて来所するのでなく、乳児のころから相談所を利用して、我が子の発達に「注意」することを勧めている。

次に、清水健太郎による講演内容であるが、「智能指数宿命表」と題されて紹介されている。清水は、「よい子供をつくるにはどうしたらよいか。」と問い、「優生学的研究も勿論必要ではあるが」としてから、次のように述べる。

子供を健《ママ》全な発展をさせやうとするには、第一に親が子供の智能をはつきり知つてその程度に応じて、決して過重になるやうな欲望を持たないことである。過重を強ひたがために持つてゐるだけの能力だけの事も出来ずに終つて了ふ子が多いのである。

このように、親たちに「子供の智能」の「程度」を知り、「過重」な「欲望を持たない」ことを強調する。さらに、

即智能指数といふものは大体、生れた時にきまつてしまふものであるから、親は子供の智能指数をはつきり知つてゐて、それに応じた学校に進ませ、職業につかせることが必要である。例へば智能指数が百十八以上を示す子ならば専門大学に進め、智的職業につき得るものであり、百八以上のものは中学がは優秀に出られ

九十二以下八十三位までの子は、中学校、高等小学は無事に出られ、練習した上で熟練を要する職業につき得る筈である。これが七十以下になつたら小学校は三年止り、職業は全然頭を要しないものでなければならない。だから親はこの智能指数宿命表といつたものを知つておく必要がある。

などと、知能指数による進路選択を示して見せている。清水は、「脳味噌は持つて生れただけしか使ふことが出来ないのである。」とまで言っており、「智能」の宿命論を繰り返した。

次に青木の講演であるが、「智能指数と学業成績」と題してまとめられている。青木は、「この相談所であつかつた事件は色々あるが最も多いのは学業成績不良についての問題」とした上で、次のように述べている。

智能指数が八十以下の子であつたなら、精神遅滞は当然であるが普通以上の子で成績不良といふのが十七人もあつた。親について躾方をきけば放任か厳格かどちらかに片よつてをり、子供達には必らず落着きがないか我侭か、睡眠不足か、偏食かだらしがないか、かんしやく持か何かきつと特徴がある。

このように述べ、知能指数が「普通以上で成績不良」という場合が多くあるとし、「智能指数は高いくせに精神遅滞を起し、学業の成績の悪い子はまず躾方から変へてゆかなければならぬ。」と締めくくり[44]、親の養育態度の改善によって開ける子どもの可能性を示唆した。青木は、知能指数と学業成績とが相関するとは限らないと述べたわけで、この点において、清水の「智能指数宿命」論と若干の齟齬を呈している。とはいえ、学業成績が悪くても知能指数が高いのであれば、躾方如何によっては子どもの成績が上るということで、知能検査に一定の信頼を置いている点では変わりはない。この日の講演においては、知能検査や知能指数についての啓蒙という点で三人の主張は一致していた。

(二) 一九三三年の「中等学校入学準備相談会」

一九三三(昭和八)年二月四日の「中等学校入学準備相談会」は、青木、山下、清水をはじめ、中等学校や小学校の校長及び教員、母親たちが参会した。「中等学校入学準備」に関わる会とのことで、まさに都市部において中等学校入学試験競争が問題化する時期での開催である。青木、山下、清水の三人が講演を行ってから、「相談会」が行われた。

青木の講演内容は、「無理のない勉強」と題して報告された。それによると、青木は「入学試験のため児童に準備教育を施すことの可否は永い間の問題でありますが、それが合理的な学習として行はれゝば、謂ふところの弊害になるとのみ限らないと思ひます。」と述べている。青木は、「正しく理解させて後、よくそれを練習する、これが合理的な学習であつて、この方法を過まらず、適度を得てゐさへすれば、健全な頭脳の発達を促すことにもな」るとして、問題になっている「中等学校入学準備」については、「廃止せよといふことは出来ない」以上、「むやみなこと」をせず、「合理的に」行うようにと伝えている。加えて、青木は、

> 全然わからない、理解の出来ない子供に無理に教へますと、その附け焼刃に依つて入学は出来たとしても、入学後落第するなどの悪い影響を及ぼします。それで理解の出来る者のみを第二の練習に進ませ、理解の出来ない者には、そこを出発点として別に何等かの方法を考へるといふやうにすれば、そこに無理がなく弊害を避け得ると信じます。

と述べて、学業における「理解」の度合いによっては、進学してもその上に中等学校での学習が積み重ねられず、「落第」するなど、中等学校の学習内容についていけなくなると警告した。

清水の講演は、「からだの注意」と題されて報告された。清水は、入学試験準備の時期の子どもたちの体格、入学試験準備に伴う「神経衰弱的な種々の症状」などに触れ、睡眠を充分にとらせることや、消化の良い食べ物を与えること、便秘には「緩下剤」を用いること、近眼を防ぐため「眼は書物から一尺二寸以上」（三六センチくらい――引用者）離す、などを助言した。

山下の講演は、「学校選択の問題」と題して報告されている。学校選択においては、「一般的な原理と個人的の特別な条件」とで考える必要があるとのことで、「一般的な原理」とは、「学校の環境、校風」や「通学の時間の関係」を指すという。一方、「個人的な問題」とは、「身体的な状況」、「智能の問題」、「その個人の特別な能力に就いての考慮」、「性質（感情、意志）の方面」（かっこは原文のママ）、「家庭の事情」を指し、さらに「その時の社会の事情」も考慮すべきとした。三者がそれぞれの立場から、入学試験準備や学校選択に関わる発言を行った[45]。

（三）一九三四年の「中等学校入学に関する懇談会」

一九三四（昭和九）年一月二〇日の「中等学校入学に関する懇談会」では、「本年中等学校に入学するお子さんを持たれたお母さん方」が「百名」集ったという。青木による講演が行われたあと、青木、清水、山下、松田（東京府立高等家政女学校教諭）に対して、「子供の智能、性能、健康状態から考へた選択方法」や「各種学校の内容から考へた選択方法」などの「熱心なる質問」が向けられたという。

青木は「中等学校の選択に就て」と題して講演を行い、その内容は「どんな上級学校を選んだらよいか　子供さんの親達へ注意」と題して『家庭』誌上で報告された。青木はまず、「学校を選択するに当つてはよほど慎重にしないと飛んだ失敗を招くもの」として、学校を選ぶ際考慮する事項として、「一、身体 二、智能（頭のよさ） 三、性能（特長） 四、成績 五、性質 六、家庭の事情」（かっこは原文のママ）をあげた。そして、「かういふやうなことを念頭に置かず、先生や両親の見栄から学校を選ぶことの少くないのはまことに遺憾なこと」で、「官公立学校入学志望者数の多いことを自慢する先生があるに至つては沙汰の限り」と述べた。青木は、自身が「直接相談を受けたもの」として、次の三例を紹介した。

或る子供が家庭教師について尋常六年を卒業、成績もそんなに悪くなく、府立中学校へ入学したが、二年頃から出来なくなり四年には落第してしまつたので、父親は怒つて退学させてしまつた。

或る官吏の子供で小学校の成績が非常に悪く、どこの中学に受験させても入れない。それでも無理をしてやつと入れて貰つたが、自分ではちつともわからず、学校へ行つても面白くなし、さりとて家庭へ帰れば叱られるので、学校と家庭との間で時間を浪費するやうになり、活動など見て歩く中、小使銭に困つて盗みを働くやうになつた。

又中学の成績があまりよくなく、三年頃から家庭教師をつけて漸く卒業させ、某私立大学に入学させたところ、一ヶ月位で学校がいやになり、ダンスを習つたりして遊び出し、遂には自分の夜具まで質に入れ、友人の下宿を泊り歩いた。やがてこれが国許に知れて、連れ帰された。

青木は、これらの例について、「以上は学校へ入れるべきでない子供、或いはもつとやさしい学校へ入れるべき子供であるにその選択を誤つたことに起因して失敗した実例」と説明した。

もう一例は「父兄が正しい判断」をした例として紹介されている。

或る陸軍中将の方であるが、長男は工業大学へ次男は一高から帝大へ、三男は成績が悪いからとて、小学校だけで袋物屋へ奉公にやられた、三人共立派に成人されて、三男が一番裕福な生活をしてゐられる。

これについて青木は、「この例は父兄が正しい判断によつて、それぞれ子供の進む道を誤らず示されたので、子供の身体が悪いのに無理に勉強させたり、少し子供の成績がよいと、頭がよいなどと自惚れて無理にむづかしい学校へ入れたりするものにとつてよい教訓であります。」と言い添えている[46]。

(四)一九三五年の「入学準備の座談会」

一九三五（昭和一〇）年一月二六日の「入学準備の座談会」では、青木と山下に加えて、東京府立高等家政女学校長の清水福市、さらに「父兄」(人数は不明）と連婦職員が参会した。座談会形式で青木らが親たちの質問に答えるやりとりを繰り返した後、場所を移して親たちは個別に相談をした。座談会の中で清水福市は、「学校の選び方」について、

学校を選ぶ第一として子供が中等学校を卒業してからのことを考へることが大切です。直ぐ就職する者は実業学校へ、上級の学校へ進むものは中学校へといふことがそれで決まつて参ります。第二に我が子の頭脳の標準によつてそれに相当した学校を選ぶこと、そして第三にそれは評判などを標準にしたのではなく実際に

内容のよい学校であることが必要です。

と述べている。

親の一人が、「試験のことでございますが、毎年それに近づくと色々なデマが飛び、試験に不公正があるやうな話でございますが、あれに就いて御意見を御伺ひいたしたいと存じます。」と問うたのに対し、清水は、「疑心暗鬼も手伝ふのではないでせうか。」と答えている。また、「私達の一番気にかゝりますのはその内申書ですが、あの内申書には実に細く、家の財産のこと迄書きます。財産迄が入学に影響するのでせうか。」との問いに対し、清水は、「家庭を知るためのほんの一寸した参考程度でせう。」と応じた。さらに、「では内申書より試験を中等学校では重くみることになつてゐるのでせうか。」との問いには、清水は、「いや、内申書と試験とは同等に取り扱へといふことになつてゐます。それに前に云ひました、人物や身体の観察なども入り、なかなか複雑な採点が行はれるのですから、まあ公正といふ点は大丈夫だと考へられます」と答えた。

さらに、親の一人が、「とに角中等学校へは入れておかなければと、まあ何と云ひます親としてはさう決めてゐて焦るものですから。」と述べたのに対し、青木は、

それがいけません。第一に子供の頭の良し悪しも考へないでさう決めてゐるのは子供をよくすることではありません。小学校は何とかして通る頭でも、中学校で代数などを理解する力がなく、それでも出来ないまゝで済めばよろしいが、学校へ行つたゝめに性質がひねくれたり、陰気になつたりします。実業学校や高等小学へ入れゝばよかつた例です。それに中学校はその上の学校を予想して教育しますから、上級学校に進む能力のない子を入れるのは不利益です。

と答え、ここでも「頭の良し悪し」を考えた上での学校選択をすることを強調した。

参加者の質問は当事者であるだけに切実で、「東京でやつて居ります模擬試験、あれはいゝものでせうか。そしてあの試験の成績といふのは信頼出来るのでせうか。」とか、「若し目的の学校に入れなかつた場合には第二志望の学校と高等小学とどちらを選ぶのがよいでせうか。」などの質問を投げかける。前者について、青木は「大体信頼していゝと思ひますね。府当局としては怪しからぬのでせうが私はいいと思ひます。」と応じ、後者の質問には「第二志望の学校でもよろしいが、いゝ加減なところへ入れるより高等小学の方がいゝでせうね。」と答え、高等小学に一旦入学して、次年度の試験で再挑戦することを暗に伝えた[47]。親の希望だけを無理強いするのでなく、子どもの能力に応じた学校選択を勧めるというのが青木たち主催者側の目的であった。しかし、当事者としての親たちには別の次元で不安や悩みがあり、自身の利益に立った相談相手を求めていた。

二、懇談会の社会的背景としての競争状況

これまで、家庭教育相談所が主催した懇談会全四回の内容を見てきたが、そのうち三回については中等学校進学に関わって、親たちの我が子への「過重な」期待を沈静化しようとする意図を見出すことができた。その社会的背景には、中等学校受験競争の問題化があった。

当時、中等学校受験を希望する子どもは、学校で受験準備教育を受け、家庭でも多くの時間を割いて受験準備を行った。横浜市下小学校の卒業生の述懐によれば、

当時六年生は他の生徒より早く登校し、黒板に書かれてある問題をやる。放課後も又黒板に問題が書かれそ

れをやる。学校を出ると電灯がつく。家では学校の宿題をやり、毎夜十一時を過ぎたろう。宿題は一日にプリント三十五枚ということがあった。[48]

とのことで、受験生の受験準備の厳しさがうかがえる。一方、東京市下で公立女学校の入学試験を突破した子どもの母親が、

一月以後は私の監督の下に、教科書に依る平素の復習を自学的にやらせるの外、毎夜九時頃から、そのカードで考査問題を出し、一方に時計を置いて、目的の学校で答案用紙として用いる用紙を準備し、答案を書く練習をしました。(略―引用者) それを二ヶ月ばかりつづけ、毎夜十二時前には殆ど休まないほどでした。[49]

と「合格の秘訣」を語ったが、六年生の子どもの体力的な負担には大きなものがあったと思われる。

こうした「入学難」は、「就職難」とともに社会問題化していた。その背景には経済不況があり、大学卒でも就職に困難があった。この時期、熱心に中等学校受験準備にいそしむ子どもたちの背景には、難関校に進学させることで、少しでも我が子の将来に保証を得たいと考える親たちの存在があった。家庭教育相談所が行った懇談会は、こうした問題状況を認知した上での試みであったと考えられる。

政策担当者が、新中間層出身の「左傾」学生を問題とする観点から、高等教育進学をめぐる競争状況を危惧していたことは、本書序章において述べたが、そうした認識は、青木らの啓蒙活動と整合するものであった。さらに、本書序章で言及した、文部省訓令「児童生徒ノ個性尊重及職業指導ニ関スル件」(一九二七年) の要請もとらえる必要がある。

三、青木による競争状況の危惧と知能検査

青木は、大日本連合婦人会で家庭教育相談所に関わる以前から、学校教育における競争状況を危惧していた。青木による「中等学校入学者選抜の方法についての私見」(一九二四年)と題した論文から、その発言をとらえてみたい。青木は、「父兄は児童の特性如何について考へることなく、たゞ学校に入学せしめる事を以つてのみその子弟を立身出世せしめる道を考へることが極めて固い。」と述べる。また、「わが国には学校の階級や専門学校の種類によつて人間信用の尺度としまた人間を任用する標準とする弊風」があるとし、「この事はやがて学校の第一階段たる中等学校に入学することを出世の第一階段と考へしめるに至つて」いると、中等学校進学希望者が増加する状況を分析した。

そして、青木は「入学試験が受《ママ》からぬ子供などは死んでもよい」とか「試験は死ぬまで努力しなくては」などと考える風潮があると述べている。その一方、身体や健康に関心を持つ「身体尊重思想」が起ってきたことから、入学試験準備の弊害が問題視されるようになってきたとしている。青木が同論文で言及した、東京府下で青木が行った調査によると、小学校五年ないし六年時に行った入学試験準備は、ある高等女学校に入学した者で平均八・九ヵ月(調査対象人数四三九人)で、ある中学校に入学した者で平均一三・八ヵ月(調査対象人数七五人)であった。同じ高等女学校入学者で、小学校六年時の三学期に一日三時間以上「勉学」(学校における準備教育、家庭教師、塾、家庭での自習を総体として指す)した者は当該人数の三一・六%とされ、受験準備によって健康上の障害を訴えた者は、総数の約半数にのぼったという。

ところで、青木はこのような中等学校受験準備が過熱している状況に接して、同論文においていくつかの解決策を提示した。一つは、中等学校の収容力を高めるということであり、一つは、試験方法の改定であった。青木

は、入学試験問題について言及し、知能検査を入学試験に用いることについて議論している。青木は中等学校入学後に落第するなど学業不振に陥る生徒を問題として、入学試験が入学後の成績を予知するものでなければならないという。その上で、知能検査の方が、学科試験よりも「予知性」が高いとする。しかし、知能検査のみを入学試験として行う場合、「児童はテスト（知能検査のこと、引用者）の練習にのみ走り、小学校の学科を放棄して省みないようになることは明らか」だとし、小学校の成績もともに考慮するべきとする。とはいえ、小学校による成績の報告（いわゆる内申書）には「教師の手加減」や「偽作」があり、あるいはまた学力の学校格差があるなど課題が多いとも述べており、議論において青木は明快な結論を示していない[50]。

ここで論じたいのは、青木の知能検査に対する姿勢である。入学試験での知能検査の活用について論じる際、青木は、練習による知能指数の可変に言及するなど、慎重であった。一方、青木は、親たちを対象とした懇談会において、「知能」や知能検査に繰り返し言及していた。入学試験に関する啓蒙活動とともに、知能検査に関わる啓蒙活動も行っていた。先に述べたように、先行研究において、青木の知能検査への依存度が大きかったとする理解が提出されている。これについては懇談会での啓蒙活動の主旨と一致する。

しかし、大多数に対する入学試験に関する啓蒙活動とは別に、個別の進学相談の場合、具体的に知能指数によって受験する学校まで示すだけの方法論を持ち得たとは考えにくい。つまり、格別に知能指数が高いか低い場合以外に、中等学校の選択に知能検査を活用する方法は、掛け声ほどには見出されていなかったのではと考えられる。

このように見てくると、知能検査の活用について、青木が冷静かつ客観的な分析をする文脈と、知能検査の信頼性を大前提に、繰り返し「知能」に言及する例とが見えてくる。前者は研究者としての立場であり、後者は、指導者としての立場ではなかったか。特に後者の場合、「知能」を先天的で環境では動かし得ないものという前提で語ることにより、我が子に強い望みを託す親たちの認識を、是が非でも転換させるという、ある意味で政治的な使命を帯びての行動であった。つまり、知能検査の限界を問題とするよりも、その活用の可能性を重視した上での発言だったとも理解できる。

第五節　青木誠四郎による教育相談と家庭教育相談所の事業（その二）
――来所相談と誌上相談

一、来所相談の概要

前節では、懇談会活動を取り上げ、受験競争の背景としての新中間層の親たちへの啓蒙活動があったことを述べてきた。本節では、家庭教育相談所が行った、来所相談と誌上相談とを取り上げる。青木が新中間層の親たちに見ていた問題を、その回答からとらえることとしたい。まず来所相談について、『家庭』第一巻第六号所収の「家庭教育相談所便り」（青木誠四郎記）をもとに述べたい。

来所相談は、毎週土曜日に開設され、相談件数は六か月で（一九三二年三月から九月末まで）一三一件を数えた。内訳は、「健康相談」が一七件、「しつけ方相談」が三七件、「智能検査」が二九件、「智能検査及入学相談」が一三件、「学業相談」が二〇件、「入学相談」が一二件、「職業相談」が三件であった。一人の相談について二時間を費やし、毎土曜に五名くらいに限って相談に応じたという。

「相談の効果」をうかがう例として、「家庭の人々がに熱心にその後の経過に応じて教育方法の相談をされるやうな場合には相当にその効果を示して居る」とし、再度保護者が相談所に我が子への「教育方法」を請うために来所する場合を歓迎した。例えば、「偏食の為に栄養不良を来してその養育に困難して躾方の相談」に来た事例では、「相談の結果きめた方法の効果」があり、その後の「経過よく」、「偏食を矯正することが出来た」という。また、「友達の悪い者の為にぬすみをおぼえた」例については、「金銭についての教育法」について相談、「そのきめた方法によつて家庭が努力した為、その傾向を全く取り去る事が出来た。」とされた。さらに、「学業の相談」として「子供の成績の悪いのをうつたへられるやうな場合」、「智能をしらべて見て案外に秀れて居るのを見出し」て、「躾方によつてその成績を向上する事が出来た例は非常に多い」と報告された[51]。

ちなみに、家庭教育相談所では、知能検査は「大阪市教育課改訂法」を用いていた[52]。青木は著書において、「大阪市役所に於て数年間の努力によつて鈴木治太郎氏が完成したビネー法の日本改訂法を最も完全かつ施行し易きものとして推奨したい。」と述べていることから[53]、家庭教育相談所で用いられたのは、大阪市視学を歴任した鈴木治太郎が一九二五年に発表し、その後も調査を重ねた鈴木・ビネー式知能検査であると考えられる[54]。この知能検査によって、「疑し《ママ》い智能者がこれによつて発見させるやうな例が少くない」とされ、「智能の低い子供の教育は出来るだけ早くこれを行はなくてはならないのであります。」とも述べられている。「智能の低い子供」が発見された場合には、「家庭に対してその子供の教育法に対して相談するのみでなく」、小金井治療教育所や滝川学園、藤倉学園などに「連絡」をとり、「特殊な子供の教育について出来るだけの便宜」を図っているとした。

また、就学に関わって、青木は「智能の発達の後れている子供は身体の発達の悪い子供と同様に入学をのばすことが必要である。」と断言している。その理由として、「少しの事で子供は学業に対する自信を失つて学業が少しも出来なく」なることや、「学業が少しも分らないで」、「その為に学校に居る中は愉快なそして効果のない生活をしなくてはならないことになる場合が少くない」からだという。さらに、来年学校に入学させやうとする子供を持たれる方々で、多少なり子供の頭の発達にうたがひを持たれる方々は、なるべく相談に来られて、大切な機会を失はれないやうにして頂き度いと思ふ。（句点を補った――引用者）

と述べて、就学時にその子どもの就学の是非をめぐって、相談に来ることを期待した[55]。

一九三四（昭和九）年における相談内容と件数としては、「智能検査」が三件、「入学相談」が二五件、「精神遅滞」が一一件、「習癖」が二四件、「学業成績」が一二件、「職業指導」が一件で、計七六件であった[56]。「入学相談」の男女別内訳は、男子が一八件、女子が七件であった。そのうち、幼稚園小学校入学の相談が、男子六件、女子三件、中等学校選択に、男子一一件、女子三件、専門学校選択に、男子一件、女子一件の相談が、それぞれ寄せられた。全体の相談件数で見ると、男子が五一件、女子が二五件となっており、男子に関わる相談が女子の約二倍となっていた[57]。

二、誌上相談事例と教育環境としての母親への指導

次に、「誌上家庭教育相談所」あるいは「家庭教育相談所」と題して、『家庭』誌上に掲載された相談記事について述べたい。これは、「お子様のために起つてゐる家庭内の問題について」相談を募り[58]、その問いに答えるというもので、掲載号は、『家庭』第一巻第二―四号、第六号、第二巻第一号、第四巻第四―八号の合計一〇回、相談事例は計二六例であった。初回の第一巻第二号の回答者は不明だが、その後の回答者はすべて青木誠四郎で、紙幅を割いて懇切丁寧に回答を寄せている。相談は、必ずしも進学問題に終始しているわけではなく、全般的に子どもの性格・生活習慣に関する悩みが多くなっている。ちなみに、相談内容は、回答者による脚色もあるであろうし、

回答者による事例選択の手続きについても斟酌する必要がある。しかしながら、当時の親たちが持っていた悩みの一端を見ることはできよう。まさに、我が子の教育に強い関心を持つからこそ起こる悩みであった。学業の問題、生活習慣の問題、学校への不適応行動、盗癖、友人との付き合いなど、それらは生々しく、親たちにとっては深刻な悩みであったろうと思われる。

ここでは、青木が、子どもの問題行動の要因を親たちの養育態度にとらえ、親たちに我が子への関わり方を具体的に指導したことを明らかにする。さらに、その関わりは、母親が在宅で時間的余裕があることを前提にしていたことを述べたい。では、誌上に登場した二六事例のうち、三事例を取り上げる。なお、三事例を選んだ根拠は、青木が新中間層の親たちに見出していた問題が、その回答内容に象徴的に現れていたと判断したことである。

(一) 子どもの逸脱行動の要因としての「囲い込み」

まず、尋常小学校一年生で七歳の男児が「学校で唱歌と遊戯をやらない」のに対し、「矯正法」をたずねる事例を取り上げる。相談内容は以下の通りである。

一子七歳の男児尋常一学年ですが、就学前は非常に臆病でありましたが、昨今では余程先生のお蔭で治つた様に思ひます。学校で唱歌と遊戯をやらない相ですから、親としては日夜憂慮して居りますが、何んとか矯正法はありませんか。(岐阜 みどり子)

青木は、それまでの親の関わり方に帰属して回答を行った。「御育てになる場合の種々な事情に大きい原因があろうかと考へます。」として、次のように問うている。

> 御弱いあまりにいたはり過ぎたと云ふ事情はございませんか。最初の御子様とか、あるひは他の事情から、手許において離さないと云ふ様な御可愛がり過ぎはございませんでしたか、また御近所の御子様たちと遊ばせ度くなくて一人家の中で遊ばせておゝきになつたと云ふ様なことはごい《ママ》ませんか。あるひはまた之と反対に非常に厳しくて子供さんを叱り過ぎたと云ふ様な事はありませんでしたか。

もちろん、相談者が我が子を同年代の子どもたちから隔離した状態に置いていたかは、文面からはわからない。ただ、青木が、近所の子どもからの感化を恐れて、同年代の子どもと接することをさせない都市部の母親たちの傾向を念頭においていたことはわかる。そして、次のように述べる。

> 囲われ過ぎた子どもは、臆校《ママ》（学校か――引用者）へいつて急に多くの子供達を見ますと、何となしに他の子供にひけをとり、尻ごみをすると云ふ風になります。つまり、是迄知らなかつた子供たち仲間の世界が急に自分の前に出て来たものですから、それに対してどう自分が自分を処理していつてよいかゞ解らないと云つた風です。そこに気おくれのする原因がある訳です。

このように述べて、同年代の子どもに接触した経験のない子どもが、入学した際、他の子どもたちへの関わりにとまどい、「気おくれ」するとの認識を伝えた。

青木は、「唱歌や、遊戯もいまにする様になるでせう」と、「唱歌や、遊戯」の問題に限るのでなく、「子どもの社会生活に慣れさせてゆく事が大切と存じます。」と述べた。今日で言う、子どもの社会性の問題であろう。同時に、「「それでいゝのです」「よくできました」と云ふ様な言葉を与へて自信をつけていつておやりになる事が大切でせう。」と、子どもへの関わり方を伝え、「唱歌や遊戯をはらはらしてお母様が傍から見てゐられたり」「心配の気持を見せたりするのは決してよい事とは云れ《ママ》ません。」と加えた[59]。青木は、心配のあまり学校へ赴き、我が子を傍らで「はらはらして」見ているような母親の例を、時に観察していたのかも知れない。教育熱心な母親の関わりが、逆に我が子の依存傾向を強めることを危惧しての発言であったと考えられる。

(二) 子どもの逸脱行動の内的要因と外的要因

次は、「中学校の一年生」の「十四歳」が、「反抗」し「学校も」「出来が悪くて困」ると、その「矯正」法を尋ねる事例を取り上げる。相談内容は次の通りである。

中学校の一年生で年は八月生れの十四歳ですが、私共両親が世話をやくと、すぐに『解つたよ』といつてゐて、それで上の空にきゝ流し、しつかりといふことをきいて実行しようとしません。強ひていへば反抗します。学校も同じ原因から出来が悪くて困ります。何とか矯正する方法はありますまいか。（東京　波多よし子）

青木は、そのような傾向が見られる「原因」として、「二つに分けて考へる」ことができるとし、一つは「何でも一応は反対し、嘲笑したいという気持の出てき易い時」としての「青年期」特有の傾向と述べている。この傾向については、「これを攻撃してどこまでも自省させる」ということでなく、「できるだけ長所を認めてやつて生活に自信をつけてやることが大切」だとしている。

一方、「他の原因」として、「幼い時からの躾け方についての疑」をあげ、次のように述べている。

お子様は小さい時からあまりに大切にされ過ぎて大きくおなりになりはしませんでしたか。かういふ子供は正しい批判がなくて、たゞおだてられて成長して来た子供に往々みることがあるのです。何でも賞められる。そして自分を過度に高く見過ぎて考へる様になつて成長した。そのために、今になつて世話をやかなくてはならないやうなことができて来て、この自信が崩れやうとすると（中略――引用者）、それを防ぐやうな気持で自省を拒むといふ風になることがあるのです。

このように、「大切にされ過ぎ」「たゞおだてられて成長」してきたことが、「反抗」の一要因だという。そして、どう関わるかについて、「かういふ子供は、できるだけ自分自身の生活の中で自省しないではゐられないやうな事情のうちにあてはめて」「それを体験させる事が大切ではないか」として、「例えば旅行でもしていろいろな経験を経て自省せざるを得ないやうに導いてやる」ことを提案した。最後に、「まづ虚心平気で正しく過去の御育て方を反省して戴いて、その上左《ママ》の様なことを御考へ頂けば、多少は教育上の方針を得られはしまいかと思ひます。」と「過去」の「育て方」を「反省」することを伝えている[60]。我が子が大きな関心事となっている階層の生活様式を念頭に、回答したものと考えられる。ただ、思春期の男子の反抗に接する母親の苦悩が、その回答によって解消されたのか、疑問は残る。むしろ、雑誌『家庭』の一般読者に向けて、この事例から教訓を示そうとする意図もとらえうるところだ。

（三）在宅の母親に求めた根気強い関わり

最後は、尋常小学校一年生（一一歳）の女の子で、「物事を一貫してやる事ができず、注意散漫でおちつかず、規律をまも」らないと訴える相談である。

今年五年生の一一歳の女児です。幼少の時には非常に虚弱でしたが、近頃は丈夫です。快活で多弁正直でまつすぐですが、神経質のところがあり、物事を一貫してやる事ができず、注意散漫でおちつかず、規律をまもりません。学校はすきですが勉強を好まず、私が見てゐるうちは何とか少しづゝやりますが、一人でさせますと一時のがれの事をして本気でやりません。おだてると元気を出して種々空想的な事を云ひ、明日の約束をすると云ふ風ですが、これも決して長く続いた事がありません。併し厳重にすると、その場はやりますが、さう云ふ時には弟妹につらくあたつて困ります。学校の成績は一二年は優等でしたが、三四年はかなり下りました。かう云ふ子供は、どう導いたら、将来ちやんとした学校をやるやうになれるでせう。（悩める母）

「悩める母」は、この女児について「学校はすきですが勉強を好まず」、「厳重にすると」「弟妹につらくあたつて困」るという。「学校の成績は一二年は優等でしたが三四年はかなり」下がったが、「どう導いたら、将来ちやんとした学校をやるやうになれるでせう。」と問うている。

これに対し、青木は、「お子さんの事については、おそらく少し心配が過ぎるのではないかと思いますが」と前置きした上で、「かう云ふ落ちつきのない、物事を一貫し得ない、注意の散漫な子供は、大体可愛がり過ぎから来てゐる」としている。さらに、青木が察した親の関わり方は、次のように示される。

察するに幼少の時に、はじめてのお子さんでもあり、病弱でもあつたので、たゞ庇ひたゞいとしがつて、子供がやらなければならない事もさせず、子供の仕事を周囲のものが手伝ひ愛撫して育てられたのではないかと思ひます。幼少の時代にかう云ふ境遇にあつた子供は、その間に、自分の力で物事をする傾を失つてしまひ、何事も他人を便り《ママ》、他人が見てくれやしないか、と云ふ風に周囲の刺戟に応じ易くなつて、注意散漫でおちつかなくなると云ふ風になり易いのです。

このように、庇い、いとしがって「やらなければならない事もさせず」に育てられてきたことが、「注意散漫」で落ち着きのない理由とされる。そして、「この癖がなほらなければ、ぢつとして学ばなければならないやうな学業についての成績は下らざるを得ない」と述べる。

次に、関わり方として、「かう云ふ子供がどうしたら落ちつくやうになるかと云ふ事については、よほどの辛抱が期待されるのです。」と述べている。そして「まづ落ちついて一貫して物事をする第一歩として」、「子供の日常の生活のうちで種々な仕事を定めて」やらせることを指示している。「お掃除、室の片付、机の中の整頓、と云つた事を毎日お母さんが少しづゝ手伝つてもよいからさせて、それがすまぬ中はご飯を食べる事も、寝る事もしないと約束させて、その実行を奨励し乍ら進めてご覧なさい。」と伝えた。

さらに、勉強についても、「たゞ一時間勉強するとか、三十分やるとか云ふ風でなくて、一定分量の仕事を課し、一生懸命にやらねば時間のうちにはできあがらない位のものを与へてやらせ、それを点検して、その向上を奨励してゆくと云ふ態度をとり度いものです。」とする。加えて、「たゞ最初二週三週と云ふうちは、どの様にも都合して子供の仕事をしてゐる傍についてゐて、不注意をしないやうに監督することが必要でせう。」と述べ、「その根気がないと到底成功しますまい。」と締めくくっている[61]。

「注意散漫」とされるこの女の子の行いを変えていくために、青木はその母親に極めて根気を必要とする関わりを指導した。弟妹もいるとのことであるし、「どの様にも都合して子供の」「傍について」いてやることは並大抵のことではないだろう。諸事情を調整し、根気をもって子どもに関わるためには、まず親の我が子への高い関心とともに、時間的経済的余裕も前提とされることになる。

さて、相談事例を三例取り上げたが、どの回答においても、子どもの問題とされる行動の要因を、家庭環境に帰していた。青木は、過保護、近所の同年齢の子どもたちとの関わりの欠如、心配過ぎなど、親特に母親の養育態度に問題をとらえていた。その一方で、子どもたちの問題行動の矯正法としては、母親による根気強い関わりを求めるものであった。前節の懇談会活動では、子どもの「知能」の先天性を説くことで、後天的な働きかけの限界を伝えようとする意味合いが見られたのに比して、誌上相談活動では、家庭（つまり親の態度）の、教育環境（後天性）としての重要性を強く説くものであったと言えるだろう。後者においては、親としての自覚を強く促す目的に立っているが、そもそも親たちは、我が子の教育に関心を持ち、親としての監督責任について強く自覚するからこそ、切迫した心境になり、相談を寄せたとも言える。新中間層の母親は、在宅で我が子を常に注視することから、我が子についての不安が募るような環境にあった。青木は、母親の視点を子どもからそらすのではなく、その自覚に訴えながら、在宅を前提とする具体的な指導方法を伝授した。対応の難しい子どもに対して支援する社会的資源が限られていた当時、その時代的な制約があったとはいえ、不安にかられる母親の養育責任がなお強調されるような助言内容ではあった。

さて、青木が「知能」に言及するとき、そこにはその先天性や不可変性が意味として付与されていたが、知能検査によって発達遅滞の子どもを発見した場合には、幼児期から特別な関わりを求め、いわば教育環境の重要性を強く主張した。次にこのことを明らかにする。

三、発達遅滞の子どもの発見と関わり

青木は、家庭教育相談所に関わりを持つ時期より前、次章で詳述する日本両親再教育協会の「母の会」で指導者を務めた。そこでは就学時に知能検査によって発達遅滞の子どもを発見し、必要であれば就学を遅らせるなどの措置をとることを勧めている。一九二八（昭和三）年一一月一五日に開催された「母の会」において、青木は、「子供の一人一人をつきとめて見ていく場合に、先づ第一に見るべきことは、子供の頭のよし、あし、智能の程度即、俗にいふ学校をやつて行く能力を見ること」だと述べる。さらに、「頭の低い子供を、学齢期に達したからとて、無暗に学校へやるのはよろしくありません。」とし、「智能」の「低い」子どもの就学猶予に言及した。そして、

子供が学校へ行つても、何も覚へぬ、その覚へぬことにのみ不思議を持つて、子供の頭の悪いことに不思議を持たぬ、出来ぬ出来ぬといつて無暗に責めるのは、子供に恐ろしい高い負担を課すわけであります。つまりは所謂意志抑圧といふ事になるのであります。

と述べ、そもそも「智能」を知らずに学業が「出来ぬ」として子どもを「責める」ことが子どもに「負担」となり、「意志抑圧」を強いるとして問題視した。そして、青木は、「どうも子供の頭が可笑しいな、と思つたなら先づ智能検査を受けさせる必要があります。」としながら、「自分の子供の頭が怪しいなどと思ふ」親は「絶無」であることから、「智能検査をする必要があると思ふ」と繰り返した[62]。

さて、『家庭』誌上の相談記事において、一歳一〇か月の男の子で言葉が出ないという以下のような相談があった。

一歳十ヶ月になる男の子ですが、どうも発育がおくれてゐて、まだ言葉を出しません。尤もアー、ウー位

は云へますけれども、言葉らしいものが出ないのです。もしや精神の異常があるのではないでせうか。またもし智能の発達がわるいと云ふ風でしたら、どう云ふ教育の方法をとつたらよいでせう。（静岡県よし子）

ここでは、女性（おそらく母親と思われる）が、「智能の発達がわるい」のであれば「どう云ふ教育の方法をとつたらよい」かを問うていた。これに対し青木は、「まづいろいろ御心配になる前に、できるだけお子様がどう云ふ生活をしてゐらつしやるかをよく御観察になつて頂き度い」とし、さらに母体にいるときに何か異常がなかったか、難産や「乳児の時代の重い病気」などなかったか、「御注意になつて頂き度い」とする。そして、

からだの方は大きくなつて来るのに、玩具で遊ぶのでも、いろいろな物事をするのでも、幼い子供のするやうな風で遅れてゐるやうでしたら、あるひは智能の発達が遅れてゐるのかもしれません。学者の調べたものでも、智能の低い子供の言葉を発する時期はおくれて居ることが示されて居りますから。

と、質問者の判断をそのまま引き受けて、対象児を「智能の低い子供」と位置付けた上、次のような回答を寄せる。

で、さう云ふ風に智能のおくれて居ます御子様でしたら、幼い時からできるだけ習慣をつけて、いろいろな事を自分できちんとする事ができる様にする事が大切でせう。とかくかう云ふ御子供には、いとしさの余り庇ひすぎると云ふ傾が多いものですから、さう云ふ点には、できるだけ注意して、自分の事の仕末のつく様な生活の習慣がつけられて、やがて生長の彼《ママ》にもキチンとした生活が苦なしにできる様にしたいと思ひます。[63]

このように、発達の遅れを認める子どもをいとしく思うあまり、かばいすぎることなく、生活習慣を身につけるための働きかけを求めた。「学校へ入る様になつた時には、またそれぞれの注意をする必要がある」とのことから、就学の如何とは別に、発達の遅れを持つ子どもをそれと認めた上での関わりを、乳幼児期から行うべきと伝えているとわかる。同時に、親を、発達遅滞の子どもの重要な教育者として位置付けていることも読み取れる。

青木は、家庭教育相談所の閉鎖後、恩賜財団愛育会において、調査委員の任についた。その機関誌『愛育』に寄稿した「低能児の将来とそれへの備へ」の中では、家庭ばかりでなく、託児所、幼稚園での幼児期からの「適切な方法」による関わりを説いている。

青木は、「智能の低い子供をもつ親や、そのまわりの人達がいつも考へることは、何とかしてこの子供が一人前にならないものかと云ふことで」、「どんな風にしたら普通の子供に追ひつけるでせう」と頻繁に質問を受けると言う。これについて、「研究され」「経験したところから云ふと」、「勿論年を重ねるにつれて幾分づゝ伸びてゆくことはゆきますが、それは普通の子供の伸びる歩みより遅いので、だんだん遅れ勝になつて来るのが事実」と述べている。そして、「ある程度」「以上の事は、到底学べないと見なくてはならないのです。」と述べ、「智能の度合にもよる事」としながらも、時間をかければ「普通の子供」に追いつけるのではという希望について、これを退ける意味合いの発言を行う。

また、「所謂知識的職業は別として、普通の職業に就いて世の中でくらしてゆくために必要な学問の程度と云ふものは、さほど高いものは要らない」ので、「複雑な職業は難いとしても、全くその将来に望みを失ふという程のことでない」とする。そして、次のように述べる。

しかも、こゝでもう一つ考へておき度いことは、人が世にたつて職業生活を完ふしてゆくのには、このやうな智能にばかりたよるものでなく、むしろさう云つたものよりは、勤勉に努力し、従順忠実に仕事に従ふと云ふやうな幼い時からの躾けで養はれて来るやうないろいろな性質のほうが大切でせう。ですからたとへ頭は低くても、よい習慣を躾けてゆけば、ある程度の智識があり、職業の選択さへ適当であれば、必ずしも将来の生活を悲観するの要はないわけです。

青木はこのように述べ、学業よりは、「勤勉」さや「従順忠実」など、「幼い時からの躾け」で養われる「性質」や「習慣」こそ大切だと強調する。そのために、「普通の学校で沢山の普通の子供と一緒になつて学んだのでは、到底目的を達する事はでき」ないとし、「子供の智能の程度に応じ、その性質をのみこんで、特別な指導法を講じなければならない」としている。その理由として、

もしさうでないと、子供の学ぶものは断片的になつて、漢字は知つてゐるが仮名は知らないと云つた風になつて、知らなくてはならぬものを覚えてゐないと云ふ結果になるばかりでなく、他の智能の普通以上の子供に圧迫されて、性質の方にさへ悪い結果を来すことが少くありません。

として、「性質」に「悪い結果を来す」心配があると告げている。

また、青木は、「極めて小さい時から、日常の生活に習慣を養ふことを忘れず、欲望を自然に抑へられうやうに躾けて、癇癪を起したり、欲しいと云ふとどうしても止められないと云つたやうな事のないやうな性質を作ることに極力力を用ひなければなりません。」とし、「幼い時から家庭でも、託児所や幼稚園でも、特に意を用ゐて適切な方法で躾けをしてゆかなくてはならないのです。」と幼児期から「適切な方法」の「躾け」をする必要を説く。そ

して、「特にそのために考へられてゐる低能児の学校とか、学校の特別学級とかいつた機関にできるだけ早く委ねるのが子供の将来のために親のとらなくてはならぬ手だて」だと述べた。

　こうした主張をする背景には、青木の意に反した行動をとる親たちがいたことを示している。青木は、次のように述べる。

> ところが、世にはたゞ可愛さうだと云つて容易にさう云ふ処置をとらぬうちに手遅れになつたり、時には学校で特別な教育をしてやらうと子供のためにさう云ふ施設をすると《ママ》、却つて子供を侮辱したもの丶やうに考へて、学校に抗議するなど丶云ふわからぬ人もあるのです。さう云ふ人々には、子供の将来をほんとうに生かしてゆかねばならぬと云ふ見透しのついた愛情のないものと云はねばなりません。

この中で、子どもに「特別な教育」を行おうとしたり、そうした施設を紹介すると、「子供を侮辱」したと考え、「学校に抗議」する親がいたと告げている点は興味深い。つまり、我が子を発達遅滞児と判定された上、特別な処遇を受けることを提案されたのに対して、これを拒否した親たちがいたことを示している。幼い時から「適切な方法」でこの子どもたちを「躾け」なければならないと考える青木にとっては、許し難い親たちであった。

　しかし、青木は、「今日のわが国では、あまりに、さう云ふ設備の貧しいのを嘆かないわけには参りません。」とも述べており、「適切な方法」が必要とされる子どもたちのすべてが、その「適切な方法」を行う設備に恵まれない実情にあったことを明らかにしている[64]。青木が、そうした施設不足を補うために、家庭教育つまり母親の教育力に期待する発想をもっていたことは考えられる。

　ところで、前章において取り上げた倉橋は、青木の家庭教育相談所について、論文「就学前の教育」（一九三一年）

の中で「今日謂ふところの「家庭教育相談所」」として言及している。倉橋は、「家庭教育相談」について、「心理学者、医学者、殊に精神医学者、及教育者の協力を以て、家庭の為に一人々々の子どもを査定、診察し、その総合的判定に基いて、教育の方針と方法とを示すこと」と説明する。しかし、「従来普通の相談所」が、「臨床的心理診断（Psycho-Clinic）として、被検児童を一人引離して調査する」（かっこは原文のママ）ことについて、「児童を其の生活から引離して、単なる被検者としての位置に立たせるところに、それだけの不自然さと、恐らくや判定の誤謬をも免れなかつた。」と述べる。さらに、その「欠点を改め」て、「エール大学のゲッセル教授によつて指導せられてゐる「家庭教育相談保育所」」が、「保育所の如き形の下に幼児の自然生活状態を発揮せしめ、それをそのまゝに於て観察、診査」したと評価する。また、「「家庭教育相談保育所」が特設せらるゝ必要がある位ならば、一般の幼稚園、「ナーセリー・スクール」が、当然此の方面に於て任務を発揮すべきである」と提案した。つまり、倉橋は、就学前の幼児を普段の生活から切り離して知能検査で「査定」するよりも、同年齢幼児の集団の中でその特定の幼児を「査定」する方が適切だと主張したわけである。

さらに、倉橋は、「こゝに注意を要することは、幼児期に於ける査定の結果は、大体に於て一生を予想せしむるものもあるが、最後の教育的断案を下すものでは決してないことである。」と述べ、幼児期の「査定」がもたらす危険について言及した。「さなぎだに効果の顕著でない就学前教育が、科学の報告を先入見として消極的態度を生むやうのことが多少でもあってはならない」とし、「科学の報告」つまり知能検査がもたらす結果によって、就学前の幼児への「消極的態度」がもたらされてはならないとした[65]。「消極的態度」の意味は明らかでないが、子どもへの期待感の消失や差別などをとらえられるだろうか。

青木は、知能検査によって発達遅滞の子どもを発見し、できるだけ早くその子どもに即した関わりをすべきだと考えた。一方、倉橋は、知能検査の「誤謬」を心配すると同時に、その「査定」のもたらす危険を指摘した。同じく家庭教育振興政策を担う立場の両者において、知能検査をめぐる意見の相違が見出され、論点として提示されていた点を指摘しておきたい。

第六節　青木による教育相談(まとめ)
――青木述「教育相談の現況報告」をふまえて

これまで、大日本連合婦人会の設置した家庭教育相談所において、青木誠四郎が行った教育相談の詳細な内容をとらえてきた。青木は、懇談会活動と、来所相談、さらに機関雑誌『家庭』における誌上相談の活動を通して、母親たちに接近していた。子どもを取り巻く教育環境として、家庭とりわけ母親の存在が大きいとする認識にたち、活動が展開されていた。

ここで、青木自身によるその教育相談に関わる「報告」を紹介したい。青木は、家庭教育相談所での活動を踏まえて、「教育相談所の現況とその問題」(一九三五年)と題した論稿を発表した。青木は、「心身共に健全なる児童の成長を希ふことは、あらゆる文化の発展の基礎たる要求として当然なこと」とし、相談所を「この心身の発達に寄与する一つの機関」として位置づけるとした。具体的には、「児童の心身についてその現実を診査して、その診査の結果によつて今後の保育、教育に種々な忠言を与えてゆく」とした。

青木は、家庭教育相談所の「現況」が、「問題児の相談所」となっているとする自身の認識を示した上で、「真に児童心身の健全な発達をなさしめるには、かゝる問題の生ずる前に、健かな発達を遂げつゝある時に、その性質を診査し、これに適応した保育をなすことについての相談をなすことは、心身の健全な発達について企図する相談所としては、最も大切なこと」とし、教育相談は、「問題の生ずる前」のいわば予防的な段階での関与をなすべきとの立場を明らかにした。その理由として、「精神の問題には、性格の異常の治し難きを見ることが少くないのである。」と述べている。

ところで、青木が「教育心理学」の黎明期を担ったとする見解を先述したが、教育相談を担う青木たちが、その活動の内容について批判を受けていることを吐露している。青木は、次のように述べている。

私達は屡々教育相談が常識的であつて甚だ価値の少いものであるとの非難をうける。殊に心理学の専攻者とか、一二の精神病学者からは、私自身手ひどき攻撃をさへうけてゐる。そしてそれは全く無用の長物であるかの誹をさへうけることがあるのである。

こうした「教育相談」が「無用の長物」であるとの「非難」を受けて、青木は次のように反論する。

けれども、私達がビネー以来多くの人々の努力によつて築かれて来た智能検査を行つて、その児童の学習生活について注意すべきことを忠告することは、たゞ単に民衆的知見と云ふべき常識であらうか。また性格の種々な現れについて見て、更に環境学の努力による知見をこれに関連せしめて、その発生の状態を知つて、保育上の注意をするもの亦単に常識として排すべき事であらうか。またかりにこれを常識に過ぎぬとしても、その常識の忠言は果して無用の忠言であらうか。

この中で、青木らの教育相談が、「民衆的知見と云ふべき常識」だとする批判に反論する一方で、たとえ「常識に過ぎぬとしても」「無用の忠言」だとは言えないとし、「私達はその価値を否定するよりは、いかにして一寸の進歩を画すべきかに苦心すべき」と続けた。「貧しい学的基礎」にたつ教育相談について、「私達はいつも細心に経験を反省し、幾分でも科学の基礎づけによつて、この職能を果すやうに努力すべき」とも述べている。

上記の引用部分で、「環境学の努力による知見」によって「保育上の注意」をする方法について言及があったが、これは先の「誌上相談」の回答で見られた、親たちの養育態度に子どもの問題行動の要因を帰した指導形式のことを意味するものであろう。子どもたちの傍らにある教育環境としての親たちに関わって、「環境学」なる概念を用いており興味深いが、これは弟子の山下俊郎の著書『教育的環境学』(岩波書店、一九三七年）の発想にも通ずるものである。

さて、青木は、自らの家庭教育相談所の実際として、「精神科を専攻する医師、心理学を専攻するもの、と教育方法について考慮するものとしての私との三名を主な所員」とすると説明し、「精神病学者の任務の重大性」は大きく、「その協力なしに教育相談はなし得ない」と述べ、心理学と医学との連携を強調している。さらに「相談所と家庭との連絡をはかるべき家庭訪問指導員」を必要とすると述べている。

青木は、相談所を利用する「両親の社会階級に偏りがある。」と述べる。一九三四（昭和九）年に来所した両親の職業の内訳をあげ、合計七六件中、医師六、実業家三、教師三、軍人一、弁護士一、画家一、宗教家一、官公吏五、会社員二三、商業二一、無職六、雑五とまとめた上、「著しく所謂知識階級に偏してゐる事が知られる。」と述べている。続けて、青木は次のように述べている。

この事実は教育相談所が児童教育について問題を持つべき無産階級の家庭教育に関与してゐないことを示

すものとして、注意すべきものをもつてゐるのであるが、たゞ併し家庭教育の問題は、両親の自発意志の如何に大きい関係があつて、この自発意志なくしては結局効果をあげ難いものが多い。これは学校に於て異常性を発見して、その両親にその教育上の注意を与へるのに相談所が関与するとき最もよく知られることで、かゝる場合多くの両親には児童に対する熱意を欠き、忠言の実行を怠りそのために効果をあげることができないのである。

青木はこのように述べて、「児童に対する熱意を欠」く「無産階級」に比して、我が子に対して「熱意」を持ち、「自発意志」を備えた「知識階級」でこそ、相談所の「忠言」が効果をもたらすとする。家庭教育相談所に接近した親たちがいわゆる「知識階級」（都市新中間層と言い換えて問題ないであろう）に偏っていた事実とともに、この人々の「熱意」にこそ、「無産階級」の意識を前にしては、理想をとらえざるを得なかった青木の認識が読み取れる[66]。我が子の中等学校進学に強い関心を持ち、あるいはまた、その養育態度に新たな問題傾向を持っている都市新中間層の人々に対して、青木は多くの課題を見出していた。その一方で、この人々は、相談機関によってもたらされる指導を我がものとしようとする熱意を持ち合わせており、その意味においては、評価され理想とされるべき人々でもあった。青木の都市新中間層への視座には、交錯したものがあった。

最後に、青木の知能検査観についてまとめておきたい。

子どもたちの進むべき学校選択について、あるいはまた、発達遅滞の子どもの発見（判定）について、親たちは独自の願いや価値観を持っており、教師や心理学者の思う通りには動かない。青木は、この点において、知能検査を活用する必然性を見たものと考える。つまり、青木は研究者としては知能検査の限界性を熟知しつつも、専門知識のない親たちに対しては、知能検査の信頼性については不問に付してこれを強調した。そこには、一種の政治性を見出し得ると言える。

参考　青木誠四郎（一八九四―一九五六）の経歴

青木誠四郎の経歴について、先行研究では、その弟子の立場にあった山下俊郎が書いたものに依拠してきた[67]。しかし、山下は、青木が「長野県松本師範学校」卒業と書いているが、正しくは「長野県師範学校」であるなど、その記述に曖昧な点も多い。山下による記述も踏まえながら、独自に調査した情報とともに、青木の経歴を紹介したい。

青木誠四郎は、一八九四（明治二七）年三月一五日、父房順、母するゑの四男として、長野県松本市に生れた[68]。一九一三（大正二）年三月、長野県松本中学校（現在の松本深志高校）を卒業した後[69]、長野県師範学校（現在の信州大学教育学部）に進み、卒業後[70]、一九一四（大正三）年四月、長野県諏訪郡高島尋常高等小学校（現在の諏訪市立高島小学校）に訓導として着任した[71]。同校で訓導として一九一四年度と一九一五年度に勤務したが[72]、次年度は、病気のため休職した[73]。

一九一六（大正五）年九月、東京帝国大学文科大学に選科生として入学[74]、心理学を学んだ。一九二一（大正一〇）年四月、東京帝国大学文学部本科に転入[75]、一九二二（大正一一）年三月三一日、東京帝国大学文学部心理学科を卒業した[76]。山下によれば、青木は中学校卒業後師範学校に入り、高等学校を卒業していなかったため、本科転入するために「高校卒業の資格」を得る手続きを取る必要があったとしている[77]。

一九二二（大正一一）年四月、文部省社会教育調査嘱託[78]、一九二二（大正一一）年四月、東京帝国大学農学部講師嘱託にそれぞれ着任した[79]。一九二二（大正一一）年一〇月二一日、東京府立高等女学校教諭に着任する一方[80]、一九二三（大正一二）年四月に、東京帝国大学大学院に入学した[81]。一九二三（大正一二）年五月五日、東京府立高等女学校教諭を依願退職[82]、翌一九二四（大正一三）年四月、東京女子専門学校（現在の東京家政大学）講師となっている[83]。一九二六（大正一五）年二月五日、東京帝国大学農学部助教授に着任[84]、附属農業教員養成所において教鞭を取った。担当した科目は、「修身、心理及論理教授法」であった[85]。

このころ、青木は、親たちの教育に関わる活動を行っている。後述する日本両親再教育協会において、編輯顧問に着任、一九二八（昭和三）年一一月から一九三〇（昭和五）年一二月まで「母の会」の指導を担当した。一九三一（昭和六）年二月には、先述した通り、大日本連合婦人会が設置した家庭教育相談所の所員となり、週一回教育相談を担当した。

一九三七（昭和一二）年、当該農業教員養成所が独立して東京農業教育専門学校となるのに伴い、同年三月三一日付で東京帝国大学農学部助教授を退任[86]、同年四月一日、東京農業教育専門学校教授に着任した[87]。一九四一（昭和一六）年八月一九日、東京農業教育専門学校教授を休職[88]、一九四三（昭和一八）年八月一〇日同校教授に復職するものの[89]、一九四四（昭和一九）年三月三一日付で同校教授を依願退職した[90]。

戦後は、一九四六（昭和二一）年三月六日に文部省図書監修官[91]、同年四月には文部省事務官に着任した[92]。一九四六（昭和二一）年一〇月一二日、東京医科歯科大学予科長となるが[93]、翌一九四七（昭和二二）年一〇月七日に文部省事務官に着任[94]、同年一一月一五日には、東京医科歯科大学予科長を退任した[95]。文部省事務官時代、教科書局教材研究課長として「学習指導要領一般編（試案）」の執筆に関わるなど、戦後教育改革の一翼を担ったことで知られる。しかし、その後一九四九（昭和二四）年三月一五日には、文部省事務官を依願退職した[96]。

行政官退官以後は、東京家政大学での活動が中心となる。時期が前後するが、一九四八（昭和二三）年一二月一日、東京家政大学設置準備委員に委嘱され[97]、翌一九四九（昭和二四）年三月三一日付で、東京家政大学教授、東京女子専門学校教授とを兼任[98]、翌日（四月一日）、東京家政大学学長に着任した[99]。同年七月、学校法人渡辺学園（東京家政大学の経営母体）理事[100]、翌一九五〇（昭和二五）年四月一九日、東京家政大学短期大学部学長を兼任するが[101]、一九五六（昭和三一）年一二月九日、在職のまま他界した[102]。六二歳であった。

注

1 安田生命社会事業団編『日本の児童相談―明治・大正から昭和へ』川島書店、一九六九年、八―九頁。
2 山下俊郎「児童相談所」青木誠四郎・宗像誠也・細谷俊夫編集『教育科学辞典』朝倉書店、一九五二年、三七五―三七七頁。
3 内山喜久雄監修『児童臨床心理学事典』岩崎学術出版社、一九七四年、一三三頁。
4 安田生命社会事業団前掲『日本の児童相談―明治・大正から昭和へ』七二―七九頁。児童教養相談所の顧問には、乙竹岩造、唐沢光徳、高島平三郎、倉橋惣三、富士川游、三宅鉱一、下田次郎が名を連ねた（七八―七九頁）。所在地は東京市本郷区西片町。
5 同右書、七九―九一頁。
6 同右書、九三―九六頁。大阪市立児童相談所の運営や三田谷の活動については、首藤美香子による前掲書にくわしい。
7 大原社会問題研究所編『日本社会事業年鑑（大正一三年）』同人社書店、一九二四年一一月、一五五頁。
8 大原社会問題研究所編『日本社会事業年鑑（大正一一年）』同人社書店、一九二三年六月、二一九頁。首藤も、前掲書においてて相談事業における二つの方向性について詳述している。
9 同右書、二一九―二二〇頁。
10 大原社会問題研究所前掲『日本社会事業年鑑（大正一三年）』、一五五―一五七頁。
11 『日本社会事業年鑑（昭和九年版）』（財団法人中央社会事業協会社会事業研究所、一九三六年）では、一九三一年度現在で全国に乳幼児（児童）健康相談所が一〇三か所を数えると記載がある（順に、二一八頁、二〇一頁）。しかし、『社会事業年鑑（昭和八年版）』（財団法人中央社会事業協会一九三三年）では、「児童健康相談」の施設として一九三施設の一覧を掲載している（八三―九〇頁。台湾五か所、朝鮮三か所を含む）。こうしたことから、正確な数字をとらえることができなかった（『日本社会事業年鑑（昭和八年版）』（財団法人中央社会事業協会、一九三四年）と、『日本社会事業年鑑（昭和十年版）』（財―一二年）』文生書院、一九七五年、所収）。尚、『社会事業年鑑（昭和八年版）』では、「児童性能相談」を七施設掲載している。

12「児童相談施設一覧」恩賜財団愛育会編『本邦児童相談所概況』一九三七年、九―一四頁（津曲裕次監修『児童問題調査資料集成 七』大空社、一九九二年）。

13「教育相談所と心理学」『心理学研究』第一四巻第二輯、岩波書店、一九三九年四月、一〇七―一四八頁。
14 竹田俊雄「東京に於ける教育相談事業の現況に就て」『職業指導』第一〇巻第五号、財団法人大日本職業指導協会、一九三七年五月、三六頁。
15 佐藤達哉「実際的研究の気運 現場と心理学」佐藤達哉・溝口元編著『通史 日本の心理学』北大路書房、一九九七年、一八四―一八六頁。
16 三宅鉱一・池田隆徳「智力測定法（其二）」『医学中央雑誌』第六巻第一号、医学中央雑誌社、一九〇八年六月、一―一七頁。堀要によれば、「当時東大医学部四年の学生」だった杉田直樹（のち名古屋医科大学教授）が「三宅氏に呈《ママ》供した資料」をもとに実現した発表であったとされている（堀要「精薄教育史上の人々 杉田直樹先生」『精神薄弱児研究』第七三号、一九六四年一〇月、三八頁）。
17 東京文理科大学教育相談部編『東京文理科大学教育相談部報告（第八輯）』一九四四年、七頁。
18「母の日」制定』『教育時論』第一六四五号、開発社、一九三一年二月二五日発行、三八頁。

19「家庭教育相談所の現況」『家庭』第一巻第一号、一九三一年六月、大日本連合婦人会（以下、『家庭』の発行元については省略）、一〇一頁。

20「家庭教育相談所記事」『家庭』第三巻第一号、一九三三年一月、一五六―一五七頁。

21「家庭教育相談所を御利用下さい（広告）」『家庭』第二巻第四号、一九三二年四月、八四頁。

22「家庭教育相談所の現況」『家庭』第一巻第一号、一九三一年六月、一〇一頁。
23 相京伴信編『沿革史』大日本連合婦人会、一九四二年、一一五頁（『愛国・国防婦人運動資料集 七 大日本連合婦人会沿革史 系統婦人会の指導と経営』日本図書センター、一九九六年）。
24 青木誠四郎「教育相談所の現況とその問題」『教育』第三巻第四号、岩波書店、一九三五年四月、九七頁。
25 相京前掲書、一一五頁。

26 青木誠四郎『子供の教育相談』東治書院、一九三四年、一頁。

27 翌年には掲載の頻度がやや減少したが、一二月一日の掲載分まで確認した。掲載の終了については未確認。

28 青木前掲『子供の教育相談』が出版されたのと同じ年、同様の内容の青木による著『子供の問題に答える』(成美堂、一九三四年)が出版される。『子供の教育相談』の出版元である東治書院との間で、何らかのトラブルがあったようで、青木は以下のように記している。「この書はかつて「子供の教育相談」として某書院から公にしたものと同趣旨のものである。然るに前出版について種々不快のことあり、普及を欠いたゝめにこゝに新らしい材料をとり、解説を附して、全く新たな形として成美堂に托したのである。同一趣旨の書を再度世におくることの釈明を後記する次第である。」(二三一頁)

29 これについては、江口潔による前掲書に詳しい。ただ、部長であった田中寛一は、教育相談の実務を担っていたとは考えにくいことから、関係する資料から田中の教育相談に関わる思想を読み取ることには限界があると考える。筆者自身、関係する資料を読んでそのような印象をもった。

30 山下俊郎「故青木誠四郎氏の教育心理学における業績」『教育心理学研究』第四巻第三号、一九五七年。山下俊郎「故青木誠四郎氏追悼記」『心理学研究』第二七巻第五号、一九五七年。

31 山下俊郎「青木誠四郎」『日本の心理学』刊行委員会編『日本の心理学』日本文化科学社、一九八二年、九三―九四頁、九八―九九頁(「わが国心理学界の諸先達」所収)。

32 波多野完治「幼児心理学者山下俊郎が生れるまで」山下俊郎先生喜寿記念図書編集委員会編『幼児研究半世紀』山下俊郎先生喜寿記念図書編集委員会発行、一九八〇年、二九八頁。

33 木村元「一九三〇―四〇年代初頭日本義務制初等学校の動向と再編の課題―初等教育の変容と中等学校入試改革の動向に注目して」『一橋大学研究年報 社会学研究』第三八巻、二〇〇〇年、三八頁。

34 村山祐一「教育評価の歴史―学籍簿・指導要録を中心に」教育科学研究会編『教育』三一四号、国土社、一九七五年三月。

35 玉村公二彦「青木誠四郎の教育評価論の検討」京都大学教育学部教育指導・教育課程研究室編『教育評価の基礎的研究』(昭和六二年度科学研究費補助金研究成果報告書、研究代表稲葉宏雄)一九八五年、六七―七五頁。

36 平田勝政「大正デモクラシー期における青木誠四郎の特殊教育観」『教育科学研究』第六号、東京都立大学教育学研究室、一九八七年、一二一―一二二頁。
37 青木誠四郎「最近の心理学と児童研究」『子供研究講座 第一〇巻』先進社、一九二九年、二四五―二五四頁。
38 高橋智「知能測定による「精神薄弱」概念の登場とその批判」高橋智・清水寛『城戸幡太郎と日本の障害者教育科学――障害児教育における「近代化」と「現代化」の歴史的位相』多賀出版、一九九八年、一〇一―一〇八頁。なお、高橋は、青木について同様の分析を以下の当該箇所でも行った。高橋智「戦前の「精神薄弱」問題関係の主要著作における「精神薄弱」概念の検討――明治・大正期の人物・学説を中心に」茂木俊彦・高橋智・平田勝政『わが国における「精神薄弱」概念の歴史的研究』多賀出版、一九九二年。
39 青木誠四郎「学習指導要領の解説」森戸辰男・外八氏共著『新教育基本資料とその解説』学芸教育社、一九四九年、六九八頁。
40 「家庭教育相談所記事」『家庭』第三巻第一号、一九三三年一月、一五六頁。次頁の記事「会のたより 運命をきめる智能指数 家庭教育相談懇話会の講演」(一五七頁)では、日付が一二月四日となっていた。
41 「中等学校入学準備相談会」『家庭』第三巻第三号、一九三三年三月、一三〇頁。この催しの期日が、文中では二月五日となっており、巻末の記事では二月四日となっていた。『社会教育』(第三六号、一九三三年二月一〇日発行)の記事「入学期を控へ家庭へ注意 入試問題懇談会」(三頁)において、同企画について二月四日としていたのでこの期日を採用した。
42 青木誠四郎「どんな上級学校を選んだらよいか 子供さんの親達へ注意」『家庭』第四巻第三号、一九三四年三月、七七―七八頁。
43 「入学準備の座談会」『家庭』第五巻第三号、一九三五年三月、六七―七一頁。
44 前掲「会のたより 運命をきめる智能指数 家庭教育相談懇話会の講演」、一五七頁。
45 前掲「中等学校入学準備相談会」、一三〇―一三三頁。
46 青木前掲「どんな上級学校を選んだらよいか 子供さんの親達へ注意」、七七―七八頁。
47 前掲「入学準備の座談会」、六七―七一頁。
48 「準戦時体制下の教育」横浜市教育委員会編『横浜市教育史 下巻』横浜市教育委員会、一九七八年、九九頁(なお、該当

箇所は、同書において、横浜市立一本松小学校『五十年のあゆみ』からの引用部分とされている）。このほか、当時の中等学校入試競争に言及した先行研究は、米田俊彦『教育審議会の研究 中等教育改革』野間教育研究所紀要第三八集、一九九四年。

49 「どうしたらお子さんが中等学校に入れるか」『家庭』第二巻第二号、一九三二年二月、一三六頁。

50 青木誠四郎「中等学校入学者選抜の方法についての私見」心理学研究会編『心理研究』第一四六号、心理研究社、一九二四年三月、一八七―二三二頁（上野陽一編『復刻版 心理研究四二』雄松堂出版、一九八六年）。

51 「家庭教育相談所便り」『家庭』第一巻第六号、一九三一年一一月、二〇七頁。

52 同右書。

53 青木誠四郎『個性調査の原理と方法』賢文館、一九三二年、四一―四二頁。

54 鈴木治太郎『智能測定尺度の客観的根拠』東洋図書、一九三六年、四―五頁。

55 前掲「家庭教育相談所便り」二〇七頁。

56 青木前掲「教育相談所の現況とその問題」、九三頁。

57 当時、教育相談所に持ち込まれる相談事例において、対象となる子どもの性別では、圧倒的に男児に関わる相談が多く、その点は関係者にも認識されていた。例えば、東京文理科大学教育相談部が公表した報告において、一九三六年一〇月から一九三七年九月までの相談件数では、尋常小学校児童の男児に関わる相談が一五六件、女児に関わる相談は五四件であった。中等学校生徒の男児に関わる相談が八二件、女児に関わる相談は九件であった（『東京文理科大学教育相談部報告第一輯』東京文理科大学教育相談部、一九三八年、五頁、国立国会図書館蔵）。一九四三年度の当該相談部の報告でも同様の傾向があり、「来談者ノ男女別総計」について「男子七九・六％、女子二〇・四％デ男子ガ総数ノ三分の二以上ヲ占メテキル。コレハ例年ノ傾向ト異ナルトコロガナイ。」と記されている（『東京文理科大学教育相談部報告（第八輯）昭和一九年六月』東京文理科大学教育相談部、一九四三年、三頁、国立国会図書館蔵）。

58 「誌上家庭教育相談所の設置」『家庭』第一巻第三号、一九三一年八月、一〇二頁。

59 「誌上家庭教育相談所」『家庭』第一巻第四号、一九三一年九月、一七〇―一七二頁。

60 「誌上家庭教育相談所」『家庭』第一巻第六号、一九三一年一一月、一三四―一三六頁。
61 「家庭教育相談所」『家庭』第四巻第四号、一九三四年四月、一五三―一五五頁。
62 「母の会」『子供研究講座「伝報」いとし児』第三号、先進社、一九二八年一二月、一九―二三頁。
63 「誌上家庭教育相談所」『家庭』第一巻第三号、一九三一年九月、一五八―一五九頁。
64 青木誠四郎「低能児の将来とそれへの備へ」『愛育』第三巻第一〇号、恩賜財団愛育会、一九三七年一〇月、一一―一四ページ（特集記事「低能児教育」所収）。
65 倉橋惣三「就学前の教育」岩波茂雄編『岩波講座 教育科学 第一冊』岩波書店、一九三一年、五三―五七頁。
66 青木前掲「教育相談所の現況とその問題」、九二―九七頁。
67 例えば、北沢清司「『劣等児及低能児の心理と其教育』解題」児童問題史研究会監修『現代日本児童問題文献選集 五』日本図書センター、一九八六年。
68 山下俊郎「故青木誠四郎氏追悼記」『心理学研究』第二七巻第五号、一九五七年、六二頁。
69 『会員名簿 一九九六』深志同窓会（旧制松本中学校、新制松本深志高等学校の同窓会）、一九九六年、八八頁。なお、青木については、「準卒者」と名簿に記載がある。これについては調査中。
70 山下前掲「故青木誠四郎氏追悼記」、六二頁。
71 『大正三年度 長野県学事関係職員録』信濃教育会事務所、一九一四年、三四頁。信濃教育博物館蔵。
72 同右書。『大正四年度 長野県学事関係職員録』信濃教育会事務所、一九一五年、三四頁。信濃教育博物館蔵。
73 東京家政大学人事課所蔵の履歴書によれば、一九一六（大正五）年三月三一日付で休職。『大正五年度 長野県学事関係職員録』（信濃教育会事務所、一九一六年、三三頁。信濃教育博物館蔵）でも、当該年度は休職とされていた。おそらく、同年度に退職したものと考えられる。『高島学校百年史』（高島学校百年史刊行会編集・発行、一九七三年）は、高島尋常高等小学校に在籍した教員の一人として、青木の名前を掲載しているが（大正三年度、大正四年度、大正五年度。五五四―五五五頁）、出典は前掲の『長野県学事関係職員録』とされている。なお、東京家政大学人事課所蔵の青木に関わる履歴書で、閲覧させていただいたものは、五種類あった。手書きによって書き写し、志村が便宜上番号をふった。以後、「履歴書①―志村」などと記載するのは、こうした理由による。
74 『東京帝国大学一覧』東京帝国大学、一九一七年、五四頁。山下前掲書。
75 東京大学文学部教務掛に照会、文書により回答いただいた。
76 『東京大学卒業生氏名録』東京大学、一九五〇年、四四八頁。東京大学文学部教務掛に照会、文書により回答いただいた。
77 山下前掲「故青木誠四郎氏追悼記」。
78 東京家政大学人事課所蔵の履歴書（履歴書③―志村）による。
79 東京家政大学人事課所蔵の履歴書（履歴書③―志村）による。
80 東京家政大学人事課所蔵の履歴書（履歴書⑤―志村）による。『官報』第三〇六九号（一九二二年一〇月二三日、五六六頁）では、「公立高等女学校教授ニ任ス」（傍点―引用者）とある。
81 東京家政大学人事課所蔵の履歴書（履歴書③―志村）による。これについては、これまで先行研究でも言及されたことはなく、極めて新しい情報であるが、念のため調査中。
82 東京家政大学人事課所蔵の履歴書（履歴書⑤―志村）による。『官報』第三二二八号（一九二三年五月七日、一六七頁）では、「公立高等女学校教授」（傍点―引用者）を「願ニ依リ本職ヲ免ス」とある。
83 東京家政大学人事課所蔵の履歴書（履歴書③―志村）による。
84 東京大学百年史編集委員会編『東京大学百年史 資料三』東京大学、一九八六年、一五六頁。
85 『東京帝国大学要覧 従昭和二年至昭和三年』東京帝国大学、一九二八年、二〇五頁。なお、『東京帝国大学要覧 昭和六年度』では、青木が担当した科目として、「修身、心理及論理、教授法」（二一二頁）とされていた。
86 東京大学百年史編集委員会前掲書、一五六頁。
87 『官報』第三〇七三号、一九三七年四月二日、一一五頁。
88 東京家政大学人事課所蔵の履歴書（履歴書⑤―志村）による。
89 東京家政大学人事課所蔵の履歴書（履歴書⑤―志村）による。
90 東京家政大学人事課所蔵の履歴書（履歴書⑤―志村）による。

91　東京家政大学人事課所蔵の履歴書（履歴書⑤—志村）による。
92　東京家政大学人事課所蔵の履歴書（履歴書⑤—志村）による。
93　東京医科歯科大学創立五〇年記念誌編集委員会編『東京医科歯科大学創立五十年記念誌』東京医科歯科大学、一九七八年、二七七頁。（東京家政大学人事課所蔵の履歴書でも確認。）
94　東京家政大学人事課所蔵の履歴書（履歴書⑤—志村）による。
95　東京医科歯科大学創立五〇年記念誌編集委員会前掲書、二七七頁。
96　東京家政大学人事課所蔵の履歴書（履歴書⑤—志村）による。
97　東京家政大学人事課所蔵の履歴書（履歴書②—志村）による。
98　東京家政大学人事課所蔵の履歴書（履歴書②—志村）による。
99　渡辺学園創立百周年記念事業実行委員会年史編集委員会編『渡辺学園百年史』学校法人渡辺学園、一九八一年、一〇一頁、四八二頁。
100　東京家政大学人事課所蔵の履歴書（履歴書②—志村）による。なお、理事についてはその後、一九五一年五月二九日、一九五四年五月にそれぞれ更新され、在任中に他界となった。
101　渡辺学園創立百周年記念事業実行委員会年史編集委員会前掲書、四八三頁。東京家政大学人事課所蔵の履歴書（履歴書②、⑤）では、四月一日着任とある。青木の経歴の調査に関わって、信濃教育会博物館、東京大学文学部教務掛、東京家政大学総務部人事課（小松原忍氏）にお世話になった。ここに記して感謝申し上げる。
102　山下前掲「故青木誠四郎氏追悼記」、六二頁。

第三章　上村哲弥における「両親再教育」
――その思想と活動

本章では、上村哲弥における「両親再教育」の思想を取り上げる。上村がめざした、新中間層の親の組織化に関わる思想について明らかにする。また、上村が発足させた日本両親再教育協会の活動、植民地における当該協会の動向、さらに会員の組織化の動向についても明らかにしたい。

第一節　米国での「両親教育運動」

上村哲弥は、一九一九（大正八）年に東京帝国大学法学部政治学科を卒業後、南満洲鉄道株式会社（以下、満鉄）に入社した。満鉄は、ポーツマス条約（日露戦争の講和条約）によってロシアから譲渡された鉄道とその付属利権をもとに、一九〇六（明治三九）年一一月発足した。満鉄は、鉄道の敷設・経営にとどまらず、獲得した付属地沿線を開発して近代的都市を作り上げた[1]。上村には鉄道の技術者としてではなく、占領地の統治を担ういわば役所業務の一翼を担うことが求められたものと考えられる。入社して二年後の一九二一（大正一〇）年、満鉄の「補助」により、上村は大連女子人文学院を「創立」したとされる[2]。

その後、上村は一九二四（大正一三）年から一九二六（昭和一）年まで、満鉄の命により留学に赴き、シカゴ大学で社会福祉行政・教育学・心理学等を学んだ。一九二六（昭和一）年一一月から翌一九二七（昭和二）年三月までロンドン大学を中心にして成人教育や労働問題等を研究し、同年四月から六月までは欧州各国の社会福祉・教育の諸施設を調査した[3]。上村は、後に著した『両親再教育と子供研究』において「言ふ迄もなく両親教育運動は米国に発生し且つ発展した、成人教育の特色ある一分野」とし、自著についてその「材料の大部分を米国から取つてゐる。」と述べている。上村は欧米で「両親再教育」の実際を目にし、その見聞を糧として帰国後「両親再教育」を説くこととなったわけである。ただ、外国から知見を得ることを、「日本精神を履き違へた頑迷者流」によって「日本の恥辱」と批判されることを想定したのか、「自信のある国民ほど率直に他国民の長所を認めて、躊躇なくこれを学ぶのである。」と述べている。一方では、

また私ども、日本の国の民草は、かしこくも皇室を御本家と仰ぎ奉る一大家族関係を以て、伝統的な国の誇りとし、国体の精華をそこに見出しております。かうして家族は、特に吾々日本人には、実に最も大切な社会制度であります。

と述べ、国家体制への忠誠心を意味した発言もしている[4]。

さて、上村が言及する米国での「両親教育運動」について述べる前に、当時の米国における周辺領域の動きにつ

いてまとめておきたい。以下、堀和郎「アメリカにおけるＰＴＡの起源」に依拠して述べることとする。堀によれば、一八九七年、バーニー（A. M.Birney）らの提唱によって、全国母親協議会（National Congress of Mothers）が発足した。彼女は、全米の母親が一堂に会して児童の福祉の問題について討論しようと考え、数千通もの手紙を各界の著名人に送った。そして、一八九七年二月一七日、二千人以上が参集し、全国母親協議会の結成大会が開催された。結成大会では「児童研究の必要性」というテーマが掲げられ、児童心理学者ホール（G. S. Hall）の「若干の児童研究の実際的成果について」と題した記念講演が行われた。ホールは、「学問的には通説になっているが母親たちには知られていない原理」について講演した。ホールは、母親たちに、母親としての役割を果たすだけの十分な知的な訓練に欠けていることを自覚するよう促し、「読書による研究」の必要性を説得した。彼女たちにとっての読書が、聖書と料理ブックに限られていたことを見据えての発言であった。

同協議会の活動は、母親の読書について啓蒙することにとどまらなかった。結成大会での諸提案を踏まえて二か月後にまとめられた規約によれば、同協議会の目的は、児童の福祉、家庭の利益、人類の発展にとって重要な諸問題に関して父母を主体とする会議を促進することとされた。また、青少年の身体的・知的・精神的教育の改善・向上にかかわるすべての問題について、最良の思索を提示し交換しあう年次大会を開催するとした。同協議会は人間愛や祖国愛を教え、家庭と学校の密接な関係を促進し、すべての人々のなかに自らを向上させ自らを高潔にする特性をつくりだすことをめざす、とされた。その後、家庭と学校との連携に対する関心は高まりを見せた。一八九九年に同協議会の指導の下、最初のＰＴＡがペンシルベニア州に結成されたのを皮切りに、全米各地にＰＴＡが結成されていった。一九〇八年、同協議会は「母親とＰＴＡの全国協議会」(National Congress of Parent-Teacher Associations) と名称を改め、さらに一九二四年に「父母と教師の全国協議会」(National Congress of Parents and Teachers) と名称を改め、以後もこうした運動を先導した。

堀は、上記のような運動が発生した背景として、幼稚園運動、児童研究の発展、さらに女性解放運動をあげている。幼稚園運動とは、堀によれば、ヨーロッパで発生したのちに米国に渡ったもので、「幼児教育の独自性への関心」を喚起させ、母親と教師との協力を提起したとされる[5]。一方、松岡信義も、上記の米国での母親たちの運動について、「児童研究運動に触発されてすすめられた親の教育（parent education）の気運の中から生まれてきたものである。」（かっこは原文のママ）と位置付ける[6]。

米国の児童研究運動は、「科学的な子どもの研究」を標榜したことで知られ、一八八〇年、ボストンの小学校において、先に言及した児童心理学者ホールが、新入学児を対象として行った調査研究が運動の端緒とされる。このことから、ホールは、「児童研究の父」「児童研究運動の父」と呼ばれてきた[7]。松岡は、「「子どものために学校があるのであって、学校のために子どもがあるのではない」という教育観の転回は児童研究運動にたずさわる人々の間で確固たる信念にまでたかめられ、普及していった。」とし、児童研究運動が果たした役割に言及した[8]。

松岡は、一八八〇年の調査において研究対象とされた「児童」が、小学校段階の子どもたちであり、infancy（二〜三歳までの乳幼児）ではなかったと述べている。さらに、松岡は、児童研究運動には、infancyを研究の対象とする児童研究の流れと、学齢児童・生徒を対象とする児童研究の流れとがあったと述べる。学齢児童・生徒を研究対象とするリーダーたちの多くは大学教授や師範学校の教師たちで、これらの人々の指導の下に多くの初等学校教師や母親などがデータ収集などの作業を行った、と松岡は指摘する。さらに、この学齢児童・生徒を研究対象とした運動は、「究極的には学校教育の改革をめざすことを目的とした児童研究」であった、と松岡は興味深い分析を行っている[9]。

日本に目を転じると、一八九八（明治三一）年に『児童研究』と題した雑誌が発刊となり、以来発行を重ねた。東京帝国大学で心理学を講じた元良勇次郎を中心として発足した組織（児童研究組合）が、発行の母体となっており、いわば同誌は日本における児童研究運動の象徴であった。もとはといえば、元良が留学した米国でホールに師事し、その思想を日本に持ち帰ったことが原点にあった。しかし、山本敏子によれば、日本の児童研究は、「米国におけるような全国の教師や両親を巻き込む程の「運動」とはなり得ず」「欧米の研究及び研究法の紹介とその模倣的研究」にとどまった[10]。

ここで、上記の背景を踏まえ、上村が米国で見た「両親教育運動」についてとらえていきたい。上村によれば、先進国に多数ある「児童研究の団体」の中で「最も有力な指導的団体」は、「米国の亜米利加児童研究協会」であるという。この団体に、「米国倫理教化学会に属する幼稚園の「母の会」の有志が、学会の創立者たるフエリックス・アドラー博士の指導の下」に行った試みにその原点があったとされ、その試みは「凡そ四十年も前に」なされたと記されている。推し量ってみると、その出発は一八八〇年前後であり、ホールが行った一八八〇年の調査の時期と重なり、まさに「児童研究運動」の初期である。上村は、「同協会は、現に亜米利加の児童研究や両親教育に就いては、開拓者たると同時に尚ほ指導者たるの地位を確保」していると述べ、「世界各国の両親教育並に児童研究運動に対しては、絶大な刺激」であり、「光明ともなりつゝある」としている。

また、同協会は「多くの所属研究団体から成立」しているとされ、「それらの研究団体の全ての活動は悉く自己教育的」であるという。上村は、亜米利加児童研究協会が「児童研究団体の機能」として掲げた内容を、以下のように引用した。

(一)　通常の父親や母親に、専門家の達成した科学的研究の結果を紹介
(二)　その研究の成果として出て来た原理原則を、両親が当面の問題の解決に応用し得るやうな方法を備えてやる

（三）両親をして、研究、討議、並に経験の相互交換を通じて、学問上の原理の応用に限界を立てることを得せしめる

（四）協同的自己教育の過程を通じて、彼ら自身の子供達の問題を分析識別して、それを賢明に処理するの用意を両親が心に備へておくことが出来、亦常に新しくそれを補充して行き得るようにしてやる

また、上村は同協会の「研究団体指導部長セシル・ピルペル夫人」から「直接の教示」を受けたとし、「エヴァ・ハンスル夫人の記述」に学んだとも述べている[11]。上村は、とりわけこの団体の関係者に学び、この団体に「両親教育運動」の範を見ていたとわかる。

先に引用したように、松岡は、児童研究運動には二つの流れがあったと述べた。そのうち、学齢児童生徒をその対象とする流れにおいては、「学校教育の改革」がその思想に内在されていたとされた。上村が見聞を広めた亜米利加児童研究協会では、その運動の源流に、ある幼稚園の「母の会」があったとされていたから、松岡によるところの、もう一方の乳幼児を対象とする「児童研究運動」の流れに位置していたものと予測できる。ちなみに、上村が引用した同協会が掲げる「機能」には、学校や幼稚園などの教育機関での教育改革という発想は見られず、専門家による親たちの啓蒙という意味合いが強いように感じられる。この点については、あらためて論じるものとする。

第二節　日本両親再教育協会の設立

一、会の命名の経緯

留学を終えた翌年の一九二八（昭和三）年、上村は日本両親再教育協会を創立した。このことについて、のちに上村は、「偶々母性教育・両親教育に対する使命感の強さだけを、当時の満鉄副総裁松岡洋右先生に買われ、仕事に対する熱意一つを、学会の先達松本亦太郎・小西重直先生に認められ、資金の援助を友人大橋藤一郎氏に得て、私の夢は図らずも順調に実現されたのであつた。」と述べている[12]。大橋藤一郎は、日本女子大学校教授大橋広子の弟であり、大橋姉弟には、「共鳴と力強い財的支援」を受けたとされる[13]。上村は自らを主幹なる立場に置き、会長には東京帝国大学教授で心理学を専攻した松本亦太郎が着任した。

「両親再教育」というのは、米国で用いられていた“Re-education of parents”を訳したものだとされる。上村によれば、日本で「再教育」というと、傷病兵士に対して「生産的な職業を授けるために、不自由な肉体に適するやうな特殊の職業教育を、新ら《ママ》しく仕直してやる」「試み」、つまり「不具疾病者の教育の仕直し」として知られていたという。しかし、米国では「所謂両親の教育の仕直し」を意味して“Re-education of parents”という言葉が普通に用いられていたので、これを「両親再教育」と訳して、運動の標語として採用したという[14]。戦後、会の命名に関わって、上村は次のように述懐している。

> 現に、両親再教育協会の会長になつて頂いた、松本亦太郎博士も日本では「家庭教育」という、適当な言葉があつて、それが皆ん《ママ》なの耳になれているのだから、会の名称としても家庭教育協会がいゝのではないか、とすゝめて下さったのでしたが、私は、「家庭教育」というと、どうしても親が子を教育するということが先きに立つて、親が自分自身を教育することが、子供の教育の前になければならぬ、という、私どもの主張

が十分に表れないから困る、ということを申し上げて、「両親再教育」という、日本語としては未熟なものであり、とりようによつては、きざにもきこえるような名称をおしとおしたのでした。[15]（傍点——引用者）

このように述べ、会の命名にあたって、会長であった松本亦太郎と若干の意見の相違があったとしている。また別の文脈でも、留学したアメリカで「ペアレンツ・エデュケーション」が盛んで、当地で「両親教育連合」が結成されたことなどに触発され、「両親再教育に終生を捧げる決心」をしたと述べた上で、次のように述べた。

ところが会長をお願いした松本先生が、両親再教育は変な言葉ぢやないか、家庭教育という通りのいい言葉もあるし、それをそのまま使えばよいと思うが、何故家庭教育としないのかとおつしやつたのですが、家庭教育というと親が自分のことを留守にして、子供の躾をやる。それでは子供はよくならない。我々は反省すると同時に、教育のし直しを親がうけなければならない。真剣になつて自分を修養し、子供をよく分るように努めれば当然の副産物として、子供に対する家庭のいい躾が沢山生れて来て、口では言わないでもいい家庭教育が出来上る。それを現わすには、両親再教育にして頂きたいということで、会長もそれならよかろうということになつたのであります。[16]

これも戦後の述懐ではあるが、会の命名に関わるエピソードの披露となっている。興味深いのは、松本が「家庭教育」について「通りのいい言葉」などと既に認知された言葉である旨述べたのに対して、上村が「家庭教育」に、親の能動的な子どもへの教育的行為を意味として読み取り、異論を唱えた点である。上村は親たちになじみのある「家庭教育」を用いず、「教育のし直し」を親たちが受けるべきだとして、あえて「両親再教育」なる言葉を掲げたことになる。

ここで、本書第一章で論じた、倉橋惣三の「家庭教育」への違和感を振り返りたい。倉橋は、「家庭教育」というと母親が主体的に我が子を教育するとの意味にとらえられがちであるとして、そうではない、別の意味を与えようとした。親たちが教育者として我が子に能動的に関わる姿に課題をとらえた点には、上村と倉橋に共通の問題意識があったと言える。

二、第一次『子供研究講座』刊行

日本両親再教育協会は、発足した一九二八（昭和三）年に『子供研究講座』全一〇巻を刊行した。この講座は好評を博したとされ、木村元が執筆者の一人であった波多野完治の談話として、「一万二千部でた」としている[17]。まず一九二八（昭和三）年九月に発行された『子供研究講座』第一巻では、以下のような顔ぶれの執筆者が名を連ねている。なお、題名は目次でなく、本文中に掲げられた題名をあげる（目次の題名と本文中のそれとに違いがある例があるため）。なお、(一)、(二) の番号は本文中の題名のままであるが、巻を超えて同じ題名で論述が続くもので番号が振られていない論稿には、①、②と番号を添えた。

第一巻

開講の辞	後藤新平（本会顧問、子爵）
両親のための一般心理学（一）	松本亦太郎（本会々長、文学博士）
家庭と家庭教育（一）	倉橋惣三（東京女子高等師範学校教授、文学士）

子供の生活の見方―児童研究法概論―① 青木誠四郎（東京帝国大学助教授、文学士）
子供の精神衛生（一） 杉田直樹（東京帝国大学教授、医学博士）
子供の栄養（一） 矢野雄（医学博士）
子供のからだの衛生（一） 竹内薫兵（医学博士）
絵本と玩具（一） 森川正雄（奈良女子高等師範学校教授）
児童映画と児童劇（一） 仲木貞一（中央放送局教育課々長）
子供の読物に就いて（一） 今澤慈海（日比谷図書館々長）
学校児童の心理と教育（一） 岡部弥太郎（東京帝国大学助手、文学士）
個性と智能（一） 久保良英（広島高等師範学校教授、文学博士）
子供の宗教心に就て（一） 小原国芳（成城学園々長）
日本の子供（一） 武政太郎（東京高等師範学校講師、文学士）
両親の再教育と児童研究（一） 上村哲弥（本会主幹、法学士）

これらは、「開講の辞」を除いたすべてが、『子供研究講座』第二巻にその続編を収めることとなり、読みきりとなっていないのが特徴である[18]。

では、第二巻以降の執筆陣を以下にあげる。

第二巻　一九二八（昭和三）年一一月発行[19]

両親のための一般心理学（二） 松本亦太郎

家庭と家庭教育（二）　倉橋惣三
子供の生活の見方—児童研究法概論—②　青木誠四郎
子供の精神衛生（二）　杉田直樹
子供の栄養（二）　矢野雄（大阪回生病院小児科々長、医学博士）
子供のからだの衛生（二）　竹内薫兵
玩具と運動具（二）　森川正雄
児童映画と児童劇（二）　仲木貞一
子供の読物に就いて（二）　今澤慈海
学校児童の心理と教育（二）　岡部弥太郎
個性と智能（二）　久保良英
子供の宗教心に就て（二）　小原国芳
日本の子供（二）　武政太郎
両親の再教育と児童研究（二）　上村哲弥

第三巻　一九二八（昭和三）年一二月発行[20]

両親のための一般心理学（三）　松本亦太郎
子供の生活の見方—児童研究法概論—③　青木誠四郎
幼児の心理と教育①　倉橋惣三
子供の精神衛生（三）　杉田直樹

子供のからだの衛生（三）　竹内薫兵
子供の栄養（三）　矢野雄
児童映画と児童劇（三）　仲木貞一
子供の道徳教育①　福島正雄（広島高等師範学校教授）
個性と智能（三）　久保良英
日本の子供（三）　武政太郎
両親の再教育と児童研究（三）　上村哲弥

第四巻　一九二九（昭和四）年一月発行[21]

両親のための一般心理学（四）　松本亦太郎
子供の生活の見方―児童研究法概論―④　青木誠四郎
幼児の心理と教育（二）　倉橋惣三
子供のからだの衛生④　竹内薫兵
子供の栄養④　矢野雄
異常児童の教養　三田谷啓（三田谷治療教育院長、医学博士）
子供の道徳教育②　福島正雄
わが子の学校選択と職業指導　増田幸一（東京市講師、文学士）
日本の子供（三《ママ》）④　武政太郎
両親の再教育と児童研究④　上村哲弥

個性と智能（四）　久保良英

第五巻　一九二九（昭和四）年二月発行[22]

両親のための一般心理学（五）　松本亦太郎
子供の生活の見方―子供研究法概論―⑤　青木誠四郎
幼児の心理と教育（三）　倉橋惣三
小児と体質①　伊東祐彦（医学博士）
子供の栄養（五）　矢野雄
歯の衛生　奥村鶴吉（医学博士）
子供と国語　城戸幡太郎（法政大学教授）
日本の子供（五）　武政太郎
両親の再教育と児童研究⑤　上村哲弥
子供のからだの衛生⑤　竹内薫兵

第六巻　一九二九（昭和四）年三月発行

両親のための一般心理学（六）　松本亦太郎
子供の生活の見方―児童研究法概論―⑥　青木誠四郎
青年期の心理と教育①　野上俊夫（京都帝国大学教授、文学博士）
家庭とナースリー・スクール　上村哲弥

児童と母性の福利施設　小澤一（内務省嘱託）
理想の家庭　下田次郎（東京女子高等師範学校教授、文学博士）
母性道の開拓　麻生正蔵（日本女子大学校校長）
日本の子供（六）　武政太郎
子供の栄養（六）　矢野雄
小児と体質（二）　伊東祐彦
心身の発達①　田中寛一（東京高等師範学校教授、文学博士）

第七巻　一九二九（昭和四）年四月発行[23]

両親のための一般心理学（七）　松本亦太郎
青年期の心理と教育②　野上俊夫
遺伝　駒井卓（京都帝国大学教授、理学博士）
児童と図画　石井柏亭
子供と遊戯　土川五郎（東京昭和保姆養成所々長）
小児と体質（三）　伊東祐彦
心身の発達②　田中寛一
子供の病気と手当①　竹内薫兵
日本の子供（七）　武政太郎

第八巻　一九二九（昭和四）年五月発行

父としての子供教育　安倍磯雄
婦権と児童権運動①　千葉亀雄（東京日々新聞学芸部長）
子供の病気と手当②　竹内薫兵
子供と文学　松村武雄（浦和高等学校教授、文学博士）
子供と音楽　外山国彦（東京市立第一高等女学校教諭）
子供と詩の一考察　葛原しげる（精華高等女学校教諭）
青年期の心理と教育③　野上俊夫
心身の発達③　田中寛一
学校児童の心理と教育（三）　岡部弥太郎
子供と金銭教育①（訳者としての前書きのみ――引用者）上村哲弥

第九巻　一九二九（昭和四）年六月発行

両親のための一般心理学（七）《ママ》⑧　松本亦太郎
母のための教育講話　小西重直（京都帝国大学文科学長《ママ》、文学博士）
心身の発達④　田中寛一
子供の眼の衛生　草間要（医学博士）
子供に対する社会教育　池園哲太郎（東京市教育局社会教育課々長）
不良少年の取扱につきて　太田秀穂（多摩少年院々長）

子供と金銭教育②（上村哲弥 訳）　シドニー・エム・グルエンブルグ（米国児童研究協会主幹）
児童と家政①　井上秀子（日本女子大学校教授）
青年期の心理と教育④　野上俊夫

第一〇巻 一九二九（昭和四）年七月発行

両親のための一般心理学（八《ママ》）⑨　松本亦太郎
子供と法律　牧野英一（東京帝国大学教授、法学博士）
世界と日本　鶴見祐輔
婦権と児童権運動②　千葉亀雄（東京日々新聞顧問）
細民児童の趣味善導に就て　椎名龍徳（霊岸小学校々長）
青年期の心理と教育⑤　野上俊夫
最近の心理学と児童研究　青木誠四郎
心身の発達⑤　田中寛一
子供のお話と其の取扱方　久留島武彦（早蕨幼稚園園長）
児童と家政②　井上秀子
子供の耳鼻咽喉の衛生　小此木龍彦（医学士）
親の道　新渡戸稲造（本会顧問、農学博士）
子供と自然研究　大橋広子（日本女子大学校教授）

以上の各巻が、一九二八年九月から一九二九年七月まで、一か月に一回発行された。発行元は、上村の実弟である上村清敏が代表を務めた先進社であった[24]。

上記の『子供研究講座』では、各巻に小冊子『子供研究講座「伝報」いとし児』が添付されていた[25]。「編集兼発行人」は上村清敏で、発行は先進社であった。記事の内容を知る一例として、第三巻に添付された『子供研究講座「伝報」いとし児』第三号の目次をここに紹介する。

実社会の窓から　千葉亀雄
童話について　小川未明
質疑応答
　精神問題について　青木誠四郎
　身体衛生について　竹内薫兵
学校しらべ
読者の声
母の会
編輯だより

執筆者の多くは、『子供研究講座』に寄稿している人々である。「学校しらべ」のページでは、「学齢期のお子さまをお持ちの御家庭では、小学校の御選択その他について種々御考慮遊ばされることゝ存じます　当社は皆さまの御参考の一助にもと、特殊教育実施の各方面の小学校に、左の八項について御回答頂きました。」と説明がある。質問の項目として、「一、御校の教育上主義とせられる点　二、徳育、智育、体育のための特殊な方法並びに教授法　三、一級の生徒数　四、全校の生徒数　五、教師の人数　六、授業料　七、入学選抜法　八、その他」をあげている。項目すべてに回答を寄せているわけではないが、成城小学校、奈良女子高等師範学校附属小学校、霊岸小学校、私立池袋児童の村小学校、成蹊小学校、東京英和女学校小学科、むさしの学園小学校、盈進学園小学校、明星学園小学部、私立敬愛小学校、私立自由ヶ丘学園の回答も合わせて掲載されている。読者像を都市部の教育熱心な階層に見出していることが、明白にうかがわれる記事である。

「母の会」の記事では、「十一月十五日、先進社「母の会」を本郷区上富士前町大和村倶楽部に於て、青木誠四郎先生御指導のもとに開催致しました。」とされ、「二十五六名の熱心なる出席者」があったと書かれている。これが「母の会」の集りを企画した「最初の試み」であった[26]。

『子供研究講座「伝報」いとし児』第三号の「読者の声」欄において、「講座終了後、「いとし児」を元服させ一〇〇―一五〇頁（菊版）位の雑誌として独立させて下さい、誌名は「いとし児」にて可也。大阪、藤井憲一」（かっこは原文のママ）との投書が取り上げられた[27]。その後、月刊雑誌『いとし児』が創刊されることとなったのは、『子供研究講座「伝報」いとし児』発行の実績が背景にあったと言えそうである。

三、月刊機関誌『いとし児』発刊

日本両親再教育協会は、一九二九（昭和四）年八月に機関誌『いとし児』を発刊した。創刊号は、同年八月一二日に発行され、一冊二〇銭（送料二銭）、総ページ数は三二ページであった。目次から内容をたどってみよう（執筆者の所属は目次のまま）。

発刊の辞		
青い鳥（シリュジセ画）		
子供の情操教育	東大助教授文学士	青木誠四郎
芸術家としての子供		佐藤春夫
家庭教育の中心としての父	本会主幹　法学士	上村哲弥
児童時事問題	東京日日新聞顧問	千葉亀雄
満一才の幼児の一日		
子供だち《ママ》を連れての登山	医学博士	矢野雄
夏の自然	農学士	大町文衛
夏に多い子供の病気の徴候と其応急手当	医学博士	竹内薫兵
盛夏の家庭料理	日本女子大学教授	東佐与子
いとし児会員名簿		
八月の童謡ものがたり	精華高女教諭	葛原しげる
小野塚巡査の死	霊岸小学校々長	椎名龍徳
編輯だより[28]		

執筆者には、『子供研究講座』でおなじみの顔ぶれが多い。上村の論述に示されるような家庭教育に関わる読み物にはじまり、子どもの衛生問題や今日的な話題、料理など、話題は多岐にわたっている。編輯顧問には、青木誠四郎、小原国芳、千葉亀雄、竹内薫兵、矢野雄、佐藤春夫（文士法学士）の名前があげられている[29]。

こうして華々しく創刊した『いとし児』ではあったが、以後、「両親再教育」の理念を広く伝えるためか、あるいは経営の安定という理由もあってか、雑誌の購読者数を増やすための訴えが連呼されるようになる。ちなみに、雑誌の宣伝用のチラシを見てみると、担当者が端的に『いとし児』をどうアピールしようとしたかがわかるので、これを見てみたい。

◇「いとし児」は、昭和三年「子供研究講座」発刊当時から講座の附録として添付した小冊子を、後に読者諸氏の御希望に依り会員雑誌として独立させたものです。

◇「いとし児」は児童心理学を根拠として御両親や教育者のために、家庭教育上の難問題を聡明有効に解釈する羅針盤です。

◇「いとし児」発行所「両親再教育協会」に於ては、例月、母の会を開催、児童心理学の諸先生の講演があり、出席者が育児上の諸問題につき懇談する機会もあります。

◇「いとし児」は単なる売品的雑誌ではありません。等しく子を思ひ、児童問題に関心を持たれる方々の機関誌であります。30（傍点――引用者）

ここでは、『いとし児』が「児童心理学を根拠」とする旨記されている。先に見たように、『いとし児』は必ずしも児童心理学関係の読み物だけがそのすべてを占めているわけではなく、医学関係者や文学者も寄稿している。一方、「母の会」の指導者については、青木誠四郎を始めとして、心理学関係者が多かったのは事実であろう。いずれにしても、児童心理学を旗印に掲げようとした担当者の意図が興味深い。

では、「日本両親再教育協会規則」にその目指すところをとらえてみたい。

日本両親再教育協会規則

第一条　本会ヲ日本両親再教育協会ト称ス

第二条　社会制度トシテノ家族並ニ家庭ノ重要性ニ鑑ミ現ニ両親タルモノニ対シ適切ナル児童教育上ノ新知識ヲ供給シ、将来家庭ヲ営ム可キ青年女子ニ対シ児童研究並陶冶ノ基本的教養ヲ授クルト共ニ保姆、教師、社会事業家其ノ他児童訓育ノ実際家ニ対シ信頼ス可キ指導ヲ与ヘ進ン教育ヲ中心トスル家庭ノ改善ト社会ノ浄化トヲ図ルヲ以テ本会ノ目的トス

第三条　前条ノ目的ヲ達成スルタメ本会ハ左ノ如キ事業ヲ行フ

一、権威アル児童ノ研究教養及ヒ訓練ニ関スル文献ノ編纂並ニ出版

一、児童研究団体組織ノ助成並ニ指導、コレヲ目的トスル講演、講演会ノ開催

一、両親、教師、社会事業家、其ノ他ノ指導者ノタメノ児童研究雑誌（本会機関雑誌）並ニ小冊子類ノ発行

一、日本各地ニ現存スル児童中心ノ諸団体ノ連合及ヒ外国ニ於ケル児童研究団体トノ連絡並ニソレラノ紹介

一、ナースリー・スクール、児童習慣相談所等ノ設立並ニ該運動ノ助成

一、保姆及児童福利事業家ノ指導並ニ養成

一、両親教師会設立ノ助成並ニ指導

一、児童ヲ中心トスル社会福利事業ノ科学化ノ助成

一、其ノ他両親教育、児童養教育並ニ児童福利ニ必要ナル事業

第四条　両親教育及児童研究ニ関心ヲ有シ本会ノ趣旨ヲ協賛スルモノハ何人モ本会ニ入会スルコトヲ得

第五条　本会ニ会長一名、主幹一名、主事一名、評議員若干名、顧問若干名及ヒ機関雑誌編輯顧問若干名ヲ置ク
第六条　会長ハ本会ヲ代表シ会務ヲ総攬ス
主幹ハ会長ヲ補佐シ協会ノ事務事業ヲ総轄シ其ノ一切ノ責メニ任ス
顧問ハ本会ノ重要ナル事項ニツキ相談ヲ受ク
評議員ハ本会ノ重要ナル事項ヲ審査ス
主事ハ主幹ヲ補ケ本会ノ常務ヲ行フ
第七条　本会会員ハ会費トシテ毎月金二拾五銭ヲ納入シ機関誌「いとし児」ノ無料配布ヲ受クルモノトス
第八条　本会会員ノ一定数ヲ有スル地方ニアリテハ支部ヲ設立スルコトヲ得。支部ハ日本両親再教育協会ノ下ニソノ地ノ名ヲ入レ日本両親再教育協会某支部ト称スヘシ
第九条　本会会規則ハ会長主幹協議ノ上顧問評議員ノ審議ヲ経テ改正スルコトヲ得[31]

上記の「目的」を見ると、「両親」に「適切ナル児童教育上ノ新知識ヲ供給」するばかりでなく、「将来家庭ヲ営ム可キ青年女子」に「児童研究並児童陶冶ノ基本的教養」を授けるとされている。さらに、「保姆、教師、社会事業家」も指導の対象とされ、「ナースリー・スクール、児童習慣相談所」の「設立」や「助成」も目指されている。また、「児童研究団体組織ノ助成並ニ指導」や「両親教師会設立ノ助成並ニ指導」が掲げられているように、会員の組織化を期している。『いとし児』発刊以前から企画されていた「母の会」も、こうした問題意識のもとで行われていたものと考えられる。

ところで、主幹の上村自身は満洲（中国東北部）在住であり、上村が帰国する一九三九（昭和一四）年まで、雑誌

編集発行等の実務は実弟の上村清敏（勝弥）をはじめ、丹野禎子ら協会関係者が行った。草野明子によれば、丹野は『子供研究講座』全一〇巻の編集から関わっていた。彼女は日本女子大学校英文科卒で、『赤い鳥』の編集を手掛けた経験があった[32]。『いとし児』創刊号の「編輯だより」には「久しく病気静養中の「いとし児」編輯主任丹野禎子も、八月中旬には上京する筈です。」と書かれており、丹野は『いとし児』創刊号の編集には参加できなかったとわかる。とはいえ、上村が「丹野姉の燃えるやうな編輯の熱心」と言及したように[33]、丹野がある時期大きな役割を担ったことは間違いない。

丹野は、『いとし児』所収の「編輯だより」において、大連にいる上村から丹野に送られた手紙の一部として「「いとし児」の出来栄は何時でも感謝にたえません。よく独りでやつてゐて下さいますね」との言葉を紹介している[34]。上村自身、「私の愛児『いとし児』は、生み捨てられたまゝ、十分に生みの親の愛に浸ることな」い、「謂はば可哀相な里子」と形容し、雑誌『いとし児』を担う経営陣や編輯者、寄稿者、会員らに対して感謝の言葉を伝えている[35]。このように、上村は日本両親再教育協会を発足させた後は満洲におり、その後の実質的な活動の中心にはいなかった。上村は会の象徴的な存在であったが、その理念を実現すべく、関係者は奔走したと言えるだろう。

第三節　日本両親再教育協会における活動の展開

本節では、一九三〇年代から四〇年代初頭までの、日本両親再教育協会における活動の展開をとらえる。その活動を、植民地満洲の地においてもとらえていく。

一、文部省の「家庭教育の振興」政策への反応

日本両親再教育協会の運動が展開される一方で、文部省社会教育局は、「家庭教育の振興」を掲げる政策を立ち上げた。文部省社会教育局が「家庭教育の振興」を掲げて一九三〇年代から展開した政策の背景の一つに、思想対策があったと先に述べた。後からやってきたこの官製の運動に対して、上村をはじめ協会関係者には種々の反応が見られた。一九三〇（昭和五）年五月、『いとし児』に、「我が子の思想転換機に際して」と題して青年の思想問題を取り扱った特集記事が掲載された[36]。「左傾」青年に一定の理解を示す論稿も見られ、この時期に限って言えば、青年の思想問題について、多角的な議論を用意する編集姿勢がうかがえる。

「愛児の左傾を悲しむ母に」と題して寄稿した土田杏村は、「世間にはこの社会科学運動をまだまだ道徳的に罪悪視する傾向がありますが、その運動に携はつてゐるものは、つよい人類愛に動かされてゐるので、決して私利私欲の上からやつてゐることではないのです。」と述べる。一方で土田は、「マルキシズムの社会改造方策は、まだまだ感傷的であり、冷静に科学的でない」とも述べるが、「御愛子の行動を標準からはづれた極端のものでなく、十分に批判的のものであるやうにするためには、各自の御家庭の生活を、社会的に謙虚な、社会人としての連帯共同意識によつて批判せられた、いかにも質実なものにいたしたいものです。」と家庭のあり方について提言した[37]。

「青年期と反逆思想」と題して寄稿した賀川豊彦は、「青年の左傾思想にも病的なものが往々あり得る。」としながらも、「我々は、青年が左傾思想に傾くのを責むる前に、青年自身が建設的に、進歩的にまた彼等が充分伸び得るやうに今日の経済状態と社会状態をもう少し明るく正しく、道徳的に築き上げなければならぬ。」と述べる[38]。

「子供とともに学ぶべし」と題した論述を寄せた秋田雨雀は、「若い進歩的な学生が、もつとも歴史的必然性を持つ新興勢力の中に自らをおかうと思ふ事は、社会人として当然な事」と言い切り、「これを犯罪とする事は、旧勢力

の側にその責があるのであつて、新興勢力の側にない事は、わかり切つたこと」と述べる。しかも、「旧勢力に依つて与へられた不当な「犯罪性」も時としては甘受するだけの熱情があつてこそ、真の母子といはれるであらう。」とまで述べている[39]。

同号の「いとし児評論」（執筆者不明）では、「青年学生が、直訳共産主義にかぶれて、軽挙盲動の挙に出んとしたことは、寔に沙汰の限り」としながらも、「併し乍らそこには亦大いに同情に値す可き理由が伏在する。」と述べられている。理由として、「高等学校や専門学校の濫造は、さなき《ママ》だに粗悪なる教授の素質を益々低下せしめた。」とし、「よく学生の学問的研究心を刺激し、或は常に彼らの興味を原理的研究に繋ぎ留め得るものが極めて少なくなつた」と高等学校・専門学校の教師の質の低下を問題とする。さらに、執筆者は「校長に至つては、多くは文部省の役人上りか、古参教授の鰻上りで、教育上の識見もなければ、指導精神の端くれも有ち合わせてゐない。」と校長らの見識を痛烈に批判した[40]。このあたりに、文部省に一定の距離を置いて発言しようとする姿勢とともに、「左傾学生」に共感的で、客観的かつ多角的な議論を行おうとする姿勢を見出しうる。

『いとし児』誌面において、歯に衣着せぬ発言をしたのは、創刊時から「児童時事問題」を連載した千葉亀雄（東京日日新聞顧問）である。ちなみにこの千葉の連載は、『いとし児』第六巻第六号からは「児童問題批判」、第七巻第一号からは「児童問題」と、題名に若干の変化はあったが（最終回は「児童時事問題」）、第七巻第七号（一九三五年七月）まで続き、彼の病没によって連載を終えた。のち、第一〇巻第五号（一九三八年五月）から、千葉の遺志を受け継ぐ形で青木誠四郎が「児童問題批判」（第一二巻第八号からは「児童時事問題」）と題した連載記事を担当した（第一三巻第一二号まで、一九四一年一二月）。

さて、一九三〇（昭和五）年六月、文部省社会教育局は家庭教育指導者講習会を開催し、「家庭教育の振興」を掲げる政策に先鞭をつけるが、これに対する千葉の発言を見てみよう。千葉は、「児童時事問題」の中で、「母親教育の講習会」と題した小見出しをつけて、この文部省主催の講習会に言及した。千葉は、「日本最初の「母親教育」が、この六月から開かれると新聞にある。」と述べてから、「此企てが「日本《マ》初め《マ》て」だとあるが、なるほど文部省の企ては初めてであらう。」という。千葉は、「事実の「母親教育」は、相当に古くから、有らゆる方法で実行されてゐる。」として、文部省の当該講習会が母親教育の初の機会だと報じられていることに釘をさした。ちなみにこの講習会については、「成功を挙げるかどうかは、与へる側よりも、受ける側の目覚め一つにある。」と母親たちの自覚に期待を寄せて結んでいる[41]。

同年（一九三〇年）末の一二月二三日、文部省訓令「家庭教育振興ニ関スル件」が出され、同日午後、大日本連合婦人会が発足する。千葉は、これらの動きについても「児童時事問題」で「家庭教育振興の意義」として取り上げ、発言している。千葉は、同訓令の大要を紹介した上で、次のように述べている。

もし当局の「固有の」家庭教育の意味が、過去の日本の家庭を目安として、そこまでに状態を後もどしにしやうといふなら出来ない相談である。なぜなら、古い家族制度を基準とした昔の家庭は、もう今日の家庭ではないからである。

このように述べ、同訓令が持つ復古主義的な意味合いを読み取って批判した。その上で千葉は、「家庭教育の振興は百パアセントに賛成するが、その中心の推進機となつて活動すべきものは、故に若い母性であり、大正生れの女性であらねばならぬ。」とし、「研究心に富み、時代性を理解した女性層」に期待するとした[42]。

文部省が「家庭教育の振興」を掲げて運動を喚起する中、ある団体が母の会を開催した。帝国教育会内教育相談所主催母の会がそれで、千葉はこれについて「児童時事問題」の中で取り上げる。千葉は、本誌にはその前から母の会がある。いくつもの母の会が後から別々に起るよりも、前にある会へ解消するなりして、出来るだけ多くの人が大きく団結する方が、能率の上にも、識論、経済の豊富であることからも望ましい。

と述べ、新しく母の会が起るよりも、雑誌『いとし児』が毎月開催して参加を呼びかけている「母の会」の場こそ生かされるべきと、関係者ならではの発言を行っている[43]。

さて、その帝国教育会内教育相談所主催母の会に参加した丹野禎子の反応は、千葉とのそれと若干異なる。丹野は一方で「母の会」を企画する立場にあり、自分たちの「母の会」と比較せずにはいられなかった。その盛会ぶりに接して、「御意見は続出するし、議事は進行するし」「たのもしい気がしました」と述べ、以下のような複雑な心境を吐露している。

> 結局は、経済といふ問題から、奮はざるわが「いとし児」の母の会を思ひ、この沃土に生ひ立ち初《ママ》めた当然栄え行くべき文部省母の会を、祝福せずにはゐられませんでした。かうして、大ぜいのお母様方がお集りになつて、社会的に動く、といふことが、本誌の母の会の理想でもありました。この理想が、早くも、一足とびに、大々的に始められたといふことは、本誌の母の会の司会者としても、喜ばずにはゐられないことでした。仕事といふものは、どこでしようと、現実に、生き生きと動いて行きさへすれば、嬉しいことなのですから。

このように述べ、丹野は「文部省母の会」の盛会ぶりを「祝福」し、どこで自分たちの理想が実現しようとも喜ばしいとする。先に「母の会」を通した「両親再教育」に先鞭をつけたものの、企画が奮わないことにもどかしさを感じる一方で、官製の運動が浸透する状況に接した上での発言である。しかし、丹野は「何もかも、これからです。」と、思いを新たにした言葉も残した[44]。

二、第二次『子供研究講座』刊行

『子供研究講座』は、構成も新たに、一九三〇（昭和五）年に再度発行されることとなる。前回の構成は、同一題名の論述が巻を超えて連載されるという形で、わかりづらかった。新しい講座では、内容は前回の再編に過ぎないが、同一題名の原稿が巻を超えて分断されることなく、各巻に収められている。しかも、執筆者の背景やテーマを考慮して、同様のテーマを巻ごとに集めるような工夫も見られる。以下に、一巻から順に収録されたものの題名をあげる[45]。

第一巻　一九三〇（昭和五）年一〇月発行

心身の発達　田中寛一（東京文理科大学教授、文学博士）
子供の精神衛生　杉田直樹
子供のからだの衛生　竹内薫兵
遺伝　駒井卓

第二巻　一九三〇（昭和五）年一二月発行

小児と体質　伊東祐彦
子供の栄養　矢野雄
家庭とナースリー・スクール　上村哲弥

第三巻　一九三一（昭和六）年一月発行
幼児の心理と教育　倉橋惣三
学校児童の心理と教育　岡部弥太郎（立教大学教授、文学士）
青年期の心理と教育　野上俊夫
最近の心理学と児童研究　青木誠四郎

第四巻　一九三一（昭和六）年二月発行
母のための教育講話　小西重直（京都帝国大学教授、文学博士）
家庭と家庭教育　倉橋惣三
両親の再教育と児童研究（目次では「両親の再教育と子供研究」）上村哲弥

第五巻　一九三一（昭和六）年三月発行
子供の生活の見方——児童研究法概論　青木誠四郎
子供の宗教心に就て　小原国芳
子供の道徳教育　福島政雄

子供と自然研究　大橋広子

第六巻　一九三一（昭和六）年四月発行

子供の病気と手当　竹内薫兵
子供の眼の衛生　草間要
子供の歯の衛生　奥村鶴吉
子供の耳鼻咽喉の衛生　小此木龍彦
異常児童の教養　三田谷啓
不良少年の取扱につきて　太田秀穂

第七巻　一九三一（昭和六）年五月発行

両親のための一般心理学　松本亦太郎
理想の家庭　下田次郎
親の道　新渡戸稲造
父としての子供教育　安倍磯雄
母性道の開拓　麻生正蔵
児童と家政　井上秀子
わが子の学校選択と職業指導　増田幸一（広島高等師範学校教授、文学士）
子供の読物に就いて　今澤慈海

第八巻　一九三一（昭和六）年六月発行

子供と文学　松村武雄
子供と詩の一考察　葛原しげる
児童と図画　石井柏亭
子供と音楽　外山国彦
児童映画と児童劇　仲木貞一
絵本と玩具　森川正雄
子供と遊戯　土川五郎
子供のお話と其の取扱方　久留島武彦

第九巻　一九三一（昭和六）年七月発行

子供と法律　牧野英一
児童と母性の福利施設　小澤一
婦権と児童権運動　千葉亀雄
子供に対する社会教育　池園哲太郎
世界と日本　鶴見祐輔
細民児童の趣味善導に就て　椎名龍徳（大富小学校校長）
子供と金銭教育（上村哲弥 訳）　シドニー・エム・グルエンベルグ

第一〇巻 一九三一（昭和六）年八月発行
日本の子供　武政太郎
子供と国語　城戸幡太郎
個性と智能　久保良英

以上のように、一九三〇年一〇月から翌年八月まで、ほぼ一か月に一度発行された。今回も各巻に『子供研究講座月報』と題した小冊子が添付された[46]。内容は、『子供研究講座』か『いとし児』の記事に関わりのある寄稿が一編、そのほかは先進社発行の単行本の広告や、当月の雑誌『いとし児』の目次などが収められた。

三、満洲での活動の展開

上村が活動する満洲に視点を移したい。上村は、一九三一（昭和六）年、日本両親再教育協会大連支部の発足に画策することとなる。満鉄社会主事であった杉本春喜[47]が日本両親再教育協会主事となるのを祝して、「久しき懸案であつた」日本両親再教育協会大連支部の結成を「急に思ひ立つた」という。この上村の発案に対応して奔走したのは、大連社会事業協会主事の古閑亮であった。以下に、発会式に先立って公開された趣意書を引用する。

子供を良く産み良く育てるといふことは、目前に迫つてゐる日本社会の行詰りを打開し、輝かしき未来を招来する唯一の永久的救済の道であります。良き子は良き両親と良き家庭に依つてのみ生み育まれるのであります。良き両親、良き家庭とは単に本能的に子供を愛する両親や家庭ではなくして、聡明と知識とをその無限の愛に加へ得る両親であり家庭であります。何よりも大切なのは両親の自己修養と家庭の向上でなければなりません。私共は深く此の点に鑑みまして、日本両親再教育協会の目的と主旨に協賛し、大連両親再教育協会を設立致まして、私共両親たる者の修養研究と家庭教育の改善充実に励み度いと存じます。何卒愛児の御愛育に専念さるる世の親御達特にお母様方の御参加を御願ひ致します。

就きましては、来る七月廿八日午後二時より、満鉄社員倶楽部食堂に於て、別紙プログラムの如く創立記念講演会を催し、今度の活動の方針等に就ても御協議申上げ度いと存じますので、出来るだけ多数の有志の方々を御誘ひ合せ下さいまして御出席下さいますやう御願ひ申上げます。七月廿一日

大連両親再教育協会設立発起人

石田豊子

大森道子

辛島寿江子

永井キヨウ

野村静

村上きみ子

続けて、「創立記念講演会プログラム」を見てみよう。

創立記念講演会プログラム

七月廿八日午後二時　於満鉄社員倶楽部

一、挨拶　　　　　　　　会長
一、言葉の無意識教育　青木児
一、未定　　　　　　　金井博士
一、欧米教育の現状　　秋山学士
閉会の辞
尚青木氏は中央に於る宗教音楽及児童音楽指導の権威者であられます。金井博士は改めて御紹介までもありませぬ。満鉄学務課の秋山学士は教育の専攻家で最近欧米留学から帰られた篤学者で御座います。

会長には、大連民政署長の辛島（名は不明）が着任した。

発起人の面々について、石田豊子は「中日文化協会書記長石田氏の令夫人で満鉄幼稚園長」、大森道子は「満鉄地方部長、大森理事の夫人」、辛島寿江子は「大連民政署長夫人」（つまり、辛島会長の妻）、永井キヨウは「大連市永井助役夫人」、野村静は「大連桜楓会支部長」、村上きみ子は「満鉄々道部長村上理事夫人」と説明され、「何れも特別に家庭教育並に社会奉仕に熱心な方々」と付け加えられている。大連の日本人社会にあって、支配階級に属する女性たちが発起人に名を連ねたと言えるだろう。上村は、講演会について、講演が長きにわたったにも関わらず「中座退席者一人も無く」「来会者は一人残らず即座に入会の申込みをされた」と喜び、「新聞その他の反響も大きかつた。」と記している。

さらに上村は、「ゆくゆくは大連市内の諸方面に母親の研究団体を組織」するという「両親再教育協会本来の目的たる研究会を組織する筈」と見通しを述べる。その準備段階として「当初の二三回はその準備として月一回乃至二回の講演会式の研究会を開催し、講演者を中心とする質問会の形式を採ることに申合せた。」とし、月一回か二回の講演会を手始めに行うとしている。[48] 上村が満洲の地に「両親再教育」の理念を持ち込んだ活動の一端として興味深い。ただ、その運動の対象はあくまでも日本人社会であった可能性は高い。

山室信一は、「民族の坩堝」であった満洲国で、日本人はほとんど他の民族と交わり合うことなく、棲み分けて生活していた」と述べている。[49] また、山室は、「四千三百数十万人といわれた満州国居住者の中に、法的にはたった一人の満州国民もいなかった」とし、「国籍法制定を阻んだ最大の原因、それは民族協和、王道国家の理想国家と満州国を称しながら、日本国籍を離れて満州国籍に移ることを峻拒し続けた在満日本人の心であった」と「思う」としている。[50] こうした理解を踏まえて上村の活動に目を転じるなら、それは、満洲の地に暮らす日本人としての「両親再教育」であり、「両親再教育」を通した日本人の連帯であったのではと思われてくる。

上村は後年（一九四一年）、このころ（一九三一年ごろ）の活動について記している。上村によれば、彼は「満洲事変の真最中にあつて、関東軍のお手伝をし乍ら」、「全満婦人団体連合会の結成」に尽力していた。これについて、「当初から眼前の事変に対処するだけを目的の銃後婦人会ではなくして、将来家庭を守り、子女を養育し、社会の為めに奉仕する婦人団体たらしめることを以て、結成の趣旨とし、それに向つて全満婦人団体連合会を指導した」と述べている。その後、「内地に生れた国防婦人会が満洲にも進出」し、「全満婦人団体連合会は一切銃後の仕事をこれに譲」ったとする。また、「愛国婦人会に対しては、旧くから家庭教育への活動を期待し」たとのことで、満洲での大日本国防婦人会（陸軍省系）や愛国婦人会（内務省系）の活動に理解を示していたことがわかる。[51] 詳細は不明ではあるが、満洲での女性教育に関わって、上村は指導的な存在であったと考えられる。

上村は、一九三二（昭和七）年の満洲国建国時、満鉄から離れて満洲国官吏の任に着いた。[52] 上村の没後に遺族が記した「略歴」によると、一九三二（昭和七）年に、「満州《ママ》国建国と同時に文教部創設に参画し、総務司長並に学務司長を兼ね、後学務司長専任」となったとある。[53] これらを裏付けるために『満洲国官吏録　大同二年六月三十日現在』を見ると、文教部の学務司の項に「司長」として上村の名前がある。[54]『満洲国官吏録　康徳元年十二月』でも、文教部の学務司で「司長」の上村の名をとらえることができるが[55]、翌年の官吏録においては既に「司長」の欄に上村の名はない。

満鉄が経営した満洲教育専門学校の卒業生、川尻伊九が同校同窓会編集『満洲忘れじがたし』に寄せたところによれば、一九三二（昭和七）年三月の満洲国建国時には、文教担当部門は民政部文教司として位置づいていた。文教司発足時には、川尻と辻正雄、そして上村の三人が文教司職員のすべてであったが、三人で「独立の文教部をつくるべきだ」と話し合い、文教行政の重要性を国務総理であった鄭孝胥に進言した。同年七月二五日、文教司は民政部から独立して文教部に昇格、総長（大臣）は国務総理が兼務した。部内組織は総務司、学務司、礼教司の三司と督学官室、編審官室で構成され、礼教司長には陳懋鼎、総務司長には文部省宗教局長だった西山政猪が九月に着任、学務司長には上村が着任した[56]。そして川尻は次のように回想している。

総務司長には、日本から文部官僚の古手（元宗教局長）である西山政猪氏が数名の子分を引き連れて九月三十日に着任した。上村哲弥氏は学務司長となったが、そのスタッフは満鉄を中心とする現地採用者が大部分であり、その後日本官僚と満洲育ちの部員との間に派閥争いを巻き起こす原因になった。[57]（かっこは原文のママ）

満洲国国定教科書の編集を手がけた寺田喜治郎も、「満鉄出身の上村哲弥君（わたしの川内中学での教え子）が学務司長で、後から文部省から来た西山政猪氏（元文部省宗教局長）が総務司長で、新旧でケンカばかりしていた。」（かっこは原文のママ）と回想した[58]。いずれにしても、上村を中心とする満鉄関係者と西山を中心とする文部省関係者との争いは、公然のものとなっていた。

総務司長に文部省出身の西山が着任したことに象徴されるように、日本政府・財界・軍部には関東軍の統治能力への不信感があり、中央政府派遣の行政官が満洲国に送り込まれるようになった。野村章は、こうした動きが「二〇年余にわたって実績をもつ現地の植民地教育にたいして、本国の教育思潮をその上におくという決定的な転機をもたらすことになった」と述べている。さらに野村は、「文教部内での西山らを先頭とする中央派（文部省派）と上村ら現地派（建国派ともよばれた）との対立は激し」かったとし（かっこは原文のママ）、結局西山が排斥された一方で上村も左遷された、と述べた[59]。上村の短い官吏生活は、こうして終わることとなったと考えられる。

このころの『いとし児』（一九三五年五月）に、上村の近況が載せられているので、引用したい。

> 上村主幹は、満洲事変突発するや満鉄より出て関東軍の御手伝ひをなし、又満洲国の出現するや文教部学務司長に就任、建国以来満三年満洲国の為め尽粋して居りましたが、同国に於ける自己の使命も一応済んだとの見解から今回官を辞し満鉄に復帰し総務部監査役に就任された由であります。[60]

ここでは、上村は満鉄に戻り、「総務部監査役」となったとされる。一方、上村が後年（一九五六年）日本女子大学に提出した履歴書によると、一九三二（昭和七）年八月に満洲国文教部学務司長、一九三五（昭和一〇）年四月に満鉄庶務部審査役、同年七月に満鉄総裁室福祉課長、一九三六（昭和一一）年一〇月に満鉄総裁室参与にそれぞれ着任とされている[61]。ちなみに、『いとし児』（一九三五年五月）誌上の報告では、上村が「悪性の大腸カタル」に侵されて病床にいることも伝えている[62]。

さて、満洲での『いとし児』購読者つまり日本両親再教育協会会員の数は、関係者の努力により、増していった。

一九三六（昭和一一）年一二月の『いとし児』（第八巻第一二号）は、「満洲特輯号」と題して発行された。上村の弟上村勝弥は、「長い間の待望でありました、在満会員が一千名を超過致しました。」と喜ぶ一方で、「海外会員の激増に反して、内地会員がともすれば減少の憾あること」とも述べている[63]。日本国内での会員数の確保が厳しい状況に比して、満洲では格段の会員増加を見ていた。その理由の一つは、この時期の満洲で、小学校や満鉄などの公的回路を通じた大々的な宣伝活動ができたためと考えられる。「新京白菊小学校長諫山郷視先生は上村主幹のよき友人であられますが、今回又々四十五名の新会員を御紹介下さいました。」との発言により、校長直々の推薦や働きかけが実現していたことがうかがえる[64]。

上村は、一九三九（昭和一四）年九月、長く籍を置いた満鉄を辞して同社嘱託となり[65]、東京に拠点を移した。これに先だって、上村は「長い間里子にやりつ放しの『いとし児』を生みの親たる私の手に抱き上げることになります。」と記した[66]。上村は満洲を発つにあたり、「全満婦人団体連合会、桜楓会、及び大連女子人文学院同窓会」から「多額の御祝」を受けたとしている[67]。上村が特筆すべき、満洲の地で格別の関わりを持ったと考えられる三団体が、いずれも女性の教育に関わる団体であったことは興味深い。

一九四〇（昭和一五）年一二月発行の『いとし児』では、「最近、会員がとみに増えてまいりました。特に満洲では、満鉄社員会の御理解ある御斡旋によりまして、一挙に三千名近くの会員が出来ました。」と言及がされている[68]。日本国内では「民間団体」の立場でも、満洲では「官」の後ろ盾を得て活動する立場にあったことが推測される。

第四節　上村哲弥の「両親再教育」思想

本節では、上村の思想について考察する。上村は、自著『両親再教育と子供研究』の「序に代へて」において、

もともと本書執筆の動機は、世の両親達をして、その教育者としての使命を自覚せしめ、その使命感に基づく自己教育の必要を実認せしめ、更にその自己教育の方便としての子供研究団体の組織・運用等に関する実際的知識を授けることにあつたのである。[69]

と述べている。「両親達」に「教育者としての使命を自覚」させた上、その使命感に基づいて「自己教育の必要を実認せしめ」て、その方法として「子供研究団体の組織」化がめざされている。本節では、上村が構想した親の組織化の方法や、組織化によって得られると期待された教育効果について明らかにしたい。

まず、上村は親たちが「児童研究」を行う必要性を繰り返し唱えたことから、上村が「児童研究」に言及した発言の文脈をとらえ、その「児童研究」の意味を明らかにする。

一、親たちに求めた「児童研究」の意味

上村は、『両親再教育と子供研究』において、次のように述べている。

両親教育は、新しく欧米諸国に起りつゝある成人教育、自由教育の原理の上に其の基礎を置くものであります。即ち両親教育は先づ、世の父母たるものが自らの教養の不完全と自己再教育の必要とを痛感するといふ事実から出発します。彼らは此の要求に駆られて、共に研究を励まんとする同士を糾合し、指導を仰ぐ可き専門家を求め、読む可き参考書、指針とす可き研究材料等を選択するのであります。[70]

ここでは、「自己再教育の必要」とそのために「共に研究を励まんとする同士」の「糾合」を説いた上で、「指導を仰ぐ可き専門家」の必要に言及している。

上村は、『両親再教育と子供研究』の中で、「今日の家庭及び両親」は「児童教育の環境、並に教育者として不適当」であるとするが[71]、それに代替すべきものを探すのではなくして、「如何にせば家庭と両親とをして、最高の教育的機能を発揮せしめ得るか」を考えなければならないとし、その「解決の鍵」は、「両親の間に於ける児童研究でなければなりません。」と述べている[72]。上村において、「両親」の「自己再教育」のための「研究」とは、「児童研究」のことを意味する。また、「児童研究」によって、両親の養育態度が変わるとされる。

即ち、両親が児童の研究を励むことには、常に新しい進歩的な児童心理学や、児童訓育上の学問的研究の結果や、報導《ママ》的知識に触れて、我が子の理解に資するといふ受動的な利益の外に、科学的または研究的態度を持続することによつて、常に冷静に我が子の行動を観察し正しくこれを解剖批判して、これに対して適切なる指導を与へ得るといふ、謂はば、方法的或は機能的とも名づく可き積極的な利益が伴ふのであります。[73]

つまり、「児童研究」によって、「児童心理学」などの新しい知見を得られるだけでなく、「冷静に我が子の行動を

観察」することができるようになるという。同様に、

研究的態度とは、日常惹起する個々の具体的事実を、或る一定の全体的、普遍的な立場から観察し、解釈しようとする心の用意であり、普通人が当然のこととして振向ふともしないやうな事物に対して、活々した注意と興味とを寄せる探求的な心構へでありますから、両親が科学的な児童研究に意を用ひてゐる限りに於ては、思ひもかけぬ子供の反抗に面喰つたり、子供の癇癪や怒りに感染してしまつて、知らず知らず激怒して自分を取失つたり、手もつけられぬやうな子供の悪戯に逆上してしまつたりするやうな、悲喜劇的醜態を演ずることはない筈であります。[74]

と述べて、「児童研究」を志すことで「日常」の「具体的事実」を「解釈」しようとする「心の用意」を得るようになり、ひいては我が子への関わりにおいて「醜態を演ずる」ことをしなくてすむようになるとした。

さて、「児童研究」に関して、『親たるの道――科学的・進歩的な愛児の導き方』の中の「理想の母」においても、上村は同様のことを母親向けに述べている。上村は、母たちに向けて、「自分自身を知る」ことを求める。そして「自分自身を知るといふことは、子供の取扱だけに取つて、大切」なのではなく、「一切の修養の源」とする。[75] 加えて、「子供に関する知識――子供の必要と本性とに関する科学的知識」も「同様に大切」であるとし、「此の知識の供給はこれを児童心理学、或は児童学に仰がねば」ならないと述べる。[76] また、

子供研究がお母さん達に取つて必要であり、有益である理由を数へ立てますならば、限りもなくあるのでありますが、就中、それに依つて我が子を自分自身から心理的に切離し、其の真の姿を、純粋に、客観

的に観察する習慣を、一般世間の母親達が養ふことが出来るのが、その最大の収穫であります。（傍点引用者）

と述べ、「子供研究」によって、母親が我が子を「客観的に観察する習慣」を得られるとしている。重ねて、上村は次のように言う。

母親達の間に於ける子供研究の最大の収穫は、不知不識の裡に、我が子を客観的に観る態度をつくり上げるといふことにあるのであります。（傍点引用者）

このように、上村は、「我が子を客観的に観る態度」を得るために母親たちに「子供研究」を勧めるが、前後して次のようにも述べている。

母親が子供研究の専門家になりますことも（最も多く、そして最も親しく子供に接する人間の、実際的観察や経験を学界に寄与するのでありますから）有益なことではありますが、母親たちに子供研究をお勧めするのは、何も、一人残らず専門家になつて頂く為めではありません。[77]（かっこは原文のママ）

このように、「児童研究」あるいは「子供研究」は、母親自らの養育態度の改善に資するためであって、若干の含みを残してはいるものの、専門家の養成を目的としているわけではないとされる。

では、上村が親たちに勧める「児童研究」とは、「通俗化」された「専門知識」を無批判に習得する以上のものはないのだろうか。上村は、次のように述べている。

自己の痛感する必要から自発的に発足し、自己の生きた日常の体験を材料とし、更に利用し得る限りに於て正確な専門的研究と、科学的知識とを指針とし、出来得れば、聡明達識の指導者を中心として、同士と自由に意見を交換し、その研究に当つては、仮令専門家の学説と雖も盲目的に受容することなく一々自己の経験に照らして解剖批判し、学者の発表した一般的原理が、果して自己の逢着せる特殊の事態に妥当するや否やを検覈し、専門的新知識の応用にも自ら一定の限界あることを悟るに到つて、両親教育としての子供研究団体の機能発揮は理想的だといふことが出来ます。[78]

ここでは、「専門家の学説と雖も盲目的に受容することなく」「経験に照らして解剖批判」することが求められている。上村の主張は、自身「亜米利加児童研究協会」が示したとして紹介した児童研究団体の「機能」の内容をふまえたものとなっている。

以上見てきたように、上村は、親たちに対して繰り返し「児童研究」の重要性を説いたが、その理由は、児童心理学等の新しい知見を得ることにとどまらず、むしろ、親たちが我が子を客観的に観察する態度を養うためだとされた。当時、都市新中間層にあっては職住分離が進み、父親は職場へ、母親は居住空間で子どもたちと密着した関係を持つ生活様式が見られるようになっていたことは、これまで述べてきた通りである。上村は、密着した母子関係に付随する諸問題を危惧していたと考えられる。そこで、母親が我が子を客観的かつ冷静に観察する態度を身につけるべきだと考えた。

日本両親再教育協会の命名に関して、上村が「家庭教育」でなく、「両親再教育」とした理由については先に述べた。「家庭教育」では、親が子どもの教育を行う姿が連想されるとの理由で、その言葉にとらえた違和感が、倉橋と重なると指摘した。そして、その指導内容において、我が子を客観的にとらえる態度を求めた点も、上村と倉橋にともに見られたと言える。ただ、倉橋は当事者の意識を超えた影響力のようなものをとらえ、それを「家風」と称し、そこに「先祖」を接続した。

上村は、親たちに「児童研究」を提唱するとき、「共に研究を励まんとする同士」の「糾合」、つまり、「研究団体」の組織化もあわせて唱えた。引き続き、上村が構想した「研究団体」組織化についてとらえていきたい。

二、「研究団体」構想

では、上村が提唱した「研究団体」構想から、上村が「研究団体」に期待した「児童研究」の内容について明らかにしたい。

上村は『両親再教育と子供研究』において、次のように述べている。

幸にして、前述の如く米国に於ては児童研究協会其他の両親研究団体の、久しきに亘る努力と経験の結果、発見され案出された、研究会の組織や、その運用や、研究材料の処理や、討議の進め方等に関する適切なる方法や技術などありますが、私はそれらを親しく研究もし、指導者達とは膝を交えて教へを仰ぎ、細かく語り合ひ、研究会にも招かれて実際に参加するなど致しまして、一つの確信を得てゐるのであります。是れを皆様に御伝へして、全国各地の会員の間に、米国にありますやうな有能活溌な研究団体（日本両親再教育協会支部として）を組織して頂き度いとの衷心の願が、私をして日本両親再教育協会の設立や、子供研究講座の刊行を思ひ立たせたやうなわけなのであります。[79]（かっこは原文のママ）

ここでも、米国における「両親研究団体」に学び、日本においても「米国にありますやうな有能活溌な研究団体」を「組織」したいと考えたことが記されている。別の箇所では、日本両親再教育協会が『子供研究講座』を発刊し、月刊雑誌『いとし児』を発行していることに言及した上で、次のように述べる。

> 斯くの如くにして、本協会の使命遂行の第一歩たる研究材料の提供は、漸次に着々として実現されて行くのでありますが、此れらの研究材料を基礎として、各地に両親再教育協会子供研究会の設立を見ることが出来なければ、本会の使命は完うされたといふことは出来ないのであります。然るに本協会の運動は、屡々繰返して述べましたやうに、飽迄も会員各自並に相互の自己教育運動であり、自治的教化運動であることを主眼と致しますので、官製の「お仕着せ」的教化団体のやうな均一主義や、教育商売業の講義録式な、暴風一過的傾向には断じて反対して、何所までも健実《ママ》で永久性のある、自発的研究団体の発生を希望する次第であります。[80]

上記のように、上村は、繰り返し「研究団体」の組織化を熱望する旨を力説する。さらに、「官製」「教化団体」と一線を画し、あくまでも「自発的研究団体の発生を希望」すると述べている点は興味深い。

さて、上村は、「研究団体」の構成員について、「普通の素人たる両親」でも、「我が子の養教育の上に利用することの出来るやうな、科学的の研究や、実験や、調査などの成果から教示を得たいと希望する熱心な人々」であれば「会員となる資格」を有すると述べる。ただ、「出来るだけ多種多様の職業や専門の人々、例せば普通の両親、学校の教師、社会事業家、公衆看護婦、専門の医師等」が集っていることが望ましいとする。その理由として、「子供を見るのに」「多方面の興味や、知識を土台として観察討究することが出来るから」としている。[81]「研究団体」を構成する人材に、専門知識を持つ人物が加わることで、議論が深まるのを見込んでのことだろう。

では、「研究団体の組織」化の手順について、上村の論稿にそって紹介する。上村によれば、「児童研究」に「ほんとの必要も」「興味をも感じて居ない人々に対して、それを鼓吹し糾合しようとする場合」、「学校の父兄会、幼稚園の母の会、或いは種々な婦人団体の集会等に於て、校長や園長の指導の下に、先づ宣伝のための集会を催さねばなりません。」とされ、組織化に先立って、「宣伝のための集会」を催す必要が説明されている。

初回の「宣伝のための集会」については、次のように述べられている。

扨て此の最初の一回は、先づ小児科の専門医だとか、心理学者だとか、社会事業家や児童教育の実際家等を招聘して、児童研究の必要なこと、今日の進歩した科学の知識を、普通の両親も、熱心さへあれば、充分に利用の出来ること、児童研究の方法、子供の躾方、或は遺伝、本能、習慣の形成といふやうな、特に両親の興味を惹く事柄に就て、平易に講演をして貰ひます。

そして、「講演の直後」に、「講演によつて児童研究の必要なことを感じ、またそれに興味を覚えた人々」に「有志者の児童研究団体に入会を申込む意味」で、「姓名住所等を書きとめて」もらうよう「勧誘」するとされる[82]。学校単位で強制的に全員加入の形をとるのでなく、その自発性に期待している点が興味深い。

「研究団体」の規模としては、「最大限二十人位」というのが、「研究団体を組織指導して来た専門家」の間の「一致した見解」であるという。ただ毎回全員が出席することは叶わないので、「それを見越して会員の数を三分の一位は余分にしておいても良い」という。また、「研究団体」は、「相似た年齢の子供を有つ両親同士」が集うのがよいとされ、その理由は、「自分の子供が既に幼稚園に上るやうになつた母親は、最早乳呑子の問題には溌溂たる興味を感ずることが出来」ないからとのことであった。その一方で、上村は、「若い母親だけの研究団体の中に、幸にして、多数の子供を育て上げた、経験のある母親が、偶々交わるやうなことがあれば、それこそ寔に結構なこと」とも述べており、豊かな経験を持つ母親が指導的役割を担うことにも期待を寄せている[83]。

「研究団体」が集う時刻であるが、「父親をも亦参加せしむるために、出来るだけ夕方か、日曜の午後を選ぶことが望ましい」とされる。しかし、「最も多忙な」母親たちを優先すべく、「父親のことは暫く措いて、出来るだけ母親を集めるのに最も都合のよい時を選ぶ」ことを勧める。集会の回数は、「少くとも二週間に一回」で、時間は「どうしても一回二時間は必要」とする。「手のない、多忙な母親」のために、「集会所の近所に子供を集める場所を用意して、適当な管理者に見守つて貰ふことが出来れば結構」とのことで、託児の必要にも言及している。米国の「教師父兄会の研究会でよく実行して居ること」で、「大概は幼稚園に預ける」として、米国の例を引いている。

同時に、

私共の満鉄では私自身が外遊前に、移動幼稚園といふ名で、此の種の臨時的托児所の案を出して置きましたが、現に大連所在の三つの家庭研究所にこれを設け、母親達が同所で催される種々の講習会や研究会に気軽く出席することの出来る便利を供して居ります。

と述べており、上村の発案を機に、既に満鉄では講演会に伴う託児の試みがなされていることが強調されている[84]。

「研究団体」を束ねる組織としては、会長、書記、そして会計とが必要だとされる。会長には、「研究団体の会務を総攬するほかに、討議の指導」をも担当することを求める。

即ち討議が常に的を外れないやうに、そして「うちの太郎坊がかうしました」の「隣りの花子さんはあゝだ」のといふやうな、女親に有勝ちな統一のない挿話の並べ立てにならないやうに導き特に団員が御互に虚心坦懐、よく他人の意見を容れ、独断に陥つたり、口角泡を飛ばして、徒らに自説の貫徹を計らうとするが如き、醜態を演ぜしめないやうに心懸けねばなりません。[85]

ここでは、我が子の話に終始したり主張の過ぎるような発言などによって討議が「的を外れ」ることにないよう、会長に指導力を発揮することを期待している。「女親に有勝ち」とあるように、上村は、母親が集う「研究団体」を念頭においているようである。

さて、上村は「素晴らしい発足」をしたにもかかわらず破綻してしまう「研究団体」において、「失敗の原因」を見出そうとする。上村によれば、次の一〇項目の原因に帰するという。

一、一層大きな団体への加入連絡を欠いだ《ママ》こと
二、指導者に経験、並に知識の充分に備つて居ないこと
三、プログラムが充分に注意深く用意されて居ないこと
四、集会が充分に会員の興味を繋ぎ得る程に活溌ならぬこと
五、団体が余りに大き過ぎるか、また余りに小さ過ぎること
六、集会の度数が余りに少いか、または多過ぎること――興味が薄らいで来るか、負担が多過ぎるかするから――
七、会員の興味の中心が余りに区々別々であること

八、会員の教育上の素養が相互に大いに異つて居ること
九、会費が高過ぎるか或は適当なプログラムに不十分なほど少な過ぎること
一〇、会員（特に役員）の中に不活溌なものゝあること（かっこは原文のママ）

「児童研究団体」は「創立する事より寧ろ其れを維持して行く事」に「最大の困難」があるとされ、維持する「秘訣」は、「何よりも先づ優れて興味のある、有益な予定表を工夫し、其して適当な討議の綱領を作ること、並に有益な参考書を選択すること」だという[86]。（ここでいう「討議の綱領」の意味内容については、後述する。）

三、「研究団体」における「児童研究」

さて、ここで「研究団体」において想定される「児童研究」の活動の一端を紹介したい。上村は次のように述べている。

一定のプログラムと、其の討議綱領とを会員の全員が予め読んで研究し、理想的に言へば二三の代表的参考書をも併せ読んで置く事が出来れば、実に愉快で有益な会合となるでありませう。何故なら此の綱領によつて、座長は討議をして一定の軌道を踏み外さしめない様にすることが出来るし、会員は予め自己の力説せんとする問題や、特に興味を感じた点などを明確にもつて居て、各自がめいめいの経験から種々に違つた意見を提出することは、児童研究に於て最も価値あることだからであります。

この中の「討議綱領」や先の「討議の綱領」とは、おそらく、「研究団体」で会員が集って討議する際の論題や進行の手順ということであろう。会員は、会に先立って話し合う内容や進行について把握し、予め参考書を読んだ上で会に臨むことが理想とされている。前もって各自が問題を深めておくことで、異なる意見を互いに提出することができるとされ、参加者は、同一の課題に対する様々な意見を知ることになる。上村はこの点に「児童研究」の枠を見ていたと言える。「一時の思ひつきからの無駄話」によって「問題は傍道に迷い込んで」しまうので、「団員各自をして、毎回必ず下調べを怠らしめない」ことが求められるとした[87]。

ところで、上村は米国における「研究団体」の活動に言及している。「アメリカ児童協会」(先述した「亜米利加児童研究協会」と同一か？──引用者)では、「児童研究綱領」なる書物を出版しているとのことで、それについては、「児童研究団体の研究法の概論を為し、児童の保険(保健か？──引用者)、嬰児期と其の訓練、罰、真実と嘘、本能と習慣、玩具と道具、金銭の使用法、遺伝、青年期、精神衛生等五十一の児童研究上の主要題目に亘つて、丁寧に問題の考へ方の注意、討議の綱要、参考書等を挙げたもの」と説明される。「亜米利加児童研究協会に属する研究団体は、此れを「児童研究の聖書」と称して甚だ珍重して居」ると加えている[88]。

また、上村は「亜米利加大学婦人連盟」について、「其の会員の中に二百五十に近い研究団体を有」すと紹介した上で、「連盟本部の教育部長であり、且つ児童研究の権威者の一人」、「ロイス・ハイデン・ミーク女史」が編纂発行したとされる『研究団体の為の研究資料』を取り上げる。そのうち、『子供はどうして其の習慣を築くか』と題した小冊子を取り上げている。小冊子は、「要領を得た使用法の説明」の次に、「厳選された全般的参考書六十一冊と多くのパンフレット」を紹介、さらに「遺伝」「環境」「行動の基礎」「学習」「習慣」「睡眠」「夜尿」「食物」「情緒の基礎」「恐怖」「憤怒」「性」「愛情と嫉妬」の各章を設け、「それぞれに周到な研究的指針」を与えたという。上村がその中で「環境」の章を試みに訳出しているので、ここにその一部を引用してみる。

環　境

両親の自問自答に対する課題

(一) 貴方は御自身の性格の中の如何なる特徴を遺伝の結果に帰しますか？

(二) 貴方御自身の性格の特徴の中で、何を両親との共同生活によつて学んだと思ひますか？

(三) 貴方は貴方の友人が、自分の性格の決定の上に何らかの影響を及したと思ひますか？

(四) 貴方は自分の性格の中の何か一つの特徴を、如何にして築き上げたかを思ひ起す事が出来ますか

(五) 貴方の子供は如何です――彼はお父さんから其の性格的特徴を学びつゝありますか？或はお母様からですか？それらは社会的に望ましい特色ですか？

活　動

(一) 毎日半時間宛貴方の子供を観察して、彼のそれに対して反応した環境中の事物、または人物の表をお拵へなさい

(二) 貴方の子供の毎日の生活から左の時期を選び出して、彼れの行動に影響を与へたと、貴方が考へられる様な物事を一つ残らず正確に記録なさい

朝の衣換の時

食時《ママ》の時

遊びの時

外出の時

就寝の時

(三) 見知らぬ子供を招んで来て、それに対する貴方の子供の行動を記録なさい。環境の変化の為に起つた

平素の動作の変化を何でもいゝから記録してお置きなさい。

（四）若しも誰れかゞ、よそから貴方の家に来て一日以上泊つたら、此の環境の変化が惹起した子供の行動の変化を何でもかまはず記録にお取りなさい。

以上、訳出部分の一部を引用したが、上村はその最後に、「僅か一章を検しただけでも、私達は児童研究と言ふものは手応へのある、為し甲斐のある研究問題である事を悟る」と添えている[89]。上村によれば、上記の「綱要」は、「大学出身者たる彼の地の母親」を担い手として想定したものとのことで、「余程経験もあり、熱心でもある指導者がない限り、日本の普通の母親方がそれによつて研究を進め」ることは「失礼乍ら仲々容易ではあるまい」としている[90]。

では、上村が日本で実現可能と考えたであろう、「プログラムの拵へ方」をここに引用する。

一、研究会の用途の為に適当な論文か書物の一章を選びます。これは研究会の席上で読んでもよく、前もつて読んで来る事にしても宜しいのですが、後の方が望ましいのです。屡々繰返しますす様に、予めよく考へて置く事が討議の為には必要だからです。会員の一人が其の書物全体に就ての概説や批評をなし得れば尚結構です。前以つて準備された討議の要目を配布しておくことは、此の場合にも必要です。

二、例へば「躾け」と言ふが如く、人々の意見の容易に一致し難き問題を選んで、それに対する各自の読書や実際経験からの意見を出し合つて研究する事も出来ます。

三、団員各自の持ち合わせて居る様な或る一冊の書物を、一年或は一期の底本とし、毎回一章宛片付けて行く様にします。此の場合も一章毎に要目をつくることは必要です。

五《ママ》、会員の一人或は一組の人に、例せば「牛乳の検査並に監督」「学校に於ける保健要目」「市の遊戯娯楽の機関の設備」等と言ふが如き、教育上、公民生活上の重要問題を捉えて研究報告をなさしめる事も面白いと思ひます。

六《ママ》、専門家に乞ふて特別講演を行ひます。此の為には多くの小さい研究団体が一緒になつて主催し、出来るだけ沢山の聴衆を集めて、多数の人々を折角の講演の恩恵に与からせる様にしなければなりません。[91]

（傍点――引用者）

ここでも、研究会に参加する前提として、課題とした読書を行うことなどが述べられているが、「教育上、公民生活上の重要問題を捉えて研究報告をなさしめる事も面白い」などと記されている点が興味を引く。我が子を取巻く問題は、母親の養育態度にとどまらないのであって、社会的な諸問題を発見することも重要であろう。実際、米国における母親たちの運動は、社会への働きかけへと発展していった。ただ、上村がこの課題に執着して取り組んだようには見受けられない。

以上、上村の「研究団体」構想について述べてきた。医者や心理学者らによる講演によって「研究団体」の会員を募り、組織化を果たした後は、集まりに先立って会員各自は課題図書を読んでおく、といった内容が読み取れた。しかも、課題図書を読んでおくだけにとどまらず、「討議の要目」つまり、討議の進行の詳細についても事前に会員に知らしめておくことが理想とされていた。討議それ自体のもつ可能性をより高めようとする配慮からであろう。「研究団体」での「児童研究」とは、同一課題において討議を行った際、会員相互の意見の相違を見ることにより、会員各自が自らの意見を客観視する機会を得るというものであった。事前の読書する行為とともに、集団の中で自らを客観視する機会とをもって、上村はそれらを「研究」と呼んだと読み取れよう。

さて、上村の「研究団体」においては、読書を求めたことなどからしても、その会員に相当の学力を求めていたとわかる。上村は、「亜米利加児童研究会（「亜米利加児童研究協会」か？——引用者）の編輯になる綱要に就ては、私自身が高女卒業程度の会員からなる研究会に用ひて、非常な好成績を収めた経験を有します」と言及し、高等女学校卒業程度の女性たちに教材を用いて「児童研究」を指導したと述べている。実際、上村が構想した「研究団体」やそこでの「児童研究」は、高等女学校卒業程度の学力を前提としなければ、実現されようがないものだったと考えられる。このことは、上村の「両親再教育」が対象とした階層が、限定されていたことを意味する。

ここで、上村が「児童研究」の発想を得たと考えられる米国に視点を戻したい。松岡信義は、米国の児童研究運動が標榜した「科学」の意味について分析している。松岡は、「「科学」「科学的」というタームは、児童研究運動を支持する人々の間ではきわめて魅惑的であり、殆ど信仰の対象に近かった。」とも述べている[92]。やがて、その「科学」の実質を批判的に問う試みは、運動の内外を問わず行われることとなったとされる。松岡は、ホールが「児童研究」における「科学」への批判をものともせず、「児童研究運動」を「きわめて重要な文化運動であった」と総括したと指摘した[93]。

上記のホールの発言は一九二一年当時のものとされ、上村が米国で見聞を広めていたころ（一九二四年ごろ）には、すでに「児童研究運動」の標榜する「科学」への批判は自明のものだったはずである。その結果、指導者たちが大量のデータ収集を教師や母親たちに課した活動は、既に行われていなかったものと考えられる。

上村は、社会の諸問題を親たちの組織化によって変革する方法を探るわけでもなく、学校や幼稚園の教育内容について議論することをめざしたようでもない。上村が母親たちに求めた「児童研究」とは、「研究団体」において母親が他者の意見に出会うことによって得られる気づきであったと考えられる。実際、上村は「科学」を強調してはいなかった。科学的なものの見方という、結果的に修養の方法に収める形で「児童研究」を導入したと言える。

第五節　各地における支部の発足

上村における「両親再教育」の思想の中心には、「研究団体」組織化構想があった。上村自身、組織化にはこだわっていたようである。では、組織化は実現されたのだろうか。

協会発刊『子供研究講座』に添付されていた『子供研究講座「伝報」いとし児』と機関雑誌『いとし児』（一九二九年八月～一九四三年一二月）の該当記事をたどったところ、協会関係者による働きかけが継続して行われていたことがわかった。働きかけの方法によって、時期区分を試みた。

第一期　青木誠四郎ら心理学者による講演会（於東京）が行われた。（一九二八（昭和三）年一一月から一九三〇（昭和五）年一二月まで）

第二期　満鉄社会主事を辞して協会主事となった杉本春喜が全国各地（満洲を含む）を訪問して講演をし、組織化を促した。（一九三一（昭和六）年一〇月から一九三三（昭和八）年一一月まで）

第三期　杉本が協会を離れてからは、『いとし児』誌上での呼びかけに加え、上村が自ら各地に有力会員を訪問し、組織化を促す（あるいは組織の持続にてこ入れする）活動が展開された。（一九三四（昭和九）年七月から一九三七（昭和一二）年六月まで）

第四期　上村が満鉄を離れて東京在住となってから、自宅を開放して月一回行う「母の会」が催された。（一九四〇（昭和一五）年一一月から一九四三（昭和一八）年一一月まで）

第一期と第四期においては、組織化の報告はなかったが、第二期と第三期に、組織化の事例をとらえることができた。それらの事例を紹介する。

一、杉本春喜の講演活動と国府津支部

一九三一年から一九三三年まで、満鉄社会主事を辞して協会主事となった杉本春喜によって、精力的な講演活動が展開された。杉本は、一日に数か所も訪問する活動を精力的に続けた。個人宅の集まりや団体を対象とした集まりも含め、当該期間の訪問先は、約五五〇箇所に及んだ[94]。杉本は、北海道方面への旅行を振り返った寄稿で、自らの活動ぶりについて次のように述べている。

日曜日もないし祭日もない而して一日も汽車に乗らない日とてもない、朝は四時半か五時に起床し夜は大抵十二時か時には一時二時頃までの活動をつゞけた。一日少いとき二回以上多い時には五六回の講演及座談会に出席した。よくも体が続いた。[95]

そんな杉本の熱烈な活動の中、神奈川県国府津の地に、小川初枝を中心とする組織化の動きが起こった。『いとし児』第四巻第七号に掲載された「新会員名簿」では、小川による紹介として計五五人が名前を連ねた[96]。翌号の「新会員名簿」でも、小川の紹介として、計二八人の名前が掲載された[97]。名前から判断して、おそらくすべてが女性の会員である。そして、当地で支部の発足を見ることとなった。一九三二（昭和七）年六月一八日に、「国府津市に於て鉄道関係者諸氏に依る支部会発会式」が開催された[98]。これについて、杉本は次のように述べている。

三ヶ月前鉄道青年会の御依頼を受けて国府津鉄道保線事務所のお母様方の会に御伺ひしたのであるが、それが御縁となつて同通信区主任小川御夫妻の御尽力でそれ以来既に約百名の盟結同志が与へられた。[99]

この発言から、小川初枝の夫が「通信区主任」の立場にあることとともに、夫の職場のつながりによって、小川が「百名」もの会員を勧誘したものと察することができる。

こうして華々しく発足した国府津支部であったが、その学習活動には困難があったようだ。そうした事情を垣間見るような、小川がしたためた協会あての手紙の二通が、「会友より」と題した寄稿欄に掲載された。内容から、講演を行う講師の派遣を懇願していることがわかる[100]。翌号に掲載された小川の協会への手紙も、講師派遣を「熱望」した内容となっている[101]。ちなみに、上村は自著において、「児童研究団体」は「創立する事よりは寧ろ其れを維持して行く事」に「最大の困難」があるとし、維持する「秘訣」として「有益な参考書を選択すること」などを挙げていた[102]。国府津支部では、会員だけで学習活動を進めていくことに困難があり、協会から派遣される講師の講演に繰り返し「接する」必要があった。

こうして活動する国府津支部であったが、翌一九三三（昭和八）年、小川は夫の転勤で転居となり、国府津支部の営みから離れることとなった。国府津支部発足から数えて約一年であった。職業柄土地に定着することの難しい、俸給所得者の生活を垣間見ることができる。小川は「私共と同時に御転勤なされやむなく脱会された方」にも言及しており[103]、以後国府津支部の話題は『いとし児』誌上で取り上げられなくなるので、小川の移転を機に、支部の活動は事実上終わったものと考えられる。

二、門司支部

門司在住の吉本茂樹は、『いとし児』に頻繁に投稿する読者の一人であった。吉本は、『いとし児』に「若き父の断想」を投稿したのを始まりに、多数の投稿を行った。吉本は自らを「プロレタリアの私達一家」、「会社の片隅で算盤を握る私」[104]、「会社勤めの薄給サラリメンの一人である私」などと表現していた[105]。

一九三三（昭和八）年四月の杉本春喜による突然の門司地区訪問に際して、吉本は講演会開催に奔走した。吉本は、報告記事において「この意義ある会合を一度に終らしめずこの集合を一転期として北九州から自覚あるインテリ層を母体として、熱烈な両親再生運動が起ることを希んで報告を終る。」と述べている[106]。そして、一九三四（昭和九）年七月発行の『いとし児』において、「本会支部開設」と題して「支部開設」を働きかける記事が掲載されると[107]、吉本は支部開設に「尽力」する意志を伝えた[108]。

その翌々月号の「編輯だより」に、吉本が門司支部を発足させたことや、「この二ヶ月で既に五十名の新会員を拡大」したことが紹介されている[109]。合わせて「新会員名簿」には、吉本の紹介による新会員二三人の名前が掲載された[110]。ちなみに、掲載された氏名は、ほとんどが男性の氏名となっている。

吉本は、一九三五（昭和一〇）年六月一八日午前、各地で講演旅行をこなしてきた上村を門司に迎えた。同日午前一〇時から、青年会会館において、「母の会」が開催され、「信愛保育団団児（信愛保育園園児か？——引用者）の母の会を母体」とした関係者が「五十名以上」集った。さらに吉本宅にて、「数名の者」が「上村主幹を中心として座談会」を開いた[111]。

上村を迎えた後も、吉本を中心とした活動は持続した[112]。しかし、その後の「門司支部通信」の冒頭、吉本は「日本両親再教育協会門司支部、看板だけはいい。が内容に至つては貧弱、お話にならない。」などと述べ、支部の活動が奮わないことを伝えている。吉本によれば、支部発足後、行ったこととして、「子供に関する座談会」を三回、上村の訪問の機会をとらえた「子供に関する講演会」を一回であった。また、「門司支部の会報」として「パンフレット」を刊行したが、一回で中止したという。「会員の増加運動」については、「機に臨み変に応じあらゆる手段をもつて努力をつづけてゐる。」というが、「省みて自己の無力をつくづくと感ずる。」としている[113]。

上村による一九三七（昭和一二）年六月の講演旅行に際しては、折しも吉本は、「本社への転勤」を命じられて「身辺の異変の中」にいた。六月一日、門司市内の信愛保育園にて母親たち「三〇人」が集い、上村による「両親教育と家庭教育に就て」の講演が行われる運びとなった。同日、続いて小倉市立幼稚園に会場を移し、こちらでも母親たち「四十余名」が集まり、上村の講演を聞いた。この催しを最後に、吉本は門司支部の活動を離れ、家族とともに大阪に転居した[114]。以後、門司支部の活動報告が『いとし児』誌上に登場することはなかったので、吉本の転居を機に、門司支部の活動は事実上終わったと言えるだろう。ちなみに、吉本は、大阪に転居してからも寄稿し、「いとし児の双葉を、大阪にきつとそだてます。」と記しているが[115]、その後、支部発足に成功した形跡はない。

三、神戸支部

神戸でも支部が発足した。ここでは上山幸一と福永津義子を有力な会員としてとりあげることができる。門司支部の吉本同様、上山幸一も『いとし児』に多数その文章を掲載された人物の一人であった。その職業については不明だが、「某仏教日曜学校にも関係」[116]、「須磨太子日曜学校」の「御手伝に行つてゐる」と明かしている[117]。一九三五年六月の講演旅行の折、上村は、六月一七日午後一時半から神戸在住の桜楓会（日本女子大学校の同窓会）会員の集いにおいて講演した。上山は、その会に参加して講演を聞いた。会の最後に「座談会風なお話」になり、参会した者の「半数以上」が「「いとし児」会員」になったという。さらに同日午後七時半、上山を中心とする「神戸市中の会員の会合」が須磨太子館で行われ、そこでも上村の講演が行われた。集った二〇人は「誰も彼もが、子供の問題に熱のある人々」で、「「いとし児」の持つ使命が先生の口から一同に伝へられるや、神戸支部は結成された」という[118]。

この神戸支部が結成されるに至った須磨太子館での集まりに参加していた福永津義子は、牧師である夫とともにキリスト教主義幼稚園を経営していた。それまで協会発行の『子供研究講座』や『いとし児』などを用いて「毎週一回母の座談会」を行ってきたという。福永は、「尚「いとし児」を通じて一人でも多くの正しき母心が醒まされますやう、あせらず、たゆまず祈りつづけ度う存じます。」と述べ、五名(すべて女性の氏名)を新会員として紹介した[119]。

その後も、福永は、母親達との活動を重ねた[120]。一九三五(昭和一〇)年の一〇月から、「五六人の同志」が集まって、「毎週一回子供の性格教育座談会」を開いているという。一〇月には、「胎教と、生後八ヶ月までの乳児についての座談」を行い、「胎教」については、『いとし児』第五巻第九号を「皆で回読」したという[121]。

上村による一九三七(昭和一二)年の講演旅行では、五月二九日午前中、福永の早緑幼稚園で、上村を囲んで「母の会」が開催された。同日午後一時半から、市立湊川小学校において、神戸市社会課と神戸市の連合母の会との共同主催で、「四百人」の聴衆に上村が「愛児を正しく強く賢く育てる母のための講演会」という題目に添って講演を行った。同日夜には、再度早緑幼稚園で一〇人が集って座談会が行われた[122]。福永は、上村に接した印象を、「厳と慈とがこのやうにも溶けあへるものか」と驚いたといい、「厳父、慈母の真の姿がのみこめた」と報告している[123]。

神戸支部では、上山は仏教、福永はキリスト教とその立場は異にしても、宗教主義をその活動の方針に掲げる人物が指導者的存在となっていた。上山は仏教日曜学校、福永はキリスト教幼稚園でそれぞれの活動を行い、機会があれば、ともに神戸支部としての活動を行ったと考えられる。

福永は、一九四〇（昭和一五）年四月、招かれて西南保姆学院保育科主任に着任し、福岡に転居した。福永の転居を機に、神戸支部は解散となったのではないか。一方、福岡では、福永を囲んで母親たちが「みのり会」なる集まりを組織し、読書会や各種の活動を行った[124]。のちに「みのり会」は、キリスト教教会（鳥飼バプテスト教会）へと発展した[125]。

四、鹿児島・坂出での動き

上村は、一九三五（昭和一〇）年六月の講演旅行で、鹿児島市にも立ち寄った。その後、給田彩子を中心として、支部発足の準備がなされ、一九三六（昭和一一）年三月一〇日午後一時半から、鹿児島支部発会式が行われた。敬愛幼稚園のフィンレー宅で一二名が集って発会式を営んだという[126]。記事によれば、給田彩子は、「奈良高等師範学校出身」（奈良女子高等師範学校出身?・）で、三人の子どもの母親であり、夫の給田茂太郎は鹿児島女子師範学校教諭だという。給田彩子は、一九三五（昭和一〇）年の八月以来、新会員を「一百名近く」も紹介したとされる。記者が給田彩子から聞いた言葉を紹介した文章によれば、「気の弱い私」ではあったが、上村哲弥を鹿児島に迎えて、上村の「両親教育への熱情と理想」を知って、「ぢつとしてゐられぬ気持ち」になったという。そして「自分でも不思議な位の勇気」が出て、母親を見ると『いとし児』を勧めないことが「不親切で怠慢であるとさえ」感じるという[127]。その後一九三六（昭和一一）年九月、給田一家は、給田茂太郎の転勤に伴い、香川県坂出に転居した[128]。

さて、上村は、一九三七（昭和一二）年の講演旅行において、坂出を訪ねる。五月三〇日午前、給田彩子は坂出で上村らを出迎えた。夫の給田茂太郎は香川女子師範学校校長となっており、附属幼稚園で「母の会」を催して『いとし児』を紹介している旨、寄稿している[129]。給田彩子によれば、五月一八日頃協会から上村が坂出に立ち寄る旨連絡を受け、「この有り難い機会を、私共夫妻だけでうけては勿体ない」として、講演会を企画することにした。そして、案内状を「約七百枚」用意して、二七日に附属小学校と附属幼稚園の子どもたちを通して配布するなどして宣伝に努めたという。その甲斐あってか、五月三〇日当日は「約二百人」が講演会に集い、上村は二時間半、「両親再教育の意義、家庭教育の重要性」について論じた。「同日の御講演のために加えられた新会員もまぜて約百名になりました」と、ここでも新会員の勧誘に大々的に成功している給田彩子の報告があった[130]。実際、「新会員紹介」の記事で、給田彩子の紹介による五四人の新会員の氏名が掲載された[131]。坂出における支部発足の報告は見られなかったが、給田夫妻は、それぞれの立場で『いとし児』購読を宣伝し、会員獲得に貢献した。

給田一家は、気心の知れた住み込みの使用人を伴って転居を繰り返した。給田彩子は、転校によって傷心するわが子の姿に心を痛めていた[132]。そんな事情の中、夫妻は『いとし児』会員勧誘に努めていた。給田夫妻は、鹿児島在住の折は、幼稚園関係者を交えて鹿児島支部の発足に尽力した。坂出在住の折は、夫が女子師範学校校長であった立場から、附属小学校と附属幼稚園の保護者を巻き込む形で活動した。夫妻は転居するたびに、その地で多数の会員を勧誘していた。

以上のように、上村が主張した親の組織化は、実際に実現した例がみられた。しかし、どの例も中心人物の転勤ないし移転によって、組織が消滅する結果となっていた。地域共同体から孤立する人々が繋がろうとした活動として、一定の評価はできると考える。ただ、組織化が果たされたのは、中心人物の個性に依るところが大きかったように思われる。どの人物も組織化（支部発足・継続）に熱意を持っていたことは共通であるが、国府津支部の小川や鹿児島支部の給田夫妻のように、夫の職場上の立場が反映したように見受ける例もあった。
支部発足に尽力した人物の熱意を引き出すのに、雑誌という媒体の果たした役割は大きかったものと考えられる。そこに投稿するということは、高い教養を得ていることを意味していたはずである。自身の文章が雑誌に掲載されることで、その雑誌媒体に強い親近感を得たのではないか。やがて、編集側の思いを引き受けていこうとする意欲が芽生えたのではないかと想像する。

上村は戦後日本女子大学教授に着任し、ＰＴＡの普及に関して専門家として発言した。その背景には、一連の活動の結果、実際に組織化が実現したとの自信があったものと推察する。日本両親再教育協会は、戦後「両親教育協会」と名を改め、『いとし児』も復刊の運びとなった。復刊なった『いとし児』には、以前よく読者として名前が掲載されていた人々が復刊を歓迎する声を寄せていた。そこには、以前協会の呼びかけに応じて活動した頃をなつかしむ、人々の熱烈な声があった[133]。しかし、組織化（支部発足）の後、組織を継続することに苦慮する姿がみられたように、上村が目指した到達点である「児童研究」に至った例は少なかったように思われる。結果、組織化それ自体が目的化していた感はいなめない。協会の活動や組織化について、上村が戦後どのように評価していたかは、今後の課題としたい。

（上村の経歴については、遺族が記した「略歴」があるので、参照されたい。上村哲弥『生命を育むもの　しつけのいろは歌』両親教育協会、一九七八年、所収。）

注

1 小林英夫『満鉄――「知の集団」の誕生と死』吉川弘文館、一九九六年。

2 「上村哲弥略歴」上村哲弥『生命を育くむもの――しつけのいろは歌』一九七八年、両親教育協会、一六四―一六六頁。なぜ上村が大連女子人文学院の仕事に携わることになったかや、大連女子人文学院それ自体については、不明である。今後の課題としたい。

3 同右書。

4 上村哲弥「序に代へて」上村哲弥『両親再教育と子供研究』(奥付では『両親の再教育と子供研究』となっている)日本両親再教育協会（発売、第一出版社）、一九三八年、五頁、二六頁（復刻版は、上笙一郎編『日本〈子どもの権利〉叢書一二 両親再教育と子供研究』久山社、一九九六年）。この『両親再教育と子供研究』は、『子供研究講座』に収められた上村による論文「両親の再教育と児童研究」に、論文「家庭とナースリー・スクール」を加え、単行本として発刊された。(『子供研究講座』については、後述する。) 今後、当該論文から引用する場合、単行本から引用するものとする。

5 堀和郎「アメリカにおけるＰＴＡの起源」教育と医学の会編集『教育と医学』第二五巻第二号、一九七七年二月、慶応通信、四―一〇頁。バーニーに関する先行研究として、天野かおり「Ａ・バーニー：ＰＴＡ運動の源流」『教育学研究紀要』第四六巻、中国四国教育学会、二〇〇〇年。天野かおり「ＰＴＡの成立：母親教育から親と教師の協力へ」『広島大学大学院教育学研究科紀要 第三部（教育人間科学関連領域）』第五〇号、広島大学大学院教育学研究科、二〇〇一年。

6 松岡信義「児童研究運動と進歩主義教育――アメリカ新教育の一系譜・試論」『神奈川大学 心理・教育研究論集』第二号、神奈川大学教職課程研究室、一九八四年、八八頁。

7 松岡信義「Ｇ・Ｓ・ホールの教育思想・予備的考察――児童研究運動とホール・素描」『研究室紀要』第九号、東京大学教育学部教育史・教育哲学研究室、一九八三年、一一三頁。

8 松岡前掲「児童研究運動と進歩主義教育――アメリカ新教育の一系譜・試論」、八九頁。

9 松岡信義「アメリカの児童研究運動（Child Study Movement）――その思想と性格」『教育学研究』第四九巻第四号、日本教育学会、一九八二年、一三頁。

10 山本敏子「明治期・大正前期の心理学と教育（学）――子どもと教育の心理学的な研究動向を手掛かりに」東京大学教育学部教育哲学・教育史研究室『研究室紀要』第一三号、一九八七年、九九頁。
11 上村前掲『両親再教育と子供研究』、一二七―一二九頁。
12 上村前掲「序に代へて」、二頁。
13 上村哲弥「回顧と展望」『いとし児』第六巻第八号、日本両親再教育協会編集、先進社発行、一九三四年八月、五頁。
14 上村前掲『両親再教育と子供研究』、一九―二〇頁。
15 上村哲弥「紙上大学　両親教育講座（一）――両親教育とは何か」『いとし児』復刊第一巻一号、一九四九年一二月、両親教育協会（日本両親再教育協会の後身。以下、『いとし児』の発行元を省略する）、四八―四九頁。
16 「座談会　PTA公私打明け話」（引用部分は上村哲弥の発言）『いとし児』復刊第二巻第一一号、一九五一年一一月、一四頁。
17 木村元「日本両親再教育協会」編集委員会編『叢書〈産む・育てる・教える――匿名の教育史〉一〈教育〉――誕生と終焉』藤原書店、一九九〇年、一七九頁。
18 目次では、題名に「（一）」などとは記されていない。目次の題名と本文中の題名とが異なるものが四例あり、それらは以下の通り。今澤慈海の「子供の読物に就いて」（目次では「子供と読物」）、小原国芳の「子供の宗教心に就て」（目次では「子供と宗教」）、武政太郎の「日本の子供」（目次では「日本の児童」）、そして上村哲弥の「両親の再教育と児童研究」（目次では「両親の再教育と子供研究」）。なお、執筆者のあとの所属等は目次・本文中に記されているものに拠った。以下、あらたに登場する執筆者についてはその都度所属等の属性を書き添える。
19 第二巻でも、一巻同様、目次と本文中の題名とが異なっている。今澤慈海の「子供の読物に就いて」（目次では、「子供と読物」）、小原国芳の「子供の宗教心に就て」（目次では「子供と宗教」）、武政太郎の「日本の子供」（目次では、「日本の児童」）、上村哲弥の「両親の再教育と児童研究」（目次では「両親の再教育と子供研究」）。
20 第三巻において、目次の題名と本文中の題名とが異なっているのは二例で、武政太郎の「日本の子供」（目次では「日本の児童」）と上村哲弥の「両親の再教育と児童研究」（目次では「両親の再教育と子供研究」）。
21 第四巻において、目次の題名と本文中の題名とが異なっているのは二例で、第三巻と同じ。

22 第五巻において、目次の題名と本文中の題名とが異なっているのは二例で、第三巻、第四巻と同じ。
23 第七巻で目次の題名と本文中の題名とが異なっているのは、土川五郎の「子供と遊戯」(目次では「児童と遊戯」)のみ。なお、石井柏亭の属性は記載がなく不明。
24 上村哲弥の実弟である上村清敏は、「上村勝弥」としても登場する。のちに発刊される『いとし児』創刊号の「編輯だより」に、「先進社の上村清敏は、都合により、上村勝弥と改名致しました。」とある(一九二九年八月、三一頁)。
25 筆者が『子供研究講座』に添付された小冊子『子供研究講座「伝報」いとし児』を確認したのは、第三巻、第七巻、第九巻、第一〇巻のみ。しかし、各巻にすべてに添付されたものと判断した。
26 『子供研究講座「伝報」いとし児』第三号、一九二八年一二月、先進社。以後、「母の会」の企画は継続して行くこととなる。
27 同右書。
28 「目次」『いとし児』第一巻第一号、一九二九年八月。
29 「編輯顧問」『いとし児』第一巻第一号、一九二九年八月、三一頁。
30 このビラは、後に紹介する第二次『子供研究講座』(一九三〇年一〇月〜)に添付されていた。
31 「日本両親再教育協会規則」『いとし児』第四巻第一二号、一九三二年一二月、四一頁。この記事は、札幌大谷短期大学図書館(現在は札幌大谷大学図書館)所蔵の『いとし児』当該号に掲載されていた。東京家政大学図書館所蔵の『いとし児』当該号では、おそらく製本時のトラブルか、同ページを見ることはできなかった。これより前の号で、同様の「規則」を見つけることができなかったので、会の創立から四年経ってはいるが、この記事を引用した。ただ、この「規則」がどの時点でつくられたかはわからない。
32 草野明子「上村哲弥の子ども観と家庭論――『子供研究講座』を中心に」『α(あるふぁ)：児童文化・児童文学研究誌』第八号、日本女子大学児童文学研究室、一九九九年。
33 上村前掲「回顧と展望」、五頁。
34 「編輯だより」(「丹野」の名前があり、丹野が「編輯だより」を書いたとわかる。)『いとし児』第三巻第三号、一九三一年三月、三九頁。
35 上村前掲「回顧と展望」、五頁。
36 「我が子の思想転換機に際して」『いとし児』第二巻第五号、一九三〇年五月、三―一八頁。
37 土田杏村「愛児の左傾を悲しむ母に」（特集記事「我が子の思想転換機に際して」所収）、『いとし児』第二巻第五号、一九三〇年五月、六―八頁。
38 賀川豊彦「青年期と反逆思想」（特集記事「我が子の思想転換機に際して」所収）、『いとし児』第二巻第五号、一九三〇年五月、九―一一頁。
39 秋田雨雀「子供とゝも学ぶべし」（特集記事「我が子の思想転換機に際して」所収）、『いとし児』第二巻第五号、一九三〇年五月、一五―一六頁。
40 「いとし児評論」（執筆者不明）『いとし児』第二巻第五号、一九三〇年五月、三二―三三頁。
41 千葉亀雄「児童時事問題」『いとし児』第二巻第六号、一九三〇年六月、一一頁。
42 千葉亀雄「児童時事問題」『いとし児』第三巻第二号、一九三一年二月、五頁。
43 千葉亀雄「児童時事問題」『いとし児』第三巻第三号、一九三一年三月、一四頁。
44 「編輯だより」（執筆者として丹野の名）『いとし児』第三巻第三号、一九三一年三月、三九頁。
45 前回の『子供研究講座』のときと異なる所属となっている執筆者については、その都度記した。
46 筆者は、二度目の『子供研究講座』に添付された『子供研究講座月報』の五号（第五巻に添付）、八号（第八巻に添付）、九号（第九巻に添付）しか確認していない。しかし、小林恵子が前掲書（『両親再教育運動と上村哲弥』）で『子供研究講座月報』に言及している（三七頁）ことや、添付の状況などから、毎巻に添付されたものと判断した。
47 杉本の経歴の詳細はわからないが、上村哲弥によれば、「過去八年間満鉄社会主事として令名最も高く異常の成績を挙げられた人」、「満鉄入社前　或は救世軍士官として又は自ら創立された横浜貧民学校の校長として」「熱烈」に活動した人とされている。（上村哲弥「本会主事杉本春喜氏を紹介し併せて御願ひ致します」『いとし児』第三巻第九号、一九三一年九月、三六頁。）満鉄を辞して日本両親再教育協会主事となった杉本に課せられた仕事は、低迷していた「母の会」活動を盛り上げることと『いとし児』購読者の拡大とであったと考えられる。杉本は精力的に活動した後、一九三三年一一月ごろ、協会主事の任を離れて、上村の勧めにより愛国婦人会の講師となる。(上村哲弥「読者への御便り」『いとし児』第一三巻第一〇号、一九四一年一〇月、四頁。) 杉本の活動については、後述する。

48 上村哲弥「大連両親再教育協会発会式並に記念講演会に就て」『いとし児』第三巻第九号、一九三一年九月、三五頁。なお、引用部分の「金井博士」の詳細についてはわからない。

49 山室信一『キメラ―満州国の肖像』中央公論社（中公新書）、一九九三年、二八三頁。

50 同右書、二九八頁。

51 上村哲弥「読者への御便り」『いとし児』第一三巻第一〇号、一九四一年一〇月、四頁。

52 「満洲国」については、独立した主権国家としての実態はなく、あくまでも日本の植民地であったと評価する場合には、かっこつきで「満洲国」と表記することがある。本研究では、当地に日本の植民地としての性格を見出す立場ではあるが、かっこをはずした形で、満洲国と表記するものとする。

53 前掲「上村哲弥 略歴」。

54 『満洲国官吏録 大同二年六月三十日現在』国務院総務庁、一九三三年一二月、一二八頁。国立国会図書館蔵。これ以前には満洲国の官吏録は発行されていないようである。

55 『満洲国官吏録 康徳元年十二月』満洲国総務庁人事処、一九三四年五月、一五二頁。国立国会図書館蔵。

56 満洲教育専門学校同窓会陵南会編『満洲忘れじがたし』一九七二年、一九六―一九七頁。前掲『満洲国官吏録 大同二年六月三十日現在』一二七―一三〇頁。野村章著、野村章先生遺稿集編纂委員会編『「満洲・満洲国」教育史研究序説』エムティ出版、一九九五年、六八―六九頁、九四―九五頁。

57 満洲教育専門学校同窓会陵南会前掲書、一九七頁。

58 同右書、二四二頁。

59 野村前掲書、九五―九六頁。

60 「編輯だより」『いとし児』第七巻第五号、一九三五年五月、四〇頁。

61 日本女子大学所蔵の上村直筆の履歴書。貴重な資料を閲覧する機会を与えられたのは、ひとえに同大学人間社会学部の真橋美智子氏のご尽力によるものである。ここに記して感謝申し上げる。
62 「急告」(「編輯だより」所収)『いとし児』第七巻第五号、一九三五年五月、四〇頁。
63 「記者だより」(「勝弥生」とある)『いとし児』第八巻第一二号、一九三六年一二月、四八—四九頁。
64 「記者のページ」『いとし児』第九巻第四号、一九三七年四月、四八頁。
65 前掲の、日本女子大学所蔵の上村直筆の履歴書による。
66 上村哲弥「私から皆様へ」『いとし児』第一一巻第九号、一九三九年九月、二頁。
67 上村哲弥「私から皆様へ」『いとし児』第一一巻第一〇号、一九三九年一〇月、五頁。なお、「桜楓会」とは、日本女子大学校の同窓会を指すと考えられる。
68 上村勝弥「編輯後記」『いとし児』第一二巻第一二号、一九四〇年一二月、五二頁。
69 上村前掲「序に代へて」、六頁。
70 上村前掲『両親再教育と子供研究』、一一七頁。
71 同右書、九七頁。
72 同右書、一〇四頁。
73 同右書、一一三—一一四頁。
74 同右書、一一一頁。
75 上村哲弥「理想の母」上村哲弥『親たるの道—科学的・進歩的な愛児の導き方』日本両親再教育協会、一九四〇年（石川松太郎監修『「子どもと家庭」文献叢書 第一一巻　親たるの道 科学的・進歩的な愛児の導き方』クレス出版、一九九七年）、六六頁。
76 同右書、七八頁。
77 同右書、一一三—一一四頁。
78 上村前掲『両親再教育と子供研究』、一一八—一一九頁。

79 同右書、二三頁。
80 同右書、一二五—一二六頁。
81 同右書、一三〇頁。
82 同右書、一三三—一三四頁。
83 同右書、一三四—一三五頁。
84 同右書、一三五—一三六頁。
85 同右書、一三七—一三九頁。
86 同右書、一四〇—一四四頁。
87 同右書、一四四—一四五頁。
88 同右書、一四五—一四六頁。
89 同右書、一四六—一五四頁。
90 同右書、一五七頁。
91 同右書、一五五—一五六頁。
92 松岡信義「児童研究運動における「科学」観の検討（一）」『美作女子大学 美作女子大学短期大学部 紀要』第一八号・第三〇号、一九八五年、四頁。
93 同右書、七—八頁。
94 『いとし児』第三巻第一二号から第五巻第一二号までの当該記事から、数えた。
95 「旅を終へて」（「杉本生」とある）『いとし児』第四巻第一二号、一九三二年一二月、三三頁。
96 「新会員名簿」『いとし児』第四巻第七号、一九三二年七月（奥付がないので、表紙の右端の発行日）、四〇頁。
97 「新会員名簿」『いとし児』第四巻第八号、一九三二年八月（奥付がないので、表紙の右端の発行日）、三六頁。
98 「編輯だより」『いとし児』第四巻第七号、一九三二年七月、四〇頁。
99 「編輯だより」（「杉本」の記名がある）『いとし児』第四巻第八号、一九三二年八月、三九頁。

100 小川初枝による寄稿『いとし児』第四巻第一一号、一九三二年一一月、三六頁。
101 小川初枝による寄稿『いとし児』第四巻第一二号、一九三二年一二月、三七頁。
102 上村前掲『両親再教育と子供研究』一四四頁。
103 小川初枝による寄稿『いとし児』第五巻第七号、一九三三年七月、四〇頁。
104 吉本茂樹「若き父の断想」『いとし児』第二巻第七号、一九三〇年七月、四〇頁。
105 吉本茂樹「私と正昭」『いとし児』第二巻第一〇号、一九三〇年一〇月、三五頁。
106 吉本茂樹「小倉に於ける母の会及座談会の報告」『いとし児』第五巻第五号、一九三三年五月、三六―三七頁。
107 「本会支部開設」『いとし児』第六巻第七号、一九三四年七月、一三頁。
108 吉本茂樹による寄稿『いとし児』第六巻第八号、一九三四年八月、四五頁。
109 「編輯だより」『いとし児』第六巻第一〇号、一九三四年一〇月、三九頁。
110 「新会員名簿」『いとし児』第六巻第一〇号、一九三四年一〇月、三九頁。
111 吉本は門司と小倉とに住まいを持っていたのか事情は不明だが、「小倉では数名の者が小生宅にて、上村主幹を中心として座談会」を開いたと記され、吉本の肩書きも「門司小倉支部担当者」とされている。吉本茂樹「門司支部だより」『いとし児』第七巻第七号、一九三五年七月、四〇頁。
112 吉本茂樹「門司支部短信」『いとし児』第七巻第一〇号、一九三五年一〇月、三二頁。
113 吉本茂樹「地方支部だより　門司支部通信」『いとし児』第八巻第一号、一九三六年一月、四五頁。
114 吉本茂樹「さらば門司よ小倉よ」『いとし児』第九巻第七号、一九三七年七月、三四―三五頁。
115 吉本茂樹「十周年を祝して」『いとし児』第一〇巻第七号、一九三八年七月、五五頁。
116 上山幸一『『いとし児』へ寄す」『いとし児』第五巻第一号、一九三三年一月、四五頁。
117 上山幸一「私の児童観」『いとし児』第五巻第二号、一九三三年二月、三四頁。
118 上山幸一「主幹を迎へて」『いとし児』第七巻第七号、一九三五年七月、四〇頁。
119 福永津義子による寄稿『いとし児』第七巻第八号、一九三五年八月、四〇頁。なお、福永の名前は、つぎ、つぎ子、津義、津義子などと表記に一貫性がないが、同一人物と判断する。

120 福永津義子は夫福永盾雄を亡くし、幼稚園園長となる。「弔詞」『いとし児』第七巻第九号、一九三五年九月（奥付の発行日は誤り、表紙右端より）、二五頁。

121 福永つぎによる寄稿『いとし児』第八巻第一号、一九三六年一月、四六頁。

122 植村友彦「上村主幹に従ひて西下の記」、上山幸一「主幹上村先生神戸訪問記」『いとし児』第九巻第六号、一九三七年六月、四二―四四頁。

123 福永つぎ子「母としての反省」『いとし児』第九巻第七号、一九三七年七月、三三―三四頁。

124 坂口喜代子による寄稿『いとし児』復刊第一巻第九号、一九五〇年八月、五六頁。

125 『舞鶴幼稚園六〇年のあゆみ　ひかりの子らしく』西南学院舞鶴幼稚園、一九七三年、九頁。福永については、拙稿「福永津義における「両親再教育」――日本両親再教育協会との関わりから」（『日本保育学会第五八回大会発表論文集』二〇〇五年）を参照されたい。

126 「支部結成」『いとし児』第八巻第三号、一九三六年三月、七頁。給田彩子「「いとし児」鹿児島支部発会式」『いとし児』第八巻第四号、一九三六年四月、四一頁。

127 「編輯後記」『いとし児』第八巻第五号、一九三六年五月、四四頁。

128 「記者附記」（給田彩子による短歌への附記）『いとし児』第八巻第一〇号、一九三六年一〇月、二九頁。給田彩子「上村哲弥先生を坂出に迎えて」『いとし児』第九巻第六号、一九三七年六月、四四―四五頁。

129 給田茂太郎による寄稿『いとし児』第八巻第一二号、一九三六年一二月、四七頁。

130 給田彩子前掲「上村哲弥先生を坂出に迎えて」。

131 「新会員紹介」『いとし児』第九巻第七号、一九三七年七月、四三頁。

132 給田彩子による短歌の内容から。『いとし児』第八巻第一〇号、一九三六年一〇月、二九頁。給田夫妻は、最終的に五人の子どもに恵まれた。（給田彩子「なつかしき思い出」『いとし児』復刊第一巻第一号、一九四九年一二月、四二―四三頁。）

133 給田前掲「なつかしき思い出」。

終章　一九三〇年代日本における家庭教育振興の思想とは

終章にあたり、本書序章で提示した課題をふり返りたい。

明治期、学校教育制度を確立する過程で、「家庭」「家庭教育」が理念として見いだされた。教育的な居住空間としての「家庭」理念では、「父は職場、母は在宅で家事育児」という性別役割分業がイメージされていた。大正期となった一九二〇年代、そのような生活様式が都市部の新中間層に実態化した。この新中間層の母親たちは、我が子の教育に強い関心を持っていた。統制の枠を超える「家庭」の様相をふまえ、母親たちを直接統制しようとする働きかけがなされたのが、一九三〇年代であるとの時代認識を序章で仮説として提示した。こうした認識にたち、本書では、「家庭教育」について指導的な立場で発言した人々が、教育者としての親のあり方をどう考え、また、どう誘導しようとしたのかを明らかにしてきた。

具体的には、三人の人物を取り上げて考察した。取り上げたのは、社会教育官を兼任した倉橋惣三（東京女子高等師範学校教授）、大日本連合婦人会家庭教育相談所の所長であった青木誠四郎（東京帝国大学農学部助教授）、そして日本両親再教育協会の主幹であった上村哲弥（南満洲鉄道株式会社社員）である。三人に共通していたのは、新中間層の親ことに母親の養育態度を危惧するまなざしであった。そのまなざしの先には、我が子の相対的な位置をより高くしたいと、我が子を厳しく指導する姿があった。ただ、三者に異なっていたのは、そうした母親を制し、誘導するための方法であった。

倉橋は、「家庭教育」に「二つの意味」をとらえ、母親たちにその違いを論じてみせた。倉橋によれば、「家庭教育」に一般的に当てられる意味としては、母親たちが「計画」していわば方法的な自覚のもとで行う我が子への教育営為であり、具体的には「訓戒」や「予習復習」の指導であるという。倉橋の言うところの第二の「家庭教育」とは、母親が子どもに世話をしながらその傍らにいる際、母親と子どもとの間で無意識の中になされる関わりで、無意図的な教育を意味した。新中間層の母親が我が子に自覚的かつ計画的に教育を行おうとする姿に接し、それを牽制したものと言える。倉橋は、学校教育では競争が促されて学習が動機づけられる一方で、家庭には学校の競争・序列の論理を持ち込まないよう求めた。新中間層の家庭がいわば学校化する状況にかんがみ、家庭が脱学校化されるよう働きかけたとも言える。母親たちは自身が学校教育を通して得た学力と競争心をもって、我が子を競争に駆り立てた。倉橋は、母親たちが持ち得た「主体性」を危惧し、それを制限しようとしたとも言えるだろう。

青木は、開発の途上にあった知能検査に言及することで、母親たちが持つ我が子への強い期待を制しようとしたが、青木自身は心理学者として知能検査の限界も知っていた。それでも母親たちを前にしては、その信頼性を説かざるを得なかった。あたかも「知能」は先天的に不変であると思わせるような言い方で、我が子の中等学校受験に関心を持つ母親たちに、無理をさせるのはよくないと説いた。一方、同様に「知能」は不変だとして、発達の遅れのある子どもの母親には、「普通の子ども」に追いついてほしいとの願いを退けようとした。しかし、青木が「知能の不変」を唱えても、新中間層の人々は、教育相談所各所で我が子に知能検査をたびたび受けさせ、練習によって「知能」を高めることさえ期待していたようでもある。

知能検査をめぐっては、本書第二章で触れたように、倉橋は青木の家庭教育相談所に関わって批判をしていた。浮かび上がったのは、知能検査と判定をめぐる悩ましい課題である。倉橋は「幼児期に於ける査定の結果は、大体に於いて一生を予想せしむるものもあるが、最後の教育的断案を下すものでは決してない」、「科学の報告を先入見として消極的態度を生むやうのことが多少でもあつてはならない」と述べていた[1]。「科学」を標榜する方法には疑念を呈する倉橋ならではの発言であるが、知能検査の負の側面について示唆したものでもあった。

当時、教育相談事業は知的障害児の発見とその指導に関する方法を模索し始めていた。知能検査は、知的障害の発見だけでなく、我が子の知的障害を親に納得させるために用いられた。しかし、青木はそうした判定や指導に関わって、意見を異にする親についての苦悩を吐露していた。

一方で、子どもをめぐって良好な連携を通しての取り組みも蓄積されていた。東京文理科大学教育相談部の後藤岩男は、東京高等師範学校附属小学校の「特別学級」の実践をまとめている。そこでは、知的障害を持つ子どもへの関わりについて、学校での活動を踏まえて、家庭での過ごし方を教師と家庭とで密に連絡しあった例に言及している[2]。時間的余裕のある在宅の母親あってこそ、そうした密な連携は実現されたと考えられる。親たちが、障害を持つ子どもに家庭で手厚く関わるためには、経済的かつ時間的余裕とともに、我が子への愛着や責任感を擁する必要があった。このことを成しえる人々こそ、新中間層であった。ただ、青木も嘆いたように、障害のある子どものための専門機関の数は、圧倒的に足らなかった。施設が足らない分は、在宅の母親に期待することにもなった。障害のある子どもを発見し、その子どものための社会資源が担保されなければ、結局、すべて母親だのみということになる。

教育相談事業には、生活習慣や学習習慣、社会性の問題などの相談も多く持ち込まれた。青木の回答は、単純化して言えば根気強く懇切丁寧に子どもに働きかけるというもので、倉橋が言う無意図的な教育とはかなり方向性を異にしていた。学習を苦手とする子どもには、子どもに自信を持たせるような働きかけを母親に促し、家庭で学習習慣をつけるよう指導した。この場合、子どもにとって学習することは意味があり、性格形成にも寄与するとの観点から、回答がされているようであった。受験競争に関する文脈では教育者としての親の意欲を制する発言をする一方で、子どもの「逸脱」状況においては、教育者としての親の意欲を引き出すような発言がされたとも言えるだろう。結局、「家庭」は脱学校化を促されもし、かたや一層学校化を促されもしたということになろうか。「家庭教育振興政策」が振興したい「家庭教育」とは、文脈によって多様な意味を与えられていた。

当該政策とは異なる回路で活動した上村は、一般に流通する「家庭教育」は親が子どもを教育することを含意することから違和感を覚え、親こそ教育を受けるべきだとし、あえて「両親再教育」を会の名前に冠した。倉橋同様、親が教育する主体として強調されることを懸念したと考えられる。

上村は、親たちに「研究団体」の組織化を促した。上村の考える「研究団体」では、母親たちが共通の参考書を得て学ぶことが求められたが、高等女学校卒業程度の学力が必要だと考えていた。上村自身の組織化構想は、学力の高い母親を前提とするものであった。実際に支部が発足した例もあったが、持続することは難しかった。結果的に、組織化それ自体が目的化しているように見えたが、上村の熱烈な支持者が組織化に大きな役割を担っていたことは間違いないだろう。

上村は、戦後、「家庭教育」の専門家として大学に職を得ることとなる。上村は、自身が既に戦前、米国の運動を日本に紹介したと繰り返し主張した。上村の構想は、戦後のＰＴＡ運動において引き続き披露されることになった。筆者は、子どもたちのため親同士がつながることはよいことと考え、ＰＴＡの役員になったことがあるが、理解できない活動に多く遭遇した[3]。組織の持続それ自体が目的化すると、不思議な理由を持ち出さなくてはならなくなる。ＰＴＡの考察についても、今後の課題としなければならない。

本書序章において、「家庭」が公的な場となり、母親が公的な役割を担うことになったと述べた。安永寿延は『日本における「公」と「私」』において、「公としての国家はたえず人びとの「私」性を否定しつづける」、「「公＝善」としての国家は、罪であり悪である個人の監視・統制機構として機能し、「私」性の無化を要求する」と述べた[4]。「公」としての国家は、子ども一人ひとりが分相応にもてる力を発揮することを期待する。しかし、「公」の下請けとしての母親は、「公」の思惑とは別に、「我が子にいい成績をとらせていい学校に入れたい」と考える。結局、母親の責任は唱えつつ、一方で競争心は抑えるための言説が、一九三〇年代にあれこれ生み出されたと言えないか。

一九三〇年代、「家庭教育」に関わる諸問題が見出された。問題の一つは、ほぼすべての子どもたちが競争・序列から自由でなくなった状況である。その一方、教育問題は学習面にとどまらず、「逸脱」行動などの社会的な側面も強調されるようになった。都市新中間層の母親たちは、我が子の相対的な位置に敏感になって、我が子に強く働きかけようとした、また、母親たちは我が子の成績だけでなく、その「逸脱」行動を極度に恐れた。母親たちの養育態度は問題化され、母親たちに向けた指導のあり方も多様に創出された。講演や活字媒体を介する啓蒙活動、知能検査を活用する教育相談事業、親の組織化を促す活動などである。これらは、大きく形を変えて、今日もなお親を対象として展開されているが、指導のあり方をめぐるいくつもの課題が、一九三〇年代にすでに見られたように思われた。

その後、「家庭教育振興政策」は、銃後支援を担う政策としての色合いを強める。本書で言及した指導方法のいくつかは、競争・序列を超える教育目的（「日本精神」の涵養、「国の子」の育成など）がスローガンとして連呼される中、強調されなくなっていく。戦時体制という非常事態ゆえの要請だけでなく、競争・序列の論理を超える教育目的が、そもそも「家庭教育」において構造的に求められていたことも、認めなくてはならない。

森田伸子は、ルソーによる『エミール』を取り上げた著書において『エミール』は家庭教育論として書かれた。」とし、ルソーが提示した「家庭教育」の目的は、「人間（オム）の形成」であったと述べている。そして、「オムとしての教育とは、いかなる状況のもとでも自由で独立した存在でありながら、しかも、必要によっては、その自由と独立を自らの意志で譲渡しうる、真に主体的な人間を形成することにあった」とした。また、「わが子だけは公共の教育階梯のより高い段階へ押しあげたいという、いわゆる「教育ママ」が生まれてくる」「現象は、近代社会の中で女性と子どもが置かれていた状態の、現代的な帰結」とし、「新しい子ども観の創造」への期待について述べた[5]。

「教育ママ」はすでに一九二〇から三〇年代日本の都市部に実態化していたわけだが、本書で取り上げた指導者たちが、「いい学校に入れたい」という誘惑を超えるような教育目的を提示できたようにも思えなかった。

ルソーが語ったような「真に主体的な人間」を育てる「家庭教育」――競争とは異なる次元での価値について、模索しなければならない。自身の課題として、考えていきたい。

注

1 本書第二章参照。
2 後藤岩男『伸び行け子供』第一公論社、一九四〇年（児童問題史研究会監修『現代日本児童問題文献選集一九 伸び行け子供』日本図書センター、一九八七年）。
3 実際、市内のバレーボール大会の折、「うちのＰＴＡが出ないと、校長先生が恥をかくから」という声を聞いた。
4 安永寿延『日本における「公」と「私」』日本経済新聞社、一九七六年、七二―七三頁。そのほか、「公と私」に関して、以下の文献を参照した。三戸公『公と私』未来社、一九七六年。森田洋司『「不登校」現象の社会学』学文社、一九九一年。石戸教嗣「教育における「公」と「私」：その理論的考察」日本教育社会学会編『教育社会学研究』第五二集、東洋館出版社、一九九三年。渡辺浩「「おほやけ」「わたくし」の語義 「公」「私」、“Public”“Private”との比較において」佐々木毅・金泰昌編『公共哲学一 公と私の思想史』東京大学出版会、二〇〇一年。森田洋司『いじめとは何か』中央公論新社（中公新書）、二〇一〇年。
5 森田伸子『子どもの時代 『エミール』のパラドックス』新曜社、一九八六年、一八六頁、一九〇頁、三三一頁。

資料

倉橋惣三

単行本

『幼稚園雑草』内田老鶴圃、一九二六年
『幼稚園保育法真諦』東洋図書株式合資会社、一九三四年（岡田正章監修『大正・昭和保育文献集 第九巻』日本らいぶらり、一九七八年）
『育ての心』刀江書院、一九三六年
「社会的児童保護概論」『社会政策大系 第八巻』大東出版社、一九二七年
「幼年期の宗教々育 第一講」『宗教教育講座 第七巻』大東出版社、一九二七年
「幼年期の宗教々育 第二講」『宗教教育講座 第八巻』大東出版社、一九二八年
「幼年期の宗教々育 第三講」『宗教教育講座 第一六巻』大東出版社、一九二八年
（上記の三講をまとめて収録したのが、「幼年期の宗教々育」『宗教生活叢書 第一三巻』大東出版社、一九三三年）
「家庭と家庭教育」日本両親再教育協会編『子供研究講座 第一巻』『子供研究講座 第二巻』先進社、一九二八年
（上記の二編をまとめて収録したのが、日本両親再教育協会編『子供研究講座 第四巻』先進社、一九三一年）

「幼児の心理と教育」日本両親再教育協会編『子供研究講座 第三巻』『子供研究講座 第四巻』『子供研究講座 第五巻』先進社、一九二八年（第三巻）、一九二九年（第四巻、第五巻）
（上記の三編をまとめて収録したのが、日本両親再教育協会編『子供研究講座 第三巻』先進社、一九三一年）
「児童保護の教育原理」『社会事業大系 第二巻』中央社会事業協会、一九二九年（岡田正章監修『大正・昭和保育文献集 第八巻』日本らいぶらり、一九七八年）
「家庭教育総説」文部省社会教育局編『現代家庭教育の要諦』宝文館、一九三一年（石川松太郎監修『子どもと家庭」文献叢書 第八巻 現代家庭教育の要諦』クレス出版、一九九七年）
「子どもと家庭教育」『婦人公論大学 育児篇』中央公論社、一九三一年
「就学前の教育」『岩波講座 教育科学 第一冊』岩波書店、一九三一年
「親と語る」日本放送協会関西支部編『両親再教育』日本放送出版協会関西支社、一九三二年
「家庭教育」『岩波講座 教育科学 第十冊』岩波書店、一九三二年
倉橋惣三・新庄よし子『日本幼稚園史』東洋図書、一九三四年
倉橋惣三・斎藤文雄・青木誠四郎『愛育読本』三省堂、一九三五年
『家庭教育の本質と指導の要諦（家庭教育叢書 第一輯）』文部省社会教育局、一九三六年
「家庭教育」文部省思想局編『日本諸学振興委員会研究報告 第一篇（教育学）』一九三七年
『家庭教育指導叢書第十輯 家庭教育と学校教育』文部省社会教育局、一九四二年

近年出版されている著作は以下の通り。没後久しい今もなお、倉橋本人の論稿がさまざまな編集方針によって出版されている。

『倉橋惣三選集』第一巻―第五巻、フレーベル館、一九六五年（第一・三巻）、一九六七年（第四巻）、一九九六年（第五巻）
菊池ふじの監修、土屋とく編『倉橋惣三「保育法」講義録―保育の原点を探る』フレーベル館、一九九〇年
倉橋惣三『幼稚園真諦』フレーベル館（フレーベル新書）一九七六年
倉橋惣三『子供讃歌』フレーベル館（フレーベル新書）一九七六年
倉橋惣三『育ての心（上）』フレーベル館（フレーベル新書）一九七六年
倉橋惣三『育ての心（下）』フレーベル館（フレーベル新書）一九七六年
倉橋惣三『子どもの心とまなざしで』フレーベル館、一九九六年
倉橋惣三『倉橋惣三の「保育者論」』フレーベル館、一九九八年

雑誌

「家庭教育の第一義」『児童』第一巻第九号、一九一七年一二月
「よい幼稚園とは」『婦人週報』一九一八年一月
「早教育に伴ふ危険（上）」『婦人週報』一九一八年二月
「実際問題としての早教育」『子宝』第二巻第四号、一九一八年四月
「母を与へよ」石川六郎編『婦人問題講演集 第八輯』民友社、一九二二年九月
「家庭教育と児童読物」『小学校』一九二七年一〇月
「我が子の育て方」『子供の教養』一九二九年六月

「親の盲目といふことに就いて」『育児の友』一九二九年七月
「家庭教育の根本義」『児童研究』第三六巻一号／第三六巻二号、一九三二年四月／一九三二年五月
「真の家庭教育とは何か」『公民教育』一九三二年八月

『幼児の教育』日本幼稚園協会発行

「幼稚園の家庭教育補導」『幼児の教育』第四〇巻二号、一九三九年
「母の講座 戦時家庭教育心得（一）──文部省指示要項解説」『幼児の教育』第四二巻八─九号、一九四二年
「母の講座 戦時家庭教育心得（二）──文部省指示要項解説」『幼児の教育』第四二巻一〇号、一九四二年
「母の講座 戦時家庭教育心得（三）──文部省指示要項解説」『幼児の教育』第四二巻一一号、一九四二年
「母の講座 戦時家庭教育心得（四）──文部省指示要項解説」『幼児の教育』第四二巻一二号、一九四二年

『家庭』大日本連合婦人会発行

「まむき、よこ顔、うしろ姿」第一巻第一号、一九三一年六月
「子供好きの住職」第一巻第六号、一九三一年一一月
「子供の癖しらべ」第二巻第一号、一九三二年一月
「子供の癖しらべ（講座第二回）」第二巻第二号、一九三二年二月
「子供の癖しらべ（講座第三回）」第二巻第三号、一九三二年三月
「子供の癖しらべ（講座第四回）」第二巻第四号、一九三二年四月
「子供の癖しらべ（講座第五回）」第二巻第五号、一九三二年五月

「子供の癖しらべ（講座第六回）」第二巻第六号、一九三二年六月
「泣き蟲とはよくつけた（講座第七回）」第二巻第七号、一九三二年七月
「夏期悪癖養成所（講座第八回）」第二巻第八号、一九三二年八月
「『家庭集会』を提案したい」第三巻第一号、一九三三年一月
「実務生活は人間性を養う」第三巻第三号、一九三三年三月
「圧へても伸びる子ならば」「母の神秘」第三巻第四号、一九三三年四月
「原始的道徳の尊さ」第三巻第九号、一九三三年九月
「入学児を持つ家庭へ――やさしい母の心遣ひ」第四巻第三号、一九三四年三月
「夏休みから新学期へ――家族全体が休暇明け」第四巻第九号、一九三四年九月
「学校を選ぶ態度」第七巻第二号、一九三七年二月
「家庭教育と入学試験制度の改正」第一〇巻第一号、一九四〇年一月

『愛育』恩賜財団愛育会発行

「家庭の保護と充実――愛育問題の基底」第一巻第一号、一九三五年七月
「児童教育相談」第一巻第一号、一九三五年七月
「母の誕生・母の成長」第一巻第二号、一九三五年八月
「児童教育相談」第一巻第二号、一九三五年八月
「児童教育相談」第一巻第四号、一九三五年一〇月
「あまい母、からい母」第一巻第五号、一九三五年一一月

「児童教育相談」第一巻第五号、一九三五年一一月
「児童教育相談」第一巻第六号、一九三五年一二月
「愛育事業の真精神」第二巻第一号、一九三六年一月
「児童教育相談」第二巻第一号、一九三六年一月
「児童教育相談」第二巻第二号、一九三六年二月
「児童教育相談」第二巻第三号、一九三六年三月
「児童教育相談」第二巻第四号、一九三六年四月
「児童教育相談」第二巻第五号、一九三六年五月
「愛育方針の家内統制――わけても嫁姑のあひだのこと」第二巻第六号、一九三六年六月
「児童教育相談」第二巻第六号、一九三六年六月
「児童教育相談」第二巻第七号、一九三六年七月
「教育的おつかさん論――わけても親子のあいだのこと」第二巻第九号、一九三六年九月
「児童教育相談」第二巻第九号、一九三六年九月
「児童教育相談」第二巻第一〇号、一九三六年一〇月
「児童教育相談」第二巻第一一号、一九三六年一一月
「児童教育相談」第二巻第一二号、一九三六年一二月
「愛育の喜び」第三巻第一号、一九三七年一月
「しのろ・のつぽろ――北海道の新愛育村と新愛育班」第三巻第一〇号、一九三七年一〇月
「時局と愛育――新年の言葉」第四巻第一号、一九三八年一月

「母第一」第四巻第三号、一九三八年三月
「我が子の幼稚園――母と語る」第四巻第四号、一九三八年四月
「母の幸福と苦労」第四巻第七号、一九三八年七月

倉橋による資料その他

従野静子氏ノート　「現代家庭教育及其指導」一九三一年七月
〃　「母」　〃
〃　「我子ノ心ノ育テ方」　〃
〃　「性情教育ニ就テ」　〃
「家庭及び幼稚園に於ける幼児の教育 全」
「昭和天皇への御進講ノート」（倉橋の手書き）
「子供の家庭教育に就て――青山師範学校尋四ニ組母の会講演筆記」発行年不明
「母の教育」（倉橋手書きの原稿）執筆年不明
「家庭教育の本質と指導の要諦」（レジュメ）執筆年不明
「戦時下家庭教育の指導指標」（レジュメ）執筆年不明
「昭和十六学年度教授要目 学科目：家庭教育」（東京女子高等師範学校専攻科第三学年家事部）」

青木誠四郎

単行本

(単著)

『教育的児童心理学』古今書院、一九二二年(大泉溥監修『文献選集 教育と保護の心理学　明治大正期 第七巻』クレス出版、一九九七年)

『劣等児低能児心理と其教育』中文館書店、一九二二年(児童問題史研究会監修『現代日本児童問題文献選集五』日本図書センター、一九八六年)

青木誠四郎訳『保育学校の実際研究』中文館書店、一九二四年(『大正・昭和保育文献集 第二巻』日本らいぶらり、一九七八年)

『児童心理学序説』中文館書店、一九二四年

『青年期の心理』古今書院、一九二七年

『学業成績の研究』先進社、一九二九年

『個性調査の原理と方法』賢文館、一九三二年

『子供の教育相談』東治書院、一九三四年

『子供の問題に答える』成美堂、一九三四年

『青年心理』叢文閣、一九三五年(小川利夫・寺﨑昌男監修『近代日本 青年期教育叢書　第Ⅰ期・青年期教育論

第九巻』日本図書センター、一九九〇年）
『児童心理学』賢文館、一九三六年
『子供を見る眼』第一出版社、一九三九年
『学校職業指導』賢文館、一九三九年
『家庭における子供の鍛錬』主婦之友社、一九四二年
『母性読本第三編 国民学校と児童の学習』厚徳書院、一九四二年
『改訂 児童心理学』壮文社、一九四六年
『道徳性の発達と教育』朝倉書店、一九五三年
『新しい教育と家庭の教育』有朋堂、一九五〇年（石川松太郎・山本敏子監修『戦後家庭教育文献叢書 第二巻』クレス出版、一九九六年）
『若い女性』長野市教育会内 青木誠四郎先生若い女性刊行会、一九六六年（青木が東京家政大学で毎週水曜日に行った講演の内容を収録したもの）

（共著）

「子供の生活の見方──児童研究法概論」日本両親再教育協会編『子供研究講座 第一巻』先進社、一九二八年
「子供の生活の見方──児童研究法概論」日本両親再教育協会編『子供研究講座 第二巻』先進社、一九二八年
「子供の生活の見方──児童研究法概論」日本両親再教育協会編『子供研究講座 第三巻』先進社、一九二八年
「子供の生活の見方──児童研究法概論」日本両親再教育協会編『子供研究講座 第四巻』先進社、一九二九年
「子供の生活の見方──児童研究法概論」日本両親再教育協会編『子供研究講座 第五巻』先進社、一九二九年

「子供の生活の見方―児童研究法概論」日本両親再教育協会編『子供研究講座 第六巻』先進社、一九二九年
（上記の六編をまとめて収録したのが、「子供の生活の見方―児童研究法概論―」日本両親再教育協会編『子供研究講座 第五巻』先進社、一九三一年）
「最近の心理学と児童研究」日本両親再教育協会編『子供研究講座 第十巻』先進社、一九二九年（上記の再録：「最近の心理学と児童研究」日本両親再教育協会編『子供研究講座 第三巻』先進社、一九三一年）
「学業成績の優劣をきめる諸事情」日本両親再教育協会編『当面の児童問題』先進社、一九二八年（児童問題史研究会監修『現代日本児童問題文献選集二』日本図書センター、一九八六年）
「家庭に於ける青少年の生活指導」文部省社会教育局編『現代家庭教育の要諦』宝文館、一九三一年（石川松太郎監修『「子どもと家庭」文献叢書 第八巻』クレス出版、一九九七年）
「子供の心の発達」『婦人公論大学 育児篇』中央公論社、一九三一年
倉橋惣三・斎藤潔・青木誠四郎著（恩賜財団愛育会編）『愛育読本』三省堂、一九三五年
堂東 伝著（青木誠四郎推奨）『学科試験廃止に就て 中学校・女学校・実業学校新入学志望者へ――並に父兄への注意』教育科学研究所、一九三九年（青木の推薦文なし）
青木誠四郎編著『日本青少年教育研究所 研究報告 青少年社会生活の研究』朝倉書店、一九四三年
青木誠四郎編著『日本青少年教育研究所 研究報告二 青少年錬成の課題』朝倉書店、一九四三年
日本青少年教育研究所編『日本青少年教育研究所 研究報告三 児童生活の実態』朝倉書店、一九四三年（『日本児童問題文献選集一二 児童生活の実態』日本図書センター、一九八三年）
「学習指導要領の解説」森戸辰男 他著『新教育基本資料とその解説』学芸教育社、一九四九年
青木誠四郎編『新しい家庭のしつけ』中央社、一九四九年

青木誠四郎・大橋広・海後宗臣・斎藤文雄・武田一郎・波多野完治・山下俊郎編『母の事典』小学館、一九五四年

青木誠四郎「学力の新ら《ママ》しい考え方」青木誠四郎・青池実・木宮乾蜂・倉澤栄吉・国分一太郎・周郷博・宍戸良平・藤田善次郎・宮下美弘『新教育と学力低下』原書房、一九四九年（山内乾史・原清治編著『論集日本の学力問題　上巻　学力論の変遷』日本図書センター、二〇一〇年に収録）

青木誠四郎「新しい教育と家庭の指導」青木誠四郎監修『子供の学習の導き方』実業之日本社、一九五〇年

青木誠四郎・宗像誠也・細谷俊夫編集『教育科学辞典』朝倉書店、一九五二年

雑誌

『児童研究所紀要』久保良英編集、児童研究所発行／一九二二年から中文館書店発行
（津曲裕次監修『児童問題調査資料集成』八―二二巻所収、大空社、一九九二―一九九三年）

「児童の童話的想像に関する研究」、第四巻、一九二〇年（『児童問題調査資料集成九』所収）

「就学児童の心身発達に関する研究（主として幼児期の発達と知能の発達との関係について）」、第五巻、一九二二年（『児童問題調査資料集成一〇』所収）

「児童の人物画についての発生的観察」、第六巻（『児童問題調査資料集成一一』所収）

「生活の諸条件と智能竝に学業成績との関係」、第七巻（『児童問題調査資料集成一二』所収）

「学科に対する態度と学業成績との関係」、第一一巻、一九二八年（『児童問題調査資料集成一六』所収）

『心理研究』心理学研究会編集、心理研究社発行

「児童の童話的想像について」、第一〇三号、一九二〇年七月
「月経に関する調査」、第一〇八号、一九二〇年一二月
「幼児発育に於ける歩行期の意義」、第一二一号、一九二二年一月
「家庭の状況と知能」、第一三三号、一九二三年一月
「智能の個人差と教育の限界（フランク・フリーマン）」、第一三七号、一九二三年五月
「中学校入学者選抜の方法についての私見」、第一四六号、一九二四年三月

『家庭』大日本連合婦人会発行

「誌上家庭教育相談所」、第一巻第三号、一九三一年八月
「誌上家庭教育相談所」、第一巻第四号、一九三一年九月
「誌上家庭教育相談所」、第一巻第六号、一九三一年一一月
「誌上家庭教育相談所」、第二巻第一号、一九三二年一月
「家庭教育相談所」、第四巻第四号、一九三四年四月
「家庭教育相談所」、第四巻第五号、一九三四年五月
「家庭教育相談所」、第四巻第六号、一九三四年六月
「家庭教育相談所」、第四巻第七号、一九三四年七月
「家庭教育相談所」、第四巻第八号、一九三四年八月
「家庭教育相談所便り」、第一巻第六号、一九三一年一一月

「智能指数と学業成績」(「会のたより 運命をきめる智能指数 家庭教育相談懇話会の講演」所収)、第三巻第一号、一九三三年一月
「無暗に中等学校へ入れやうとするな」(「どうしたらお子さんが中等学校に入れるか」所収)、第二巻第二号、一九三二年二月
「向上の指標を持つて」(「特輯 家庭生活更新の途」所収)、第三巻第一号、一九三三年一月
「無理のない勉強」(出席者の一人として発言)、「相談会発言者」(「中等学校入学準備相談会」所収)、第三巻第三号、一九三三年三月
「ピラミッド型に知識を拡げて」(「栴檀の双葉をどう育めばよいか」所収)、第三巻第四号、一九三三年四月
「どんな上級学校を選んだらよいか 子供さんの親達へ注意」(「入学する子供を持つ家庭へ」所収)、第四巻第三号、一九三四年三月
「入学準備の座談会」(出席者の一人として発言)、第五巻第三号、一九三五年三月
「母はかく思ふ」(座談会参加の母親たちとのやりとり再録)、第七巻第七号、一九三七年七月

『愛育』恩賜財団愛育会発行
「児童研究の近況」、第一巻第一号、一九三五年七月
「人怳れぬ子供」、第一巻第四号、一九三五年一〇月
「泣く子供」、第二巻第三号、一九三六年三月
「乱暴する子供」、第二巻第六号、一九三六年六月
「嘘をつく子供」、第二巻第一一号、一九三六年一一月

「問題の子供の問題」、第三巻第二号、一九三七年二月
「低能児の将来とそれへの備へ」(「低能児教育」所収)、第三巻第一〇号、一九三七年一〇月

『教育』岩波書店

「教育相談所の現況とその問題」第三巻第四号、一九三五年四月

『職業指導』大日本職業指導協会

「職業の性格発達への影響」第一一巻第一号、一九三八年一月
「職業指導に於ける個性の社会性」第一一巻第五号、一九三八年五月

上村哲弥

単行本

「両親の再教育と児童研究」日本両親再教育協会編『子供研究講座』第一巻・第二巻、第三巻・第四巻・第五巻、先進社、一九二八年・一九二八年・一九二八年・一九二九年・一九二九年
「家庭とナースリー・スクール」日本両親再教育協会編『子供研究講座』第六巻、先進社、一九二九年

「家庭とナースリー・スクール」日本両親再教育協会編『子供研究講座』第二巻、先進社、一九三〇年[2]
「両親の再教育と児童研究」日本両親再教育協会編『子供研究講座』第四巻、先進社、一九三一年[3]
『親たるの道――科学的・進歩的な愛児の導き方』日本両親再教育協会（発売 第一出版社）、一九三七年、改訂版一九四〇年[4]
『両親再教育と子供研究』日本両親再教育協会（発売 第一出版社）、一九三八年[5]
『しつけのいろは歌』両親教育協会、一九五四年
『家政学原論――家族関係』日本女子大学通信教育部、一九六〇年（通信教育テキスト）
『生命を育くむもの――しつけのいろは歌』両親教育協会、一九七九年
上村哲弥、伊東祐彦、矢野雄『子供の体質と栄養』日本両親再教育協会、一九三七年

雑誌

『いとし児』日本両親再教育協会発行

「家庭教育の中心としての父親」(Ⅰ～Ⅲ) 第一巻第一号（創刊号）、一九二九年八月
「家庭教育の中心としての父親」(Ⅳ～Ⅵ) 第一巻第二号（九月号）、一九二九年九月
「家庭教育の中心としての父親」(Ⅶ～Ⅷ) 第一巻第三号（一〇月号）、一九二九年一〇月
「家庭教育の中心としての父親」(Ⅸ～Ⅹ) 第一巻第四号（一一月号）、一九二九年一一月
「お正月に何を子供に聴かす可きか」第二巻第一号（一月号）、一九二九年一二月

「人生を支配する習慣の偉力――子供の躾と親の心得」第二巻第二号（二月号）、一九三〇年二月
「理想の母」第二巻第三号（三月号）、一九三〇年三月
「理想の母（その二）」第二巻第四号（四月号）、一九三〇年四月
「理想の母」（ママ）第二巻第五号（五月号）、一九三〇年五月
「理想の母（承前）」第二巻第六号（六月号）、一九三〇年六月
「理想の母（その三）」第二巻第七号（七月号）、一九三〇年七月
「一九五〇年の日本の子供」第二巻第八号（八月号）、一九三〇年八月
「大家族と子供の躾」第二巻第一〇号（一〇月号）、一九三〇年一〇月
「理想の母」（ママ）第二巻第一一号（一一月号）、一九三〇年一一月
「時世の変化と家庭教育」第三巻第一号（一月号）、一九三一年一月
「我子の独立心を損ふ母（理想の母続稿）」第三巻第七号（七月号）、一九三一年七月
「両親のメンタル・テスト」第三巻第八号（八月号）、一九三一年八月
「父親の常識テスト」第三巻第九号（九月号）、一九三一年九月
「大連両親再教育協会発会式並に記念講演会に就て」第三巻第九号（九月号）、一九三一年九月
「本会主事杉本春喜氏を紹介し併せて御願ひ致します」第三巻第九号（九月号）、一九三一年九月
「権威ある母（理想の母続稿）」第三巻第一一号（一一月号）、一九三一年一一月
「権威ある母（二）（理想の母続稿）」第三巻第一二号（一二月号）、一九三一年一二月
「聖なる母性――五月八日新京乳幼児愛護週間に於ける講演の大意」第五巻第六号（六月号）、一九三三年六月
「読書寓言」第五巻第七号（七月号）、一九三三年七月

「優良児の母へ（或る祝辞）」第五巻第八号（八月号）、一九三三年八月
「東洋的なるものの本質」第五巻第九号（九月号）、一九三三年九月
「胎教の新意義――家庭教育講話その一」第五巻第九号（九月号）、一九三三年九月
「権威」第五巻第一〇号（一〇月号）、一九三三年一〇月
「遺伝と環境――家庭教育講話（その二）」第五巻第一〇号（一〇月号）、一九三三年一〇月
「責任は何人に？」第五巻第一一号（一一月号）、一九三三年一一月
「遺伝と環境（承前）――家庭教育講話――（その二）」（ママ）第五巻第一一号（一一月号）、一九三三年一一月
「児童の有つ潜在的可能性」第五巻第一二号（一二月号）、一九三三年一二月
「教育者としての母――家庭教育講話その三」第五巻第一二号（一二月号）、一九三三年一二月
「教育全体の義務」第六巻第一号（一月号）、一九三四年一月
「宗教教育に就いて」第六巻第一号（一月号）、一九三四年一月
「国難即神風」第六巻第二号（二月号）、一九三四年二月
「不良児問題と家庭」第六巻第二号（二月号）、一九三四年二月
「最適任者」第六巻第三号（三月号）、一九三四年三月
「母の日の為めに」第六巻第三号（三月号）、一九三四年三月
「母よ所詮は家庭へ」第六巻第五号（五月号）、一九三四年五月
「学校と家庭との連絡（特に低学年に於て）」第六巻第五号（五月号）、一九三四年五月
「我子の成績に就て――新京母の会の講演速記」第六巻第六号（六月号）、一九三四年六月
「建設的少年保護事業　米国に於ける新傾向」第六巻第七号（七月号）、一九三四年七月

「母と子の会話」第六巻第八号（八月号）、一九三四年八月
「回顧と展望」第六巻第八号（八月号）、一九三四年八月
「田園とアメリカ文明」第六巻第九号（九月号）、一九三四年九月
「社会と個人――教育の社会心理的基礎」第六巻第九号（九月号）、一九三四年九月
「教育者としての母」第六巻第一〇号（一〇月号）、一九三四年一〇月
「独立心の養成と家庭合理化――新京友の会講演大意」第六巻第一一号（一一月号）、一九三四年一一月
「日本的母」第六巻第一二号（一二月号）、一九三四年一二月
「躾から見た栄養問題」第六巻第一二号（一二月号）、一九三四年一二月
「新年を迎ふ」第七巻第一号（一月号）、一九三五年一月
「幸福な家庭」第七巻第一号（一月号）、一九三五年一月
「父を憶ふ」第七巻第二号（二月号）、一九三五年二月
「社会的に見た母性」第七巻第二号（二月号）、一九三五年二月
「新入学と両親」第七巻第三号（三月号）、一九三五年三月
「狂女の母性愛」第七巻第五号（五月号）、一九三五年五月
「児童の愛護とその施設」第七巻第五号（五月号）、一九三五年五月
「本協会の新顧問を迎へて」第七巻第六号（六月号）、一九三五年六月
「母性礼讃」第七巻第六号（六月号）、一九三五年六月
「反応への欲求」第七巻第八号（八月号）、一九三五年八月
「子供の感受性と父母の影響――子供は環境を吸収する」（ママ）第七巻第八号（八月号）、一九三五年八月

「母と住みて」第七巻第九号（九月号）、一九三五年九月
「両親の新旧」第七巻第九号（九月号）、一九三五年九月
「自戒譜」第七巻第一〇号（一〇月号）、一九三五年一〇月
「自由主義教育と日本主義」第七巻第一〇号（一〇月号）、一九三五年一〇月
「両親の地位」第七巻第一一号（一一月号）、一九三五年一一月
「悪魔の先を越せ」第七巻第一二号（一二月号）、一九三五年一二月
「教師と精神衛生」第七巻第一二号（一二月号）、一九三五年一二月
「子供の意志の鍛練に就て――我が子の躾に熱心の余り迷い悩む有識階級の母に答ふ」第八巻第一号（一月号）、一九三六年一月
「教師と精神衛生――その二」第八巻第二号（二月号）、一九三六年二月
シドニー・エム・グルエンブルグ夫人（米国児童研究協会主幹）「真実と虚偽」（上村哲弥訳）第八巻第三号（三月号）、一九三六年三月
「両親に贈る言葉――三月十三日　大連放送局より」第八巻第四号（四月号）、一九三六年四月
「母に贈る言葉――三月十二日　大連放送局より」第八巻第五号（五月号）、一九三六年五月
「父に贈る言葉――三月十一日　大連放送局より」第八巻第六号（六月号）、一九三六年六月
「神の代行者としての母――『母の日』の説教」第八巻第七号（七月号）、一九三六年七月
「母からの贈物――六・二五『母の日』の放送」第八巻第八号（八月号）、一九三六年八月
「神の代行者としての母――『母の日』の講話（二）」第八巻第九号（九月号）、一九三六年九月
「児童の訓練と精神衛生」第八巻第一〇号（一〇月号）、一九三六年一〇月

「神の代行者としての母――『母の日』の講話（三）」第八巻第一一号（一一月号）、一九三六年一一月
「満洲の家庭教育」第八巻第一二号（一二月号）、一九三六年一二月
「親たるの道（一）――明治天皇の御製を通じて」第九巻第一号（一月号）、一九三七年一月
「親たるの道（二）――明治天皇の御製を通じて」第九巻第二号（二月号）、一九三七年二月
「親たるの道（三）――明治天皇の御製を通じて」第九巻第三号（三月号）、一九三七年三月
「親たるの道――明治天皇の御製を通じて」第九巻第四号（四月号）、一九三七年四月
「都市の住宅問題と家庭教育」第九巻第五号（五月号）、一九三七年五月
「生物学的に見た母性（一）」第九巻第六号（六月号）、一九三七年六月
「生物学的に見た母性（二）――下等動物に於ける母性の進化」第九巻第七号（七月号）、一九三七年七月
「生物学的に見た母性（三）――下等動物に於ける母性の進化」第九巻第八号（八月号）、一九三七年八月
「ヘレン・ケラー女史に贈る――即興散文詩未定稿」第九巻第九号（九月号）、一九三七年九月
「生命を育むもの――母性愛と教育愛」第九巻第一〇号（一〇月号）、一九三七年一〇月
「生命を育むもの（二）――母性愛と教育愛」第九巻第一一号（一一月号）、一九三七年一一月
「時局と家庭教育――会員諸姉に訴ふ」第九巻第一二号（一二月号）、一九三七年一二月
「室内生活と健全な娯楽」第一〇巻第一号（一月号）、一九三八年一月
「逸話二題――明治天皇御製『庭訓』謹解の補遺」第一〇巻第二号（二月号）、一九三八年二月
「時局と家庭教育――会員諸姉に訴ふ」第一〇巻第二号（二月号）、一九三八年二月
「時局と家庭教育――会員諸姉に訴ふ」第一〇巻第三号（三月号）、一九三八年三月
「運命支配的な母の言葉」第一〇巻第四号（四月号）、一九三八年四月

「親たることの難さ」第一〇巻第五号（五月号）、一九三八年五月
「感謝の十年を回顧し、非常時局下の両親再教育を惟ふ」第一〇巻第六号（六月号）、一九三八年六月
「子供の言分」第一〇巻第七号（七月号）、一九三八年七月
「どんな童話が子供に良いか」第一〇巻第八号（八月号）、一九三八年八月
「両親教育」第一〇巻第九号（九月号）、一九三八年九月
「躾け方の問題　第一回　子供の嘘」第一〇巻第一〇号（一〇月号）、一九三八年一〇月
「躾け方の問題　子供の嘘（二）」第一〇巻第一一号（一一月号）、一九三八年一一月
「躾け方の問題　子供の嘘（三）」第一〇巻第一二号（一二月号）、一九三八年一二月
「家族国家礼讃──御製謹解」第一一巻第一号（一月号）、一九三九年一月
「明るい生活へ」第一一巻第二号（二月号）、一九三九年二月
「家庭教育者としての父親の人生観」第一一巻第三号（三月号）、一九三九年三月
「教育者としての父（第二講）　されど父は弱し」第一一巻第四号（四月号）、一九三九年四月
「教育者としての父（第三講）　父親最大の弱点」第一一巻第五号（五月号）、一九三九年五月
「婦人を家庭に、母を子供に」第一一巻第六号（六月号）、一九三九年六月
「良い子の育て方──新京母の会講演」第一一巻第七号（七月号）、一九三九年七月
「良い子の育て方──新京母の会講演」第一一巻第八号（八月号）、一九三九年八月
「私から皆様へ」第一一巻第九号（九月号）、一九三九年九月
「小説に表れた父と子」第一一巻第一〇号（一〇月号）、一九三九年一〇月
「私から皆様へ」第一一巻第一〇号（一〇月号）、一九三九年一〇月

「小説に表れた父と子（二）」第一一巻第一一号（一一月号）、一九三九年一一月
「児童母性全国保護大会其他――私から皆様へ」第一一巻第一一号（一一月号）、一九三九年一一月
「「公論」発刊の辞」第一一巻第一二号（一二月号）、一九三九年一二月
「小説に表れた父と子」第一一巻第一二号（一二月号）、一九三九年一二月
「躾けの楔」第一二巻第一号（一月号）、一九四〇年一月
「躾けと自発性（一）」第一二巻第二号（二月号）、一九四〇年二月
「躾けと活動性」第一二巻第三号（三月号）、一九四〇年三月
「母親と国語教育」第一二巻第四号（四月号）、一九四〇年四月
エ・エフ・ペイン「親は真の意味で子を愛するか」（上村哲弥・島本妙子訳）第一二巻第四号（四月号）、一九四〇年四月
「母親と国語教育（二）」第一二巻第五号（五月号）、一九四〇年五月
エ・エフ・ペイン「親は真の意味で子を愛するか」（上村哲弥・島本妙子訳）第一二巻第五号（五月号）、一九四〇年五月
「免れた手術――「病児を看護りて」続稿」第一二巻第六号（六月号）、一九四〇年六月
エ・エフ・ペイン「親は真の意味で子を愛するか（三）」（上村哲弥・島本妙子訳）第一二巻第六号（六月号）、一九四〇年六月
「胡瓜と子供」第一二巻第七号（七月号）、一九四〇年七月
エ・エフ・ペイン「親は真の意味で子を愛するか（三）」（ママ）（上村哲弥・島本妙子訳）第一二巻第八号（八月号）、一九四〇年八月

「文化と児童」第一二巻第九号（九月号）、一九四〇年九月
エ・エフ・ペイン「赤ちゃんには六人の親がある」（上村哲弥・島本妙子訳）第一二巻第九号（九月号）、一九四〇年九月
「皇道と両親教育運動」第一二巻第一〇号（一〇月号）、一九四〇年一〇月
エ・エフ・ペイン「赤ちゃんには六人の親がある（二）」（上村哲弥・島本妙子訳）第一二巻第一〇号（一〇月号）、一九四〇年一〇月
「坤輿一宇詔書を拝して――教育者としての親の反省」第一二巻第一一号（一一月号）、一九四〇年一一月
エ・エフ・ペイン「両親は如何に子を拘束するか（一）」（上村哲弥・島本妙子訳）第一二巻第一一号（一一月号）、一九四〇年一一月
「母親学校への夢――ナチスの母性教育を顧みつゝ」第一二巻第一二号（一二月号）、一九四〇年一二月
エ・エフ・ペイン「両親は如何に子を拘束するか（三）」（ママ）（上村哲弥・島本妙子訳）第一二巻第一二号（一二月号）、一九四〇年一二月
「時局と家庭教育」第一三巻第一号（一月号）、一九四一年一月
「時局と家庭教育（二）」第一三巻第二号（二月号）、一九四一年二月
「国民学校入学を前にして」第一三巻第三号（三月号）、一九四一年三月
「家庭は国民性格の温床である」第一三巻第四号（四月号）、一九四一年四月
「母たるの道」第一三巻第五号（五月号）、一九四一年五月
「成人と国民学校」第一三巻第六号（六月号）、一九四一年六月
「家庭の松岡外相」第一三巻第七号（七月号）、一九四一年七月

「子に学ぶ母」第一三巻第八号（八月号）、一九四一年八月
「続親たるの道――明治天皇御製謹解」第一三巻第九号（九月号）、一九四一年九月
「読者への御便り」第一三巻第一〇号（一〇月号）、一九四一年一〇月
「家と結婚の問題」第一三巻第一一号（一一月号）、一九四一年一一月
「多産奨励の一つの根拠」第一三巻第一二号（一二月号）、一九四一年一二月
「皇国振りの家風」第一四巻第一号（一月号）、一九四二年一月
「亡父の遺言――「健全ナル家風」に就て」第一四巻第二号（二月号）、一九四二年二月
「「家」から敵性を除け」第一四巻第五号（五月号）、一九四二年五月
「子供の落つきといふこと」第一四巻第七号（七月号）、一九四二年七月
「国民性と国民文化」第一四巻第八号（八月号）、一九四二年八月
「母の悩む我が子の習癖（一）」第一四巻第一〇号（一〇月号）、一九四二年一〇月
「母の悩む我が子の習癖（二）」第一四巻第一一号（一一月号）、一九四二年一一月
「母の悩む我が子の習癖（三）」第一四巻第一二号（一二月号）、一九四二年一二月
「母の悩む我が子の習癖（三）」（ママ）第一五巻第一号（一月号）、一九四三年一月
「母の悩む我が子の習癖（四）」第一五巻第二号（二月号）、一九四三年二月
「母の悩む我が子の習癖（五）」第一五巻第四号（四月号）、一九四三年四月
「母の悩む我が子の習癖（六）」第一五巻第五号（五月号）、一九四三年五月
「母の悩む我が子の習癖（七）」第一五巻第六号（六月号）、一九四三年六月
「少年保護と精神衛生」第一五巻第七号（七月号）、一九四三年七月

「決戦に処する母の心構へ」第一五巻第九号（九月号）、一九四三年八月
「決戦に処する母の心構へ」(ママ）第一五巻第一〇号（一〇月号）、一九四三年一〇月
「足下を明るくしよう」第一五巻第一一号（一一月号）、一九四三年一一月

『いとし児』両親教育協会発行（戦後）

「新しい躾と家庭の民主化」復刊第一巻第一号、一九四九年一二月
「紙上大学　両親教育講座（一）──両親教育とは何か」復刊第一巻第一号、一九四九年一二月
「学校と家庭との連絡」復刊第一巻第二号、一九五〇年一月
「私のページ」(連載記事）復刊第一巻第二号、一九五〇年一月
「紙上大学　両親教育講座（二）──両親教育運動の起源とその発展」復刊第一巻第二号、一九五〇年一月
「青少年の不良化と家庭」復刊第一巻第三号、一九五〇年二月
「私のページ」復刊第一巻第三号、一九五〇年二月
「紙上大学　両親教育講座（三）──両親教育と専門家の指導」復刊第一巻第三号、一九五〇年二月
「愛児と一緒に入学」復刊第一巻第四号、一九五〇年三月
「私のページ」復刊第一巻第四号、一九五〇年三月
「紙上大学　両親教育講座（四）両親教育の基礎」復刊第一巻第四号、一九五〇年三月
「新しい学校教育について」復刊第一巻第五号、一九五〇年四月
「私のページ」復刊第一巻第五号、一九五〇年四月

「紙上大学　両親教育講座（五）両親教育の必要（その一）」復刊第一巻第五号、一九五〇年四月
「私のページ」復刊第一巻第六号、一九五〇年五月
「父母と先生は果して子供を理解しているか？――精神衛生について」復刊第一巻第六号、一九五〇年五月
「教育に科学精神を――巻頭言」復刊第一巻第七号、一九五〇年六月
「民主的な子供の躾け方」復刊第一巻第七号、一九五〇年六月
「私のページ」復刊第一巻第七号、一九五〇年六月
「民主的な子供の躾け方 躾けと活動性」復刊第一巻第八号、一九五〇年七月
「私のページ」復刊第一巻第八号、一九五〇年七月
「紙上大学 両親教育講座（六）社会制度としての「家」」復刊第一巻第八号、一九五〇年七月
「私のページ」復刊第一巻第九号、一九五〇年八月
「私たちは、親としての資格を調べて見ましょう」復刊第一巻第九号、一九五〇年八月
「私のページ」復刊第一巻第一〇号、一九五〇年九月
「良い親 悪い親（一）」復刊第一巻第一〇号、一九五〇年九月
「わが最善の二週間――支部会友歴訪記」復刊第一巻第一一号、一九五〇年一〇月
「紙上大学 児童研究会はどうして運営したらよいか（その一）」復刊第一巻第一一号、一九五〇年一〇月
「良い親 悪い親（二）」復刊第一巻第一二号、一九五〇年一一月
「わが最善の二週間（つづき）――支部会友歴訪記」復刊第一巻第一二号、一九五〇年一一月
「紙上大学 児童研究会はどうして運営したらよいか（その二）」復刊第一巻第一二号、一九五〇年一一月
「母と子の精神衛生」復刊第二巻第一号、一九五一年一月

「紙上大学 児童研究会はどうして運営したらよいか（その三）」復刊第二巻第一号、一九五一年一月
「母と子の精神衛生」復刊第二巻第二号、一九五一年二月
「私のページ」復刊第二巻第二号、一九五一年二月
「母と子の精神衛生」復刊第二巻第三号、一九五一年三月
「母と子の精神衛生」復刊第二巻第四号、一九五一年四月
「本当の新教育とは」復刊第二巻第五号、一九五一年五月
「私のページ」復刊第二巻第五号、一九五一年五月
「男らしさ 女らしさ――中高等学校生徒の両親と教師の方々の為に」復刊第二巻第六号、一九五一年六月
「私のページ」復刊第二巻第六号、一九五一年六月
「幼稚園にお母さまも共に」復刊第二巻第七号、一九五一年七月
「手心の難しい心理的離乳――中高等学校生徒の両親と教師の方々の為に」復刊第二巻第七号、一九五一年七月
「夏休みをエンジヨイする――幼稚園から小学校へかけて」復刊第二巻第八号、一九五一年八月
「私のページ」復刊第二巻第八号、一九五一年八月
「子供をめぐる嫁と姑――民主々義と別居の問題」復刊第二巻第九号、一九五一年九月
「私のページ」復刊第二巻第九号、一九五一年九月
「講和と教育――民主々義教育の徹底 国民の新生活運動の樹立」復刊第二巻第一〇号、一九五一年一〇月
「私の頁」復刊第二巻第一〇号、一九五一年一〇月
「父の理解と母の愛情――我が子の不良化を治すには」復刊第二巻第一一号、一九五一年一一月
「私のページ」復刊第二巻第一一号、一九五一年一一月

「お便りを読んで」復刊第二巻第一二号、一九五一年一二月
「最近の質問より」(読者からの問いと、その回答) 復刊第二巻第一二号、一九五一年一二月
「私のページ」復刊第二巻第一二号、一九五一年一二月

参考

上村哲弥『親たるの道――科学的・進歩的な愛児の導き方』(日本両親再教育協会、一九三七年、改訂版一九四〇年)は、『いとし児』で発表された上村による論稿を編集して新たに収めたものであった。内容は、以下の通りである。

家庭教育の中心としての父親
理想の母
父に贈る言葉
母に贈る言葉
両親に贈る言葉
母からの贈物
両親の新旧
幸福なる家庭
神の代行者としての母

教育者としての母
母の日の為に
聖なる母性
躾から見た栄養問題
独立心の養成と家庭合理化
巻末後記（両親教育の為めに）
（附）本書に対する諸家批評

では、右の論稿の『いとし児』における初出を以下に示す。

「家庭教育の中心としての父親」は、『いとし児』（以下、誌名略）第一巻第一号（創刊号、一九二九年八月）から二号（一九二九年九月）、三号（一九二九年一〇月）、四号（一九二九年一一月）と連載された「家庭教育の中心としての父親」が初出である。[6]「理想の母」は、第二巻第三号（一九三〇年三月）から四号（一九三〇年四月）、五号（一九三〇年五月）、六号（一九三〇年六月）、七号（一九三〇年七月）、一一号（一九三〇年一一月）と連載された「理想の母」と、第三巻第七号（一九三一年七月）に掲載された「我子の独立心を損ふ母（理想の母続稿）」、さらに第三巻第一一号（一九三一年一一月）と第一二号（一九三一年一二月）に掲載された「権威ある母（理想の母続稿）」をまとめて再録したものである。[7]「父に贈る言葉」は第八巻第六号（一九三六年六月）の「父に贈る言葉――三月十一日 大連放送局より」[8]、「母に贈る言葉」は第八巻第五号（一九三六年五月）の「母に贈る言葉――三月十二日 大連放送局より」[9]、「両親に贈る言葉」は第八巻第四号（一九三六年四月）の「両親に贈る言葉――三月十三日 大連放送局より」が[10]、それぞれ初出である。

「母からの贈物」は、第八巻第八号（一九三六年八月）の「母からの贈物──六・二五『母の日』の放送」[11]、「両親の新旧」は第七巻第九号の「両親の新旧」[12]、「幸福なる家庭」は第七巻第一号（一九三五年一月）の「幸福な家庭」（ママ）[13]、「神の代行者としての母」は第八巻第七号（一九三六年七月）の「神の代行者としての母──『母の日』の説教」と、九号（一九三六年九月）、一一号（一九三六年一一月）の「神の代行者としての母──『母の日』の講話」を再録したものである[14]。

「母の日の為に」は第六巻第三号（一九三四年三月）の「母の日の為めに」（ママ）[15]、「聖なる母性」は第五巻第六号（一九三三年六月）の「聖なる母性──五月八日新京乳幼児愛護週間に於ける講演の大意」[16]、「躾から見た栄養問題」は第六巻第一二号（一九三四年一二月）の「躾から見た栄養問題」[17]、「独立心の養成と家庭合理化」は第六巻第一一号（一九三四年一一月）の「独立心の養成と家庭合理化──新京友の会講演大意」が[18]、それぞれ初出となっている。

唯一、「教育者としての母」は、『いとし児』でなく、第一次『子供研究講座』に添付された小冊子『子供研究講座「伝報」いとし児』第七号に収録されたのが初出である[19]。

その他

芦沢勇「児童相談事業とその経営の問題」『職業指導』第一〇巻第五号、財団法人大日本職業指導協会、一九三七年五月

大伴茂『我が子の育て方全書第一巻我が子の躾』平凡社、一九三五年
恩賜財団愛育会編『本邦児童相談所概況』、一九三七年一月（津曲裕次監修『児童問題調査資料集成七』大空社、一九九二年）
恩賜財団愛育会 愛育研究所編『乳幼児精神発達検査略説』目黒書店、一九四二年
教育相談所編『母性中心教育――教育大会議事録』教育相談所（フレーベル館発売）、一九三二年
財団法人社会教育協会編『文部省蔵版 家庭教育指導叢書 第三輯』財団法人社会教育協会、一九四二年
三田谷啓「児童相談及職業指導」文部省普通学務局編『就学児童保護施設の研究――文部省講習会』中文館、一九二一年（児童問題史研究会監修『現代日本児童問題文献選集三　文部省普通学務局 就学児童保護施設の研究』日本図書センター、一九八六年）
霜田静志『母の教育相談』主婦之友社、一九四九年
鈴木治太郎『智能測定尺度の客観的根拠』東洋図書、一九三六年
竹田俊雄「東京に於ける教育相談事業の現況に就て」『職業指導』第一〇巻第五号、財団法人大日本職業指導協会、一九三七年五月
竹田俊雄「教育相談」『現代心理学 第十一巻 教育心理学Ⅱ』河出書房、一九四二年
武政太郎「教育相談事業について」東京文理大学心理学教室編輯『教育心理研究』第一二巻第三号、培風館、一九三七年三月
武政太郎「教育相談」日本応用心理学会編『心理学講座 第五巻Ⅸ，第七巻』中山書店、一九五三年
田中寛一『教育的測定学』松邑三松堂、一九二六年
田中寛一編『愛児の教育相談』培風館、一九三九年

辻正三「教育相談部に於る鈴木・ビネー式智能検査実施結果の二・三に就て」東京文理大学心理学教室編輯『教育心理研究』第一三巻第五号、培風館、一九三八年五月
東京男女両高等師範学校教授・同附属小学訓導分担執筆『家庭でしてほしい子供の試験と復習 一年生の巻』誠文堂、一九二五年
東京文理科大学教育相談部編『東京文理科大学教育相談部報告第一輯』、一九三八年六月
東京文理科大学教育相談部編『東京文理科大学教育相談部報告（第八輯）』、一九三九年六月
飛田多喜雄『国の子の家庭教育』新潮社、一九四二年
編輯部編「教育相談所と心理学」日本心理学会編輯『心理学研究』第一四巻第二輯、岩波書店、一九三九年四月
本庄隆男『資本主義下の小学校』自由社、一九三〇年（新興教育復刻版刊行委員会編『新興教育基本文献集成五 資本主義下の小学校』白石書店、一九八〇年）
前田虎一郎『国民学校を卒業する我が子の進学と教育の相談』清水書房、一九四一年
文部省普通学務局編『大正十五年度 成人教育講座実施概要』一九二七年
文部省普通学務局編『昭和二年度 本省主催成人教育講座実施概要（第二輯）』一九二八年
文部省普通学務局編『昭和三年度 成人教育実施概要』一九二九年
文部省社会教育局編『昭和四年度 成人教育 労務者教育 実施概要』一九三〇年
文部省社会教育局編『昭和五年度 成人教育 母の講座 労務者教育 実施概要』一九三一年
文部省社会教育局編『昭和六年度 成人教育 母の講座 労務者教育実施概要』一九三二年
文部省社会教育局編『昭和七年度 成人教育講座 母の講座 家庭教育実施概要』一九三三年
文部省社会教育局編『昭和八年度 成人教育 母の講座 家庭教育振興施設 実施概要』一九三四年

文部省社会教育局編『昭和九年度 成人教育 母の講座 家庭教育振興施設 実施概要』一九三五年
文部省社会教育局編『昭和十年度 成人教育 母の講座 家庭教育振興施設 実施概要』一九三七年
文部省社会教育局編『昭和十一年度 成人教育関係講座実施概要』一九三八年
文部省社会教育局編『昭和十五年八月 成人教育課所管施設概要』一九四〇年
文部省社会教育局編『昭和十四年度 家庭教育施設実施概況』(発行年不明)
文部省社会教育局編『昭和十四年九月 家庭教育の振興と小学校母の会の活用に就て』一九三九年
文部省社会教育局編『社会教育の施設概観』一九四〇年
文部省社会教育局編『家庭教育指導叢書第一輯 戦時家庭教育指導要項』一九四二年
文部省社会教育局編『家庭教育指導叢書第二輯 家庭と敬神崇祖』一九四二年
文部省社会教育局編『家庭教育指導叢書第四輯 我が国の家族と家族制度』一九四二年
文部省社会教育局編『家庭教育指導叢書第五輯 我が国の家』一九四二年
細井次郎「家庭に於ける母と子の関係」『教育』第三巻第四号、岩波書店、一九三五年四月
山下俊郎『教育的環境学』岩波書店、一九三七年
山下俊郎「内外児童教育相談事業の発達」『教育』第五巻第八号、岩波書店、一九三七年八月
山下俊郎「教育相談に於ける精神薄弱児の問題」(『日本心理学会第七回大会報告 研究協議会Ⅱ』所収)日本心理学会編『心理学研究』第一四巻、岩波書店、一九三九年八月
山下俊郎『改訂 幼児心理学』巌松堂書店、一九五三年
山下俊郎『家庭教育』光生館、一九六五年

注

1 三人の執筆担当は、明らかでない。内容から察して、倉橋の執筆は、前文のみか？

2 第二次『子供研究講座』。第一次『子供研究講座』所収論文の再録。

3 右に同じく、第二次『子供研究講座』。第一次『子供研究講座』で五回に分けて掲載された論文が、第二次の当該論文ではまとめて掲載された。

4 復刻版は、上笙一郎編『日本〈子どもの権利〉叢書一二　両親再教育と子供研究』久山社、一九九六年。

5 復刻版は、石川松太郎監修、山本敏子・藤枝充子編集協力『「子どもと家庭」文献叢書第一一巻 親たるの道 科学的・進歩的な愛児の導き方』クレス出版、一九九七年。

6 上村哲弥「家庭教育の中心としての父親」『いとし児』第一巻第一号（創刊号）、一九二九年八月、八―一〇頁。同「家庭教育の中心としての父親」『いとし児』第一巻第二号、一九二九年九月、一〇―一三頁。同「家庭教育の中心としての父親」『いとし児』第一巻第三号、一九二九年一〇月、一〇―一三頁。同「家庭教育の中心としての父親」『いとし児』第一巻第四号、一九二九年一一月、一三―一五頁。

7 上村哲弥「理想の母」『いとし児』第二巻第三号、一九三〇年三月、一〇―一三頁。同「理想の母（その二）」『いとし児』第二巻第四号、一九三〇年四月、一三―一四頁。同「理想の母」『いとし児』第二巻第五号、一九三〇年五月、二二―二五頁。同「理想の母（承前）」『いとし児』第二巻第六号、一九三〇年六月、一四―一六頁。同「理想の母（その三）」『いとし児』第二巻第七号、一九三〇年七月、一四―一七頁。同「理想の母」『いとし児』第二巻第一一号、一九三〇年一一月、二五―二八頁。同「我子の独立心を損ふ母（理想の母続稿）」『いとし児』第三巻第七号、一九三一年七月、一六―一九頁。同「権威ある母（理想の母続稿）」『いとし児』第三巻第一一号、一九三一年一一月、三〇―三四頁。同「権威ある母（二）（理想の母続稿）」『いとし児』第三巻第一二号、一九三一年一二月、二七―二八頁（二六頁に補足あり）。なお、単行本『親たるの道』所収「理想の母」の終わりの部分（単行本の一三五頁一行目から）は、書き下ろしのようである。

8 上村哲弥「父に贈る言葉――三月十一日大連放送局より」『いとし児』第八巻第六号、一九三六年六月、三―七頁（七頁となるべき箇所の活字が「五」頁となっているが、「七」頁に読み替えた）。

9 上村哲弥「母に贈る言葉──三月十二日大連放送局より」『いとし児』第八巻第五号、一九三六年五月、三─八頁。
10 上村哲弥「両親に贈る言葉──三月十三日大連放送局より」『いとし児』第八巻第四号、一九三六年四月、三─九頁。
11 上村哲弥「母からの贈物──六・二五『母の日』の放送」『いとし児』第八巻第八号、一九三六年八月、三─七頁。
12 上村哲弥「両親の新旧」『いとし児』第七巻第九号、一九三五年九月、三─六頁。
13 上村哲弥「幸福な家庭」『いとし児』第七巻第一号、一九三五年一月、三─六頁。
14 上村哲弥「神の代行者としての母──『母の日』の説教」『いとし児』第八巻第七号、一九三六年七月、三─六頁。同「神の代行者としての母──『母の日』の講話（二）」『いとし児』第八巻第九号、一九三六年九月、三─八頁。同「神の代行者としての母──『母の日』の講話（三）」『いとし児』第八巻第一一号、一九三六年一一月、三─一〇頁。
15 上村哲弥「母の日の為めに」『いとし児』第六巻第三号、一九三四年三月、一〇─一三頁。
16 上村哲弥「聖なる母性──五月八日新京乳幼児愛護週間に於ける講演の大意」『いとし児』第五巻第六号、一九三三年六月、八─一一頁。
17 上村哲弥「躾から見た栄養問題」『いとし児』第六巻第一二号、一九三四年一二月、一七─二一頁。
18 上村哲弥「独立心の養成と家庭合理化──新京友の会講演大意」『いとし児』第六巻第一一号、一九三四年一一月、三─七頁。
19 上村哲弥「教育者としての母」『子供研究講座「伝報」いとし児』第七号、先進社、一九二九年四月、六─一五頁。

参考文献

明石要一『戦後の子ども観を見直す』明治図書（オピニオン叢書）一九九五年
秋山麻実「一九世紀イギリス「ガヴァネス問題」の再考――母との葛藤と近代家族の純化」『教育学研究』第六七巻第二号、日本教育学会、二〇〇〇年六月
畔上久雄「一般職業適性検査の検討」田中寛一博士古稀記念論文集編集委員会編『教育心理の諸問題』日本文化科学社、一九五二年
阿部恒久「大日本連合婦人会小史」民衆史研究会編『民衆運動と差別・女性』雄山閣、一九八五年
天野郁夫『試験の社会史――近代日本の試験・教育・社会』東京大学出版会、一九八三年
天野郁夫『学歴の社会史――教育と日本の近代』新潮社（新潮新書）、一九九二年
天野かおり「A・バーニー：PTA運動の源流」『教育学研究紀要』第四六巻、中国四国教育学会、二〇〇〇年
天野かおり「PTAの成立：母親教育から親と教師の協力へ」『広島大学大学院教育学研究科紀要 第三部（教育人間科学関連領域）』第五〇号、広島大学大学院教育学研究科、二〇〇一年
天野正輝『教育評価史研究――教育実践における評価論の系譜』東信堂、一九九三年

天野正輝「一九二〇年代における中等学校入試選抜法の改革」『京都大学教育学部紀要』第四一号、一九九五年
荒井洌『倉橋惣三・保育へのロマン』フレーベル館、一九九七年
有地亨『日本の親子二百年』新潮社（新潮選書）、一九八六年
家塚高志「宗教教育と宗教的情操教育」日本宗教学会「宗教と教育に関する委員会」編『宗教教育の理論と実際』鈴木出版株式会社、一九八五年
家塚高志「人間形成における宗教的情操教育の意義」日本宗教学会「宗教と教育に関する委員会」編『宗教教育の理論と実際』鈴木出版株式会社、一九八五年
石田雄『明治政治思想史研究』未来社、一九五四年（復刊一九九二年）
石田雄「「家」および家庭の政治的機能――「政治的社会化」の視点からみた連続性と変化」福島正夫編『家族政策と法　1　総論』東京大学出版会、一九七五年
石戸教嗣「教育における「公」と「私」：その理論的考察」日本教育社会学会編『教育社会学研究』第五二集、東洋館出版社、一九九三年
礒野さとみ「生活改善同盟会に関する一考察――設立と活動内容に関する研究」『学苑』第六二一号、昭和女子大学近代文化研究所、一九九一年七月
礒野さとみ「生活改善同盟会の事業概要」『学苑』第七〇四号、昭和女子大学近代文化研究所、一九九八年一二月
伊藤祐時「田中博士とわが国職業指導の発達」田中寛一博士古稀記念論文集編集委員会編『教育心理の諸問題』日本文化科学社、一九五二年
伊藤めぐみ「賢母教育の一斑――高等女学校学科目教育科の歴史に関する一考察」佐々木享編『技術教育・職業教育の諸相』大空社、一九九六年

伊藤めぐみ「高等女学校学科目教育科の検定教科書に関する研究――良妻賢母主義との関わりで」『中等教育史研究』第七号、中等教育史研究会、一九九九年
伊藤めぐみ「小山静子『家庭の生成と女性の国民化』を読んで」『日本教育史往来』第一二六号、日本教育史研究会、二〇〇〇年六月
伊藤めぐみ「家庭教育「奨励」施策の問題点――歴史的視点から」『月刊社会教育』第四六巻第四号、国土社、二〇〇二年五月
伊藤めぐみ「文部（文部科学）省による家庭教育「奨励」施策の歴史的変遷と問題点」『家政学原論研究』第三六号、日本家政学会家政学原論部会、二〇〇二年
稲田ゆかり「近代育児法成立期における母親役割論――一八八〇年〜一九一〇年の育児書を手がかりに」お茶の水女子大学女性文化研究センター編『お茶の水女子大学女性文化研究センター年報』第四号（通巻一一号）、一九九一年
井上恵美子「生活時間調査から見た女性の家事時間調査前史――一九一六年『婦人之友』による」『研究論集』第三一号、愛知学泉大学、一九九六年
井上恵美子「戦後教育改革におけるＧＨＱ社会教育政策――その意義と限界」新海英行編『現代日本社会教育史論』日本図書センター、二〇〇二年
井上えり子「「家庭」概念の歴史的検討――戦前家庭百科事典および百科事典における「家庭」概念」佐々木享編『技術教育・職業教育の諸相』大空社、一九九六年
上野千鶴子編『主婦論争を読む　Ⅰ　全記録』勁草書房、一九八二年
上野千鶴子編『主婦論争を読む　Ⅱ　全記録』勁草書房、一九八二年

碓井岑夫「近代日本における教育評価の歴史」『教育学研究』第四三巻第二号、日本教育学会、一九七六年六月
浦野敬子「青木誠四郎」精神薄弱問題史研究会編『人物でつづる障害者教育史』日本文化科学社、一九八八年
江口潔「田中寛一の能率研究―科学的研究と教育改革の関連に着目して」『大学院研究年報 文学研究科篇』第三一号、中央大学、二〇〇二年
江口潔『教育測定の社会史―田中寛一を中心に』田研出版株式会社、二〇一〇年
大泉溥『文献選集 教育と保護の心理学 明治大正期 別冊解題Ⅱ』クレス出版、一九九七年
大門正克『民衆の教育経験―農村と都市の子ども』青木書店、二〇〇〇年
大河内一男『日本的中産階級』文藝春秋新社、一九六〇年
太田素子「近代的子ども観の胎動―近世子育て書・遊戯書・育児慣行の教育意識」『保育幼児教育体系　第五巻⑩保育の思想　日本』労働旬報社、一九八七年
太田素子『江戸の親子―父親が子どもを育てた時代』中央公論社（中公新書）、一九九四年
太田素子「子ども像と子育て意識の現代史（一九二〇年代～一九九〇年代）―学生レポート「聞き書き・わが家三代の子育て」の紹介と検討」『共栄児童福祉研究』第五号、共栄学園短期大学、一九九八年三月
太田素子「〈子育ての歴史〉研究の課題と展望」『日本教育史研究』第一九号、日本教育史研究会、二〇〇〇年八月
太田素子「南山五蔵入領における養育料支給と村落経営―子育てをめぐる家と共同体」『共栄学園短期大学研究紀要』第一六号、二〇〇〇年
太田素子「幕末民間伝承と母性規範―民間伝承と説話文学にみる出産と子育て」橋本紀子・逸見勝亮編『ジェンダーと教育の歴史』川島書店、二〇〇三年

太田素子『近世の「家」と家族　子育てをめぐる社会史』株式会社角川学芸出版、二〇一一年
太田素子・浅井幸子編『保育と家庭教育の誕生　一八九〇―一九三〇』藤原書店、二〇一二年
小川博久『保育援助論』萌文書林、二〇一〇年
奥村典子「家庭教育振興政策における「学校教育一任の傾向」の問題―学校教育と家庭教育の関係をめぐって」『日本の教育史学　教育史学会紀要』第五二集、二〇〇九年
奥村典子「戦時下における小学校母の会の展開―学校を介した母親の動員をめぐって」『日本教育史研究』第二九巻、日本教育史研究会、二〇一〇年
小沢牧子『「心の専門家」はいらない』洋泉社（新書y）、二〇〇二年
落合恵美子『近代家族の曲がり角』角川書店、二〇〇〇年
恩賜財団母子愛育会五十年史編纂委員会編『母子愛育会五十年史』社会福祉法人恩賜財団母子愛育会、一九八八年
柿沼肇「新興教育運動と「新興教育基本文献集成」」新興教育復刻版刊行委員会編『新興教育基本文献集成五　資本主義下の小学校』白石書店、一九八〇年
柏木惠子『子どもという価値　少子化時代の女性の心理』中央公論新社（中公新書）、二〇〇一年
柏木惠子『親と子の愛情と戦略』講談社（講談社現代新書）、二〇一一年
柏木博『家事の政治学 新装版』青土社、二〇〇〇年
金子省子「日本両親再教育協会について―日本の親教育の系譜に関する研究」『愛媛大学教育学部紀要 第Ⅰ部 教育科学』第三八巻第二号、愛媛大学教育学部、一九九二年
鹿野政直『戦前・「家」の思想〔叢書・身体の思想 九〕』創文社、一九八三年

川合隆男・竹村英樹編『近代日本社会学者小伝――書誌的考察』勁草書房、一九九八年
河合隆一『増補・改訂 倉橋惣三著作年譜』(私家版) 一九九八年
河合隆平・高橋智「恩賜財団愛育会の母子愛育事業と困難児問題――総力戦体制下の母子保健衛生の近代化と「皇国民」の保護育成」『学校教育学研究論集』第七号、東京学芸大学大学院連合学校教育学研究科、二〇〇三年三月
河合隆平『総力戦体制と障害児保育論の形成――日本障害児保育史研究序説』緑蔭書房、二〇一二年
川島武宜『イデオロギーとしての家族制度』岩波書店、一九五七年
河野誠哉「近代日本の児童研究の系譜における認識論的転換――分析視角の移動とその近代学校論的意味」『近代教育フォーラム　教育思想史学会紀要』第一一号、二〇〇二年
菊地ふじの監修、土屋とく編『倉橋惣三「保育法」講義録――保育の原点を探る』フレーベル館、一九九〇年
北沢清司『『劣等児及低能児の心理と其教育』解題』児童問題史研究会監修『現代日本児童問題文献選集五』日本図書センター、一九八六年
木村元「日本両親再教育協会」編集委員会編『叢書〈産む・育てる・教える――匿名の教育史〉一〈教育〉――誕生と終焉』藤原書店、一九九〇年
木村元「〈入学試験問題〉の史的展開――戦前東京における中学校入学者選抜の変遷を中心に」東京大学教育学部教育方法学研究室『教育方法史研究』第四集、一九九二年
木村元（研究代表者）『戦前の初等教育の変容と中等学校入試改革に関する実証的研究――戦時下「総合判定法」の検討を中心として』一九九六・七年度文部省科学研究所費補助金・基盤研究（c）(二) 研究成果報告書、一九九九年

木村元「一九三〇—四〇年代初頭日本義務制初等学校の動向と再編の課題——初等教育の変容と中等学校入試改革の動向に注目して」『一橋大学研究年報 社会学研究』第三八巻、二〇〇〇年
木村元・前田晶子「桐原葆見労働心理学の戦時下における展開——〈教育と社会〉の学の胎動に関する諸動向」『〈教育と社会〉研究』第一〇号、一橋大学〈教育と社会〉研究会、二〇〇〇年
木村元「歴史研究の対象としての「教育経験」——大門正克『民衆の教育経験』を読む」『年報 日本現代史』第七号、二〇〇一年
木村元編著『日本の学校受容　教育制度の社会史』勁草書房、二〇一二年
草野明子「上村哲弥の子ども観と家庭論——『子供研究講座』を中心に」『α（あるふぁ）：児童文化・児童文学研究誌』第八号、日本女子大学児童文学研究室、一九九九年
久保加津代「大正デモクラシー期の「婦人之友」誌にみる住生活改善（第一報）「婦人之友」誌の特徴と住生活関連記事の経年的動向」『日本家政学会誌』第四三巻第一二号（訂正版）、日本家政学会、一九九二年一二月
久保加津代「大正デモクラシー期の「婦人之友」誌にみる住生活改善（第二報）家族本位志向とオリエンテーション」『日本家政学会誌』第四四巻第四号、日本家政学会、一九九三年四月
久保加津代「大正デモクラシー期の『婦人之友』誌にみる住生活改善 家族の日常生活空間と接客空間の分離について」『日本建築学会計画系論文集』第四六一号、日本建築学会、一九九四年七月
久保加津代「大正デモクラシー期の「婦人之友」誌にみる住生活改善 各室の起居様式と住宅の様式」『日本建築学会計画系論文集』第四七一号、日本建築学会、一九九五年五月
窪田暁子「解説」『日本児童問題文献選集一二　児童生活の実態』日本図書センター、一九八三年
久保田圭伍「日本における宗教教育論の展開——大正以降（現在まで）」日本宗教学会「宗教と教育に関する委員

会」編『宗教教育の理論と実際』鈴木出版株式会社、一九八五年
桒原昭徳『間接教育の構造―倉橋惣三の幼児教育方法』ぎょうせい、一九九四年
古賀行義編著『現代心理学の群像―人とその業績』協同出版、一九七四年
國學院大學日本文化研究所編「「宗教と教育」に関する文献一覧・文献解題」井上順孝監修、國學院大學日本文化研究所編『宗教教育資料集』鈴木出版株式会社、一九九三年
小針誠「私立小学校入学父兄の教育戦略：一九二〇年代～一九五〇年代」『東京大学大学院教育学研究科紀要』第三九巻、一九九九年
小針誠『教育と子どもの社会史』梓出版社、二〇〇七年
小針誠『〈お受験〉の社会史　都市新中間層と私立小学校』世織書房、二〇〇九年
小林恵子「「保育学校の実際研究」解説」『大正・昭和保育文献集 別巻』日本らいぶらり、一九七八年
小林恵子「母のための教育雑誌『子供の教養』について（一）―編輯者、武南高志を中心に」『研究紀要』第25集、国立音楽大学、一九九〇年
小林恵子「母のための教育雑誌『子供の教養』について（二）―その時代に果した役割と意義」『研究紀要』第二六集、国立音楽大学、一九九一年
小林恵子「両親再教育運動と上村哲弥」『研究紀要』第二七集、国立音楽大学、一九九三年
小林輝行『近代日本の家庭と教育』杉山書店、一九八二年
小林輝行「昭和初期家庭教育政策に関する一考察（Ⅰ）―家庭教育振興訓令を中心として」『信州大学教育学部紀要』第四九号、一九八三年一一月
小林輝行「昭和初期家庭教育政策に関する一考察（Ⅱ）―家庭教育振興政策の展開を中心として」『信州大学教

育学部紀要』第五〇号、一九八四年三月
小林輝行「昭和戦前期の家庭教育論に関する一考察」『信州大学教育学部紀要』第五五号、一九八五年一二月
小林輝行「昭和十年代の家庭教育政策（Ⅰ）――「家庭教育実践網」の形成を中心に」『信州大学教育学部紀要』第五六号、一九八六年三月
小林輝行「昭和十年代の家庭教育政策（Ⅱ）――戦時家庭教育政策の展開」『信州大学教育学部紀要』第五七号、一九八六年八月
小林英夫『満鉄「知の集団」の誕生と死』吉川弘文館、一九九六年
小林嘉宏「大正期「新中間階級」の家庭生活における「子供の教育」」『福井県立大学論集』第七号、福井県立大学、一九九五年
駒込武『植民地帝国日本の文化統合』岩波書店、一九九六年
小谷野邦子「「満洲」における心理学――前半期における人物を中心として」『茨城キリスト教大学紀要（人文科学）』第三五号、二〇〇二年二月
小山静子『良妻賢母という規範』勁草書房、一九九一年
小山静子「家族の近代――明治初期における家族の変容」西川長夫・松宮秀治編『幕末・明治期の国民国家形成と文化変容』新曜社、一九九五年
小山静子『家庭の生成と女性の国民化』勁草書房、一九九九年
小山静子『子どもたちの近代　学校教育と家庭教育』吉川弘文館（歴史文化ライブラリー）、二〇〇二年
小山静子・太田素子編『「育つ・学ぶ」の社会史――「自叙伝」から』藤原書店、二〇〇八年
小山静子『戦後教育のジェンダー秩序』勁草書房、二〇〇九年

斉藤利彦「「家」と家庭教育」寺﨑昌男・戦時下教育研究会編『総力戦体制と教育――皇国民「錬成」の理念と実践』東京大学出版会、一九八七年
斉藤利彦『試験と競争の学校史』平凡社、一九九五年
財団法人日本職業指導協会編『日本職業指導（進路指導）発達史――日本職業指導協会活動（前期）を中心として』財団法人日本職業指導協会、一九七七年
坂元彦太郎『倉橋惣三・その人と思想』フレーベル館（フレーベル新書）、一九七六年
桜井哲夫『「近代」の意味――制度としての学校・工場』日本放送出版協会（ＮＨＫブックス）、一九八四年
佐藤達哉・溝口元編著『通史 日本の心理学』北大路書房、一九九七年
佐藤達哉『知能指数』講談社（講談社新書）、一九九七年
沢山美果子「近代的母親像の形成についての一考察」歴史科学協議会編『歴史評論』第四四三号、校倉書房、一九八七年三月
沢山美果子「〈童心〉主義子ども観の展開――都市新中間層における教育家族の誕生」『保育幼児教育体系　第五巻⑩保育の思想　日本』労働旬報社、一九八七年
沢山美果子「教育家族の成立」編集委員会編『叢書〈産む・育てる・教える――匿名の教育史〉一〈教育〉――誕生と終焉』藤原書店、一九九〇年
沢山美果子「〈産む〉身体観の歴史的形成」橋本紀子・逸見勝亮編『ジェンダーと教育の歴史』川島書店、二〇〇三年
沢山美果子「家／家庭と子ども」大門正克・安田常雄・天野正子編『近現代日本社会の歴史 近代社会を生きる』吉川弘文館、二〇〇三年

ジェイン・ローランド・マーティン（村井実監訳／坂本辰朗・坂上道子共訳）『女性にとって教育とはなんであったか――教育思想家たちの会話』東洋館出版社、一九八七年
宍戸健夫「大正期幼児教育理論の構造――倉橋惣三の保育理論の検討」『愛知県立女子大学 愛知県立女子短期大学紀要』第一三輯、一九六三年
宍戸健夫『日本の幼児保育 上』青木書店、一九八八年
下山田裕彦「日本の幼児教育とその思想」金沢勝夫・下山田裕彦『幼児教育の思想――ギリシアからボルノウまで』川島書店、一九七四年
ジューン・パーヴィス（香川せつ子訳）『ヴィクトリア時代の女性と教育――社会階級とジェンダー』ミネルヴァ書房、一九九九年
所澤潤・木村元「日本の近代小学校と中等学校進学――東京市公立進学有名小学校の変化の事例に即して」『東京大学教育学部紀要』第二七巻、一九八七年
杉原誠四郎『日本の神道・仏教と政教分離――そして宗教教育』文化書房博文社、一九九二年
杉村房彦「日本PTAの原理・研究ノート（I）――PTAの発足に期待されたものはなにか」『鹿児島大学教育学部研究紀要　人文・社会科学編』第三六巻、鹿児島大学教育学部、一九八五年
杉村房彦「地方軍政府とPTA――福岡、熊本の事例について」『日本大学教育制度研究所紀要』第二二集、日本大学教育制度研究所、一九九一年
杉村房彦「コミュニティ・スクールとPTA」『日本大学教育制度研究所紀要』第二三集、日本大学教育制度研究所、一九九二年
鈴木智道「戦間期日本における家族秩序の問題化と「家庭」の論理――下層社会に対する社会事業の認識と実践

に着目して」『教育社会学研究』第六〇集、一九九七年
鈴木智道「表象としての家庭」森重雄・田中智志編著『〈近代教育〉の社会理論』勁草書房、二〇〇三年
スティーヴン・J・グールド（鈴木善次・森脇靖子訳）『増補改訂版 人間の測りまちがい――差別の科学史』河出書房新社、一九八九年（初版）、一九九八年（増補改訂版）
首藤美香子「一九二〇年代における育児観・子ども観の社会史――三田谷啓の育児啓蒙活動を手がかりとして」『比較家族史研究』第一六号、比較家族史学会、二〇〇二年
首藤美香子『近代的育児観への転換　啓蒙家　三田谷啓と一九二〇年代』勁草書房、二〇〇四年
諏訪義英『日本の幼児教育思想と倉橋惣三』新読書社、一九九二年
諏訪義英「昭和の戦争期における家庭教育振興政策と倉橋惣三」『大東文化大学紀要 社会科学』第三二号、一九九四年
芹沢俊介『家族の現象論』筑摩書房、一九八一年
高木雅史「教師と心理学テクノロジー――戦後初期日本における「教育相談」の導入」松塚俊三・安原義仁編『叢書・比較教育社会史　国家・共同体・教師の戦略――教師の比較社会史』昭和堂、二〇〇六年
高橋智「青木誠四郎の知能判定による「精神薄弱」概念――知能の量的差異の視点」高橋智・清水寛『城戸幡太郎と日本の障害者教育科学――障害児教育における「近代化」と「現代化」の歴史的位相』多賀出版、一九九八年
高橋智「わが国における「精神薄弱」概念の歴史的研究Ⅶ――昭和戦前期の主要な著作・学説の検討を中心に」『日本福祉大学研究紀要』第八六号第一分冊（福祉領域）、一九九一年
高橋智「戦前における「精神薄弱」心理学の形成――「知能」から「生活能力」のパースペクティヴ」心理科学研究会歴史研究部会編『日本心理学史の研究』京都・法政出版、一九九八年

高橋陽一「宗教的情操の涵養に関する文部次官通牒をめぐって――吉田熊次の批判と関与を軸として」『武蔵野美術大学研究紀要』第二九巻、一九九八年
竹内洋『立身出世主義――近代日本のロマンと欲望』日本放送出版協会（NＨＫライブラリー）、一九九七年
竹内洋『〈日本の近代　一二〉学歴貴族の栄光と挫折』中央公論新社、一九九九年
玉井一美「昭和戦前・戦中期の「母の会」の実践――ＰＴＡ発足前における親の教育参加」お茶の水女子大学文教育学部人間社会科学科教育科学講座内　人間発達研究会編『人間発達研究』第二二号、一九九九年
玉村公二彦「青木誠四郎の教育評価論の検討」京都大学教育学部教育指導・教育課程研究室編『教育評価の基礎的研究』（昭和六二年度科学研究費補助金研究成果報告書、研究代表稲葉宏雄）一九八五年
千野陽一『近代日本婦人教育史――体制内婦人団体の形成過程を中心に』ドメス出版、一九七九年
千野陽一「解題――愛国・国防婦人運動展開の軌跡」『愛国・国防婦人運動資料集 別冊 解題・資料』日本図書センター、一九九六年
塚瀬進『満洲国――「民族協和」の実像』吉川弘文館、一九九八年
寺出浩司「大正期における職員層生活の展開」日本生活学会編『生活学　第七冊』ドメス出版、一九八二年
寺岡聖豪「ラジオのなかの家庭教育――大阪中央放送局の家庭教育講座「両親再教育」を手がかりにして」『比較家族史研究』第一七号、比較家族史学会、二〇〇三年
寺脇隆夫「保育事業調査」社会福祉調査研究会編『戦前日本の社会事業調査』勁草書房、一九八三年
戸崎敬子「大阪市立児童相談所と付設「学園」の成立と展開」『特殊教育学研究』第三〇巻第一号、日本特殊教育学会、一九九二年
戸崎敬子『特別学級史研究――第二次大戦前の特別学級の実態』多賀出版、一九九三年

戸崎敬子「解説」津曲裕次監修『児童問題調査資料集成 別巻』大空社、一九九三年
戸崎敬子『新特別学級史研究――特別学級の成立・展開過程とその実態』多賀出版、二〇〇〇年
中内敏夫「家族と家族のおこなう教育――日本・十七世紀～二〇世紀」一橋大学一橋学会編『一橋論叢』第九七巻第四号、日本評論社、一九八七年四月
中内敏夫「教育する家族の誕生」『中内敏夫著作集Ⅲ 日本の学校――制度と生活世界』藤原書店、一九九九年
中嶌邦「近代日本の家庭教育――女子教育を中心に」日本女子大学女子教育研究所編『女子教育研究双書九 現代家庭の創造と教育』ドメス出版、一九九五年
中嶋みさき「「近代家族」への問いと女性史の課題」歴史科学協議会編『歴史評論』第五八八号、校倉書房、一九九九年四月（大日方純夫編『日本家族史論集二 家族史の展望』吉川弘文館、二〇〇二年に再録）
中嶋みさき「自由学園・「自労自治」の教育とジェンダー――羽仁もと子の「生活」概念をてがかりに」橋本紀子・逸見勝亮編『ジェンダーと教育の歴史』川島書店、二〇〇三年
中藤洋子「社会教育史研究の現状と課題――ジェンダーの視点から」日本社会教育学会編『ジェンダーと社会教育――日本の社会教育 第四五集』東洋館出版社、二〇〇一年
中野光「一九三〇年代における私立新学校の崩壊――日本済美学校と帝国小学校のばあいを中心として」『立教大学教育学科研究年報』第二八号、立教大学文学部教育学科研究室、一九八五年
中村牧子「新中間層の誕生」原純輔編『日本の階層システム一　近代化と社会階層』東京大学出版会、二〇〇〇年
長浜功『国民精神総動員の思想と構造――戦時下民衆教化の研究』明石書店、一九八七年
西川澄子「一九二〇―三〇年代 新中間層の「新学校」支持に関する考察――自由学園にみるもう一つの家族像」

『〈教育と社会〉研究』第一一号、一橋大学〈教育と社会〉研究会、二〇〇一年
西川祐子「日本型近代家族と住いの変遷」西川長夫・松宮秀治編『幕末・明治期の国民国家形成と文化変容』新曜社、一九九五年
西川祐子『近代国家と家族モデル』吉川弘文館、二〇〇〇年
西村貞枝「ヴィクトリア時代のガヴァネスの一考察——ガヴァネスの問題をめぐって」『史林』第五六巻第二号、京都大学文学部内史学研究会、一九七三年三月
西村貞枝「イギリス・フェミニズムの背景——ヴィクトリア期ガヴァネスの問題」『思想』第六〇一号、岩波書店、一九七四年七月
西脇二葉「愛育会による保育所保姆の養成」『保育学研究』第四一巻第一号、日本保育学会、二〇〇三年
二宮徳馬『日本ＰＴＡ史話』学事出版（ＰＴＡ文庫）、一九七八年
日本心理学会編『日本心理学会五十年史〔第一部〕』金子書房、一九八〇年
日本女子大学編『日本女子大学学園事典』日本女子大学、二〇〇一年
『日本の心理学』刊行委員会編『日本の心理学』日本文化科学社、一九八二年
信田さよ子『脱常識の家族づくり』中央公論新社（中公新書ラクレ）、二〇〇一年
橋本紀子『男女共学制の史的研究』大月書店、一九九二年
橋本紀子「一九二〇—三〇年代日本の成人教育としての産児調節運動——奥むめおの活動を中心に」橋本紀子・逸見勝亮編『ジェンダーと教育の歴史』川島書店、二〇〇三年
林知子・前島諒子「大正期における生活改善運動と住宅改善」『目白大学人間社会学部紀要』第二号、目白大学人間社会学部、二〇〇二年

林信二郎『幼児教育指導法〔第二版〕』同文書院、二〇〇〇年
林信二郎編著『改訂 保育内容・計画総論』樹村房、二〇〇〇年
林信二郎「過去の保育者像を振り返る：ヨーロッパの系譜――フレーベルとモンテッソーリを中心に」小川博久・林信二郎編著『保育者論』樹村房、二〇〇二年
早川紀代「戦時期の母性論」東京歴史科学研究会婦人運動史部会編『女と戦争――戦争は女の生活をどう変えたか』昭和出版、一九九一年
原聡介「教育思想史における母の時代――研究課題設定の試み」『山梨英和短期大学紀要』第二三号、一九八九年
平田勝政「大正デモクラシー期における青木誠四郎の特殊教育観」『教育科学研究』第六号、東京都立大学教育学研究室、一九八七年
平田勝政「大正デモクラシー期の文部省社会教育課と特殊教育――一九二〇年代における就学児童保護事業の成立と劣等児・低能児教育振興策の展開」『教育科学研究』第五号、東京都立大学教育学研究室、一九八六年
平塚眞樹「一九二〇～三〇年代日本における児童保護の教育制度への「統合化」過程」『東京大学教育学部 教育行政学研究室紀要』第一〇号、一九九〇年
平塚眞樹「日本における子ども「保護」の制度化と「子どもの権利」(上)」『社会労働研究』第三九巻第二・三号、法政大学社会学部学会、一九九二年
平塚眞樹「日本における子ども「保護」の制度化と「子どもの権利」(下)」『社会労働研究』第四〇巻第三・四号、法政大学社会学部学会、一九九四年
広田照幸「昭和初期の〈個性〉概念に関する一考察――職業指導言説における〈個性〉」『悠峰職業科学研究紀要』第四巻、悠峰職業科学研究所、一九九六年

広田照幸『日本人のしつけは衰退したか――「教育する家族」のゆくえ』講談社（講談社現代新書）、一九九九年
広田照幸「首藤美香子『近代的育児観への転換―啓蒙家三田谷啓と一九二〇年代』を読んで」（書評）『日本教育史研究』第二四号、日本教育史研究会、二〇〇五年
広田照幸編著『リーディングス日本の教育と社会　第三巻　子育て・しつけ』日本図書センター、二〇〇六年
服藤早苗『平安朝の母と子』中央公論社（中公新書）、一九九一年
福元真由美「高崎能樹による阿佐ヶ谷幼稚園の設立とその意味――郊外における母親教育と子どもの保育」『乳幼児教育学研究』第九号、日本乳幼児教育学会、二〇〇〇年
藤枝充子「明治期後期における家庭教育論の展開――啓蒙的家庭教育書の内容分析を通して」『人間社会学科紀要』第三号、日本女子大学、一九九七年
藤枝充子「麻生正蔵の家庭教育論――『家庭教育の原理と実際』の分析を中心として」『人間研究』第三六号、日本女子大学教育学科の会、二〇〇〇年
藤枝充子「近代日本の家庭教育に関する史的研究の成果と今後の課題」日本女子大学教育史研究会編『教育史再構築の試み――入江宏先生退職記念論集』二〇〇〇年
古澤聡司「青木誠四郎と武政太郎の戦前・戦中・戦後」波多野誼余夫・山下恒男編『教育心理学の社会史』有斐閣、一九八七年
ポール・デイビス・チャップマン（菅田洋一郎・玉村公二彦訳）『知能検査の開発と選別システムの功罪――応用心理学と学校教育』晃洋書房、一九九五年
堀尾輝久『現代教育の思想と構造』岩波書店、一九七一年
堀和郎「アメリカにおけるＰＴＡの起源」教育と医学の会編集『教育と医学』第二五巻第二号、慶応通信、一九

七七年二月
本田和子『子ども一〇〇年のエポック　「児童の世紀」から「子どもの権利条約」まで』フレーベル館、二〇〇〇年
松岡信義「アメリカの児童研究運動（Child Study Movement）――その思想と性格」『教育学研究』第四九巻第四号、日本教育学会、一九八二年
松岡信義「G・S・ホールの教育思想・予備的考察――児童研究運動とホール・素描」『研究室紀要』東京大学教育学部教育史・教育哲学研究室、一九八三年
松岡信義「アメリカの児童研究運動（Child Study Movement）の生成条件」『神奈川大学 心理・教育研究論集』第一号、神奈川大学教職課程研究室、一九八三年
松岡信義「児童研究運動と進歩主義教育――アメリカ新教育の一系譜・試論」『神奈川大学 心理・教育研究論集』第二号、神奈川大学教職課程研究室、一九八四年
松岡信義「児童研究運動における「科学」観の検討（一）」『美作女子大学 美作女子大学短期大学部 紀要』第一八号・第三〇号、一九八五年
松野修「倉橋惣三の保育思想（一）――誘導保育論の生成と戦時下での転換」『名古屋大学教育学部紀要（教育学科）』第三八巻、一九九一年
松野修「倉橋惣三の保育思想（二）――誘導保育論の戦時下での発展と戦後における崩壊」『名古屋大学教育学部紀要（教育学科）』第三九巻第一号、一九九二年
松本園子『昭和戦中期の保育問題研究会――保育者と研究者の共同の軌跡／一九三六―一九四三』新読書社、二〇〇三年

真橋美智子「麻生正蔵の家庭教育――大正期を中心に」日本女子大学女子教育研究所編『女子教育研究双書九 現代家庭の創造と教育』ドメス出版、一九九五年
真橋美智子「一九三〇年代前半期の家庭教育論――『家庭』『婦女新聞』にみる」『日本女子大学紀要 人間社会学部』第六号、一九九六年
真橋美智子『「子育て」の教育論――日本の家庭における女性役割の変化を問う』ドメス出版、二〇〇二年
丸山真男著、松沢弘陽訳「個人析出のさまざまなパターン――近代日本をケースとして」細谷千博編訳『日本における近代化の問題』岩波書店、一九六八年
満洲教育専門学校同窓会・陵南会編『満洲忘れじがたし』満洲教育専門学校同窓会・陵南会、一九七二年
光定道次「一八九七年―一九六六年PTA里程標――全米父母教師協議会略史」『社会教育』第二二巻、全日本社会教育連合会、一九六七年一〇月
三戸公『公と私』未来社、一九七六年
牟田和恵『戦略としての家族――近代日本の国民国家形成と女性』新曜社、一九九六年
村田晶子「戦時期の母と子の関係――家庭教育施策・家庭教育論の検討を通して」赤澤史朗・北河賢三編『文化とファシズム――戦時期日本における文化の光芒』日本経済評論社、一九九三年
村田恵子「雑誌『いとし児』における「読者」像の分析」『教育学研究紀要』第四一巻、第一部、中国四国教育学会、一九九五年
村田恵子「川上寛一の児童保護事業構想」『広島大学教育学部紀要第一部（教育学）』第四七号、一九九八年
村田恵子「一九二〇〜三〇年代初頭小児保健所における乳幼児保護事業の展開」『教育学研究紀要』第四四巻、第一部、中国四国教育学会、一九九八年

村田恵子「三田谷啓における母親教育の構想」『日本の教育史学 教育史学会紀要』第四〇集、教育史学会、一九九七年
村田恵子「大阪乳幼児保護協会における「家庭保護」事業の展開――母親教育論の検討を中心に」『日本社会教育学会紀要』第三五号、一九九九年
村松泰子「マスメディアで語っているのはだれか」村松泰子／ヒラリア・ゴスマン編『メディアがつくるジェンダー――日独の男女・家族像を読みとく』新曜社、一九九八年
村松泰子「男女共同参画社会の形成に向けた学び」『国立女性教育会館研究紀要』第六号、独立行政法人国立女性教育会館、二〇〇二年九月
村松泰子「学校教育とジェンダー：研究と実践の動向」学術の動向編集委員会編『学術の動向』第八巻第四号（通巻第八五号）、財団法人日本学術協力財団、二〇〇三年四月
村山祐一「教育評価の歴史――学籍簿・指導要録を中心に」教育科学研究会編『教育』三一四号、国土社、一九七五年三月
茂木俊彦・高橋智・平田勝政『わが国における「精神薄弱」概念の歴史的研究』多賀出版、一九九二年
茂木俊彦『障害児と教育』岩波書店（岩波新書）、一九九〇年
森上史朗『児童中心主義の保育――保育内容・方法改革の歩み』教育出版、一九八四年
森上史朗『子どもに生きた人・倉橋惣三――その生涯・思想・保育・教育』フレーベル館、一九九三年
森川輝紀『大正自由教育と経済恐慌』三元社、一九九七年
森川輝紀「立身出世主義と近代教育」辻本雅史・沖田行司編『新 体系日本史一六 教育社会史』山川出版社、二〇〇二年

森川輝紀『国民道徳論の道――「伝統」と「近代化」の相克』三元社、二〇〇三年
森田伸子『子どもの時代　『エミール』のパラドックス』新曜社、一九八六年
森田洋司『「不登校」現象の社会学』学文社、一九九一年
森田洋司『いじめとは何か』中央公論新社（中公新書）、二〇一〇年
安田生命社会事業団編『日本の児童相談――明治・大正から昭和へ』川島書店、一九六九年
安永寿延『日本における「公」と「私」』日本経済新聞社、一九七六年
山口和孝「「宗教的情操」教育の概念と史的展開」『季刊 科学と思想』第三五号、新日本出版社、一九八一年一月
山口和孝『新教育課程と道徳教育――「国際化時代」と日本人のアイデンティティー』エイデル研究所、一九九三年
山口和孝『子どもの教育と宗教』青木書店、一九九八年
山口みどり「ヴィクトリア時代のガヴァネスと女子教育改革」『三田学会雑誌』第八九巻第二号、慶應義塾経済学会、一九九六年七月
山下恒男「戦時体制下におけるわが国の職業指導」『茨城大学教育学部紀要』第二四号、一九七五年
山下俊郎「故青木誠四郎氏の教育心理学における業績」『教育心理学研究』第四巻第三号、一九五七年
山下俊郎「故青木誠四郎氏追悼記」『心理学研究』第二七巻第五号、一九五七年
山下俊郎「精薄教育史上の人々 青木誠四郎先生」『精神薄弱児研究』第七九号、一九六五年
山下俊郎「愛育研究所とわたくし」山下俊郎先生喜寿記念図書編集委員会編『幼児教育半世紀』（私家版）山下俊郎先生喜寿記念図書編集委員会、一九八〇年
山室信一『キメラ――満洲国の肖像』中央公論社（中公新書）一九九三年

柳井郁子「明治期高等女学校教育における教育科・家事科の位置――文部省例規類纂を用いて」東京大学大学院教育学研究科教育学研究室土方ゼミ編『文部省例規類纂の研究』一九九七年
柳井郁子「一九五〇―六〇年代における企業による家族管理――新生活運動の展開に即して」『東京大学大学院教育学研究科紀要』第四一巻、二〇〇二年
柳井郁子「昭和戦前期における両親再教育運動と家族のおこなう教育――日本両親再教育協会機関誌『いとし児』を中心に」『教育学研究室紀要――〈教育とジェンダー〉研究』第五号、女子栄養大学栄養学部教育学研究室、二〇〇三年
山村賢明「現代日本の家族と教育――受験体制の社会学にむけて」日本教育社会学会編『教育社会学研究』第四四集、東洋館出版社、一九八九年
山村淑子「戦時体制移行期における母親像の変容」東京歴史科学研究会婦人運動史部会編『女と戦争――戦争は女の生活をどう変えたか』昭和出版、一九九一年
山本敏子「明治期・大正前期の心理学と教育（学）――子どもと教育の心理学的な研究動向を手掛かりに」東京大学教育学部 教育哲学・教育史研究室『研究室紀要』第一三号、一九八七年
山本敏子「日本における〈近代家族〉の誕生――明治期ジャーナリズムにおける「一家團欒」像の形成を手掛りに」『日本の教育史学 教育史学会紀要』第三四集、教育史学会、一九九一年
山本敏子「明治期における〈家庭教育〉意識の展開」『日本教育史研究』第一一号、日本教育史研究会、一九九二年
山本敏子「〈家庭教育〉創出のシナリオ」寺﨑昌男・編集委員会共編『近代日本における知の配分と国民統合』第一法規、一九九三年

山本敏子「解説 青木誠四郎著『新しい教育と家庭の教育』」石川松太郎・山本敏子監修『戦後家庭教育文献叢書第二巻』クレス出版、一九九六年
山本敏子「上村哲弥『両親再教育と子供研究』解説」上笙一郎編『日本〈子どもの権利〉叢書一二 両親再教育と子供研究』久山社、一九九六年
山本敏子「解説 文部省社会教育局編『現代家庭教育の要諦』」石川松太郎監修『子どもと家庭』文献叢書 第八巻現代家庭教育の要諦』クレス出版、一九九七年
山本敏子「子ども・若者の存在と「根こぎ」――脱〈家庭教育〉のための覚え書き」『東京文化短期大学紀要』第一九号、東京文化短期大学、二〇〇二年
山本信良・今野敏彦『大正・昭和教育の天皇制イデオロギー（Ⅰ）――学校行事の宗教的性格』新泉社、一九七六年
山本信良・今野敏彦『大正・昭和教育の天皇制イデオロギー（Ⅱ）――学校行事の軍事的・擬似自治的性格』新泉社、一九七七年
山本信良・今野敏彦『近代教育の天皇制イデオロギー』新泉社、一九八七年（新装版）
山本信良『倉橋惣三を考える――教育・社会の視点から』圭文社、二〇〇〇年
湯川嘉津美「倉橋惣三のフレーベル理解――フレーベル研究から国民幼稚園論へ」『人間教育の探求 日本ペスタロッチー・フレーベル学会紀要』第九号、日本ペスタロッチー・フレーベル学会、一九九六年
湯川嘉津美「倉橋惣三における国民幼稚園論の展開」『上智大学教育学論集』第三二号、一九九八年
湯川嘉津美「倉橋惣三の人間学的教育学――誘導保育論の成立と展開」皇紀夫・矢野智司編『日本の教育人間学』玉川大学出版部、一九九九年

湯川嘉津美『日本幼稚園成立史の研究』風間書房、二〇〇一年
湯川嘉津美「倉橋惣三――日本の保育理論の構築者」沖田行司編著『人物で見る日本の教育』ミネルヴァ書房、二〇一二年
横田浩司『子育ての社会史』勁草書房、一九八六年
吉沢千恵子「家庭教育――倉橋惣三を中心に」日本女子大学女子教育研究所編『女子教育研究双書七 昭和前期の女子教育』国土社、一九八四年
吉長真子「昭和戦前期における出産の変容と「母性の教化」――恩賜財団母子愛育会による愛育村事業を中心に」『東京大学大学院教育学研究科紀要』第三七巻、一九九七年
吉長真子「一九一〇―一九二〇年代の児童保護事業における母親教育――岡山県鳥取上村小児保護協会の事例から」『日本の教育史学　教育史学会紀要』第四二集、教育史学会、一九九九年
吉長真子「恩賜財団愛育会設立の経緯をめぐって」『研究室紀要』第二八号、東京大学大学院教育学研究科教育学研究室、二〇〇二年
吉長真子「一九三〇年代における農村の産育への関心と施策――恩賜財団愛育会の事業から」『研究室紀要』第二九号、東京大学大学院教育学研究科教育学研究室、二〇〇三年
吉長真子「農村における産育の「問題化」」川越修・友部謙一編『生命というリスク　二〇世紀社会の再生産戦略』財団法人法政大学出版局、二〇〇八年
米村佳樹「倉橋惣三の家庭教育論――その近代的性格」『家庭教育研究所紀要』第二二号、家庭教育研究所、二〇〇〇年
渡辺浩「「おほやけ」「わたくし」の語義　「公」「私」、"Public" "Private" との比較において」佐々木毅・金泰昌編

『公共哲学一　公と私の思想史』東京大学出版会、二〇〇一年

はしがき

本書は、埼玉学園大学から出版助成を受けて、埼玉学園大学研究叢書第六巻として発行されるものである。峯岸進学長先生をはじめ、関係する方々のお力添えをいただき、出版の運びとなった。

福山市立大学の森川輝紀先生には、出版に際してお励ましをいただき、出版の決心をすることができた。

本書は、筆者の博士論文をもとに、修正を加えてまとめたものである。博士論文は、埼玉大学の山口和孝先生、森川輝紀先生（当時、埼玉大学）、千葉大学の明石要一先生にご指導とともに審査をしていただいた。出版に際し、博士論文で残された課題に向き合う作業を経て、一歩前に進むことができたと考えている。

とはいえ、博士論文の執筆から早八年が過ぎてしまった。出版を目指してもっと早く取り組むべきであったとは思うが、自分としては、どうしても時間を要した。一番大きい課題は、青木誠四郎の評価に自信が持てなかったということである。障害児教育について、私自身門外漢であるという思いから、青木について自信をもって書くことができなかった。

縁があって、特別な支援の必要な子どもたちや、その子どもたちを支える親御さんたちと接点を持つようになった。保育園で障害児保育の経験を積んでいる保育士の方々や、特別支援学校の先生方、療育施設のスタッフの方々から学ぶ機会も得られた。結局何年もかかってしまったが、これらの出会いを経て、ようやく自分の文章に対して責任を負うことを決断できた。

博士課程（東京学芸大学連合大学院）在学中、森川先生のご紹介で、故久木幸男先生を囲んだゼミ（久木ゼミ）で学ばせていただいたことや、名古屋大学名誉教授の佐々木享先生にご指導をいただいたことも思い出される。

三元社の石田俊二氏には、私にとって記念すべき本書の出版を、ご理解のもとお手伝いいただいた。

たくさんの方々のお力添えに、心から御礼申し上げます。

二〇一二（平成二四）年九月

志村聡子

著者紹介

志村聡子（しむら・あきこ）

埼玉学園大学人間学部准教授
聖心女子大学文学部教育学科卒業
東京学芸大学大学院教育学研究科（修士課程）修了
東京学芸大学大学院連合学校教育学研究科（博士課程）修了
博士（教育学）
専門分野　教育学

主要論文
「倉橋惣三における「家庭教育の脱学校化」論――都市部の受験家族への指導に着目して」（『保育学研究』第39巻第2号、2001年）
「1930年代における受験競争と「家庭教育相談」――母親たちに向けた青木誠四郎の啓蒙活動から」（『学校教育学研究論集』第5号、東京学芸大学大学院連合学校教育学研究科、2002年）
『家庭教育思想の社会的展開――1920―30年代における「教育する母親」の問題化とその指導』（博士論文、東京学芸大学）2004年）
「日本両親再教育協会における各地支部の組織化――新中間層にみる連携の事例として」（『埼玉学園大学紀要人間学部篇』第5号、2005年）

埼玉学園大学研究叢書　第6巻

一九三〇年代日本における家庭教育振興の思想
――「教育する母親」を問題化した人々

発行日　二〇一一年一〇月三一日　初版第一刷発行
著者　志村聡子
発行所　株式会社 三元社
〒一一三-〇〇三三
東京都文京区本郷一-二八-三六 鳳明ビル
電話／〇三-三八一四-一八六七
ファックス／〇三-三八一四-〇九七九
印刷
製本　モリモト印刷 株式会社

ISBN978-4-88303-322-5
http://www.sangensha.co.jp